Das große Buch der HOROSKOPE

Tierkreiszeichen, chinesisches und indianisches Horoskop

tosa

Das große Buch der HOROSKOPE

Julia Corte

Tierkreiszeichen, chinesisches und indianisches Horoskop

tosa

INHALTSVERZEICHNIS

INDIANISCHE ASTROLOGIE

ASTROLOGIE – ANALOGES DENKEN IN BILDERN

In den 60er-Jahren hieß es: „Astrologie hat mit Logik nichts zu tun" – und mit Hilfe dieser Eselsbrücke lernte eine ganze Generation, sich den Unterschied zwischen Astrologie und Astronomie zu merken. Dabei wurde völlig übersehen, dass die Trennung zwischen der Tätigkeit des Astrologen und der des Astronomen erst in relativ junger Zeit erfolgte. Jahrtausendelang war es die Sternenkunde, die nicht nur Aufschluss über die Natur und die Bewegungen der Sterne und Planeten, sondern auch über deren Auswirkungen auf das Leben auf der Erde gegeben hatte.

Astrologie hat tatsächlich nicht viel mit kausaler Logik zu tun. Eine Aussage von der Art „Weil Sonne und Saturn in Petras Horoskop in Konjunktion stehen, schwankt sie zwischen Lebensfreude und Pflichterfüllung", gerade so, als sei die Stellung von Sonne und Saturn die Ursache für Petras Schwanken, ist unsinnig, und man wird sie von einem Astrologen nicht hören.

Astrologie hat stattdessen sehr viel mit analogem Denken zu tun, mit der Deutung von Bildern. „So wie Sonne und Saturn in Petras Horoskop in Konjunktion stehen, schwankt sie zwischen Lebensfreude und Pflichterfüllung" – diese Aussage impliziert eine Deutung von „Sonne" als einem Vertreter des Prinzips Lebensfreude und „Saturn" als Bild für Pflichterfüllung, Strenge, Gesetzeseinhaltung und Ähnliches mehr. Und wenn wir uns vorstellen, dass an der Stelle, wo die Sonne warm und wärmend auf Petra scheinen möchte, immer wieder der strenge Saturn steht und sagt, nun sei er an der Reihe, auf Petra zu scheinen, dann kann man sich vorstellen, wie es zu dieser Interpretation der Sonne-

Saturn-Konjunktion in Petras Geburtshoroskop kommen kann. Weitere Umsetzungen in etwas andere Bilder sind natürlich möglich und korrekt.

Jahrhundertelang bestand die Aufgabe der Astrologen in der Stellung von Zukunftsprognosen. Sie lasen künftige Entwicklungen aus der Position heraus, die die astrologischen Planeten zu einem Zeitpunkt hatten, dem für einen bestimmten Gegenstand eine zukunftsweisende Bedeutung beigemessen wurde. Solch ein Zeitpunkt kann für das Leben eines Menschen die Geburt sein; für den gemeinsamen Weg eines Paares ist es vielleicht der Tag der Hochzeit; für den Verlauf eines Jahres ist dieser zukunftsweisende Zeitpunkt bis heute der Jahresbeginn, zu dem Orakel aller Art Hochkonjunktur haben; für das Schicksal eines Staates ist es vielleicht der Tag seiner Gründung.

Analog dazu wurde aus der Konstellation der Sterne zum Zeitpunkt der Gründung einer Firma versucht, auf die künftige wirtschaftliche Entwicklung dieser Firma zu schließen. Für ähnliche Zwecke hielten sich nicht nur babylonische Könige, sondern noch vor gar nicht so langer Zeit Heerführer wie Wallenstein und Schauspieler wie Ronald Reagan ihre Astrologen. (Als Reagan amerikanischer Präsident wurde, verschwand dieser Aspekt seiner Persönlichkeit in der Versenkung.) Wenn umgekehrt ein koreanischer Präsident eine wichtige Entscheidung treffen will, ohne seinen Astrologen hinsichtlich des besten Zeitpunkts dafür zu konsultieren, wird er verständnisloses Kopfschütteln ernten.

Geht es bei diesen Anwendungen der Astrologie hauptsächlich um weltliche Fragen, Staaten oder Ereignisse, so hat sich das Interesse im Westen in jüngster Zeit fast vollständig auf die Individualastrologie verschoben: Im Zentrum steht nicht mehr meine Firma, meine Heirat, meine Reise, sondern meine eigene Persönlichkeit.

Damit hat sich für die Astrologie eine neue Aufgabe entwickelt: die Hilfe bei der Selbsterkenntnis des Individuums. Was macht mich aus? Wer bin ich? Solche Fragen lassen sich mithilfe astrologischer Bilder beantworten.

In diesem Buch werden drei verbreitete Systeme vorgestellt: das abendländisch-europäische, das chinesische und das indianische. Alle drei ergänzen einander, auch wenn sie auf ganz anderen Wurzeln fußen. Und alle drei können uns auf die Frage „Wer bin ich?" bildreiche, aufschlussreiche Antworten geben.

EUROPÄISCHE ASTROLOGIE

DAS TIERKREISZEICHEN-HOROSKOP

„Ich bin Schütze – ist das nun gut oder schlecht?“ Diese Frage bringt auch heute noch das Wissen vieler Menschen über Astrologie und Horoskope auf den Punkt. Wenn sie erstmals ein Horoskop sehen, das die Planetenkonstellation zum Zeitpunkt ihrer eigenen Geburt wiedergibt, sind sie völlig überrascht zu erfahren, dass „Ich bin Schütze“ bedeutet, dass die Sonne zum Zeitpunkt ihrer Geburt im Schützen stand. Mit der Deutung der Planetenpositionen im Tierkreis und der Beziehungen der Planeten untereinander sind sie aber überfordert. So genau wollen die meisten es gar nicht wissen.

Die Beschränkung auf die Deutung der Position der Sonne im Geburtshoroskop, das sogenannte Sonnen- oder Tierkreiszeichenhoroskop, reicht für die meisten von uns zunächst vollkommen aus. Solche Tierkreiszeichenhoroskope haben „ernsthaften“ Horoskopen gegenüber den Vorteil einer ungleich höheren Verständlichkeit, Anschaulichkeit … und eines höheren Unterhaltungswerts.

TIERKREISZEICHEN UND STERNZEICHEN

Die Sonne wandert im Laufe eines Jahres scheinbar einmal durch die Ekliptik, das heißt, sie steht immer etwa einen Monat lang in einem der Tierkreiszeichen Widder, Stier, Zwillinge, Krebs, Löwe, Jungfrau, Waage, Skorpion, Schütze, Steinbock, Wassermann und Fische. Diese Tierkreiszeichen haben mit den tatsächlich existierenden gleichnamigen Sternbildern nur den Namen und die ungefähre Position auf der Ekliptik gemeinsam. Im Unterschied zu den Sternbildern, die unterschiedlich breit sind, ist jedem dieser Tierkreiszeichen genau ein Zwölftel der Ekliptik zugeordnet, also ein Abschnitt von 30 Grad.

Der Zeitpunkt, zu dem die Sonne in ein bestimmtes Tierkreiszeichen eintritt, lässt sich genau berechnen und ist in jedem Jahr derselbe. Das astrologische Jahr beginnt immer am 21. März, wenn die Sonne in das Tierkreiszeichen Widder eintritt – nicht in das

Sternzeichen, denn dieses ist wegen der Präzession bereits weitergewandert. Rückwärts. Vergessen Sie das gleich wieder: Die Astrologie macht die Präzession nicht mit, astrologisch gesehen steht die Sonne am 21. März auch weiterhin am Anfang des Tierkreiszeichens Widder.

ASTROLOGIE FÜR ALLE

Während bis ins 18. Jahrhundert in allen Kulturen Horoskope erstellt wurden, um auf zukünftige Ereignisse vorbereitet zu sein, kam diese Kunst im 19. Jahrhundert aus der Mode. Die Vernunft der Aufklärung, die Begeisterung für die sensationellen Entwicklungen von Technik und Naturwissenschaften brachten die Menschen dazu, dass sie alles für wissenschaftlich beweisbar hielten. Analoge Aussagen, wie sie der Deutung eines Horoskops zugrunde lagen, wurden in den Bereich der Ammenmärchen verbannt, ebenso wie der Aberglaube und alte Heilmethoden.

Doch naturwissenschaftliche Methoden konnten nicht alles erklären. Noch immer starben Menschen überraschend oder erlebten schreckliche Katastrophen, noch immer geschahen Dinge, für die man keine Erklärung finden konnte.

1899 beschloss eine gewisse Evangeline Adams, ihr Glück als Astrologin in New York zu versuchen. Und sie hatte in der Tat Glück, denn schon ihr erster Tag im Windsor-Hotel legte den Grundstein für ihre Glaubwürdigkeit. Als sie nämlich dem Hotelbesitzer freundlicherweise ein Horoskop erstellte, entdeckte sie gar grässliche Konstellationen, und sie warnte ihn vor einem schrecklichen Schicksal – an das er nicht glaubte. Doch bei der St.-Patrick's-Day-Parade brannte das Hotel kurz darauf aufgrund eines weggeworfenen Streichholzes bis auf die Grundmauern ab, einige Familienmitglieder des Hotelbesitzers fanden bei diesem Unglück den Tod.

Die Geschichte ging durch alle Zeitungen, die Astrologie hatte wieder die Aufmerksamkeit der Öffentlichkeit. Ms. Adams machte als Astrologin Karriere.

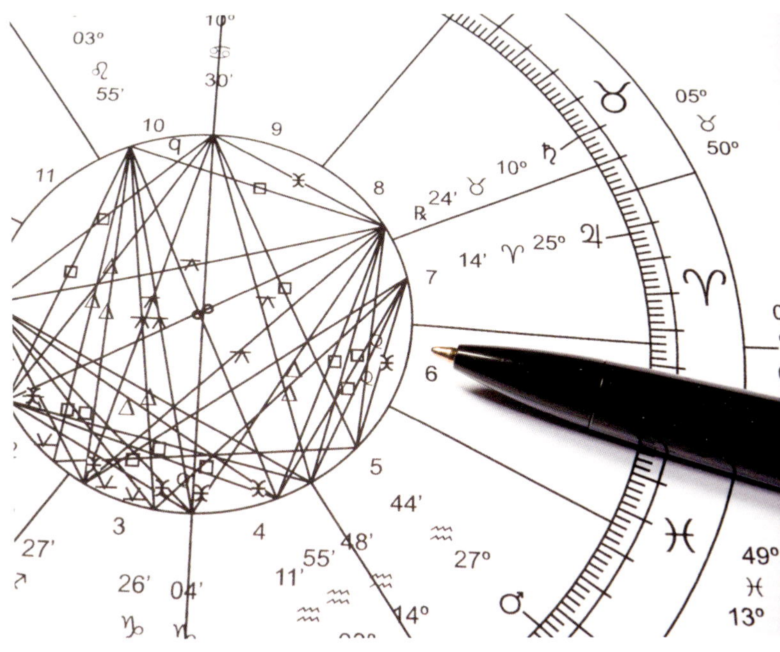

VORHERSAGEN FÜR JEDES TIERKREISZEICHEN

1930 wollte der britische Sunday Express die Geburt von Prinzessin Margaret auf besondere Weise feiern und gab deren Horoskop in Auftrag. Gleichzeitig mit einem professionellen Horoskop der Prinzessin publizierte der Astrologe R. H. Naylor Vorhersagen zur Weltgeschichte sowie Prognosen für jeden Geburtstag der kommenden Woche – und die Leser waren begeistern. Das Zeitungshoroskop war geboren. Es fußte auf der Idee, seine Horoskope auf die Position der Sonne in den zwölf Tierkreiszeichen zu beschränken, eine Idee, die sich bis heute hartnäckig gehalten hat.

Ein solches Horoskop kann bestenfalls Charaktereigenschaften auflisten, die für Menschen charakteristisch sind, die mit der Sonne in diesem Tierkreiszeichen geboren sind. Und mit denen kann sich der Leser dann identifizieren – oder auch nicht. Natürlich gibt es auch Löwen, die sich in ihrem im Folgenden beschriebenen Charakterbild überhaupt nicht wiederfinden, oder Widder, die bei der Beschreibung der Jungfrau jedes Detail ihres eigenen Wesens wiedererkennen. Für die Stellung der anderen Planeten und den Aszendenten ist aber in einem Sonnen- oder Tierkreiszeichenhoroskop kein Platz.

IMPULSIVITÄT UND WIDERSPRUCH – TEMPERAMENTVOLLER DRAUFGÄNGER

Der Widder ist ein Feuerzeichen unter Mars-Einfluss – das zeigt sich in den verschiedensten Bereichen. Leidenschaftlich und streitbar ist er, radikal und stark, vital und stolz. Der Widder hasst das Alltägliche, er möchte das Außergewöhnliche, das Einzigartige. Und um das zu erreichen, nimmt er einiges auf sich. Kaum ein Widder, der in seiner Umgebung nicht als heilloser Dickkopf bekannt ist, denn für Widder gibt es keine Kompromisse. Er hat sein Ziel, das meist sehr hochgesteckt ist, und das verfolgt er hartnäckig und gnadenlos, oft bis zur Rücksichtslosigkeit. Egal, ob das sein Berufsleben oder sein Privatleben betrifft: Der Widder will das Beste, Schönste, Wunderbarste und Größte. Er gibt sich nicht mit Halbheiten zufrieden.

Widder sind leicht daran zu erkennen, dass sie oft spannende Beruf ausüben, begehrenswerte, schöne und geistreiche Partner an sich binden können, aber noch immer auf der Suche nach dem Optimalen sind. Das hält sie in Bewegung, das hält sie jung und frisch, und diese Unruhe macht auch einen Teil des Reizes aus, mit dem sie immer wieder potenzielle Partner beeindrucken können.

DER WIDDER UND SEINE MITMENSCHEN

Damit er glücklich ist, braucht der Widder Herausforderungen. Wenn er sich nicht beruflich entfalten kann, fehlt ihm etwas. Das Widder will handeln, er will etwas leisten. Kommt ihm jemand ins Gehege, der ihn ausbremst – vermutlich ohne zu wissen, mit welchem Tierkreiszeichen er es zu tun hat –, fühlt sich der Widder sofort herausgefordert und gibt nicht nach, bevor er entweder doch sein Ziel erreicht hat, oder der Gegner sich aber durch Flucht entzieht. Beides bietet nicht unbedingt den Stoff, aus dem emanzipierte, gleichberechtigte Partnerschaften sind, aber dazu mehr im Kapitel „Der Widder und die Liebe".

Im Berufsleben hingegen macht dieses Streben nach Macht und Führungsposition den – klugen – Widder zum geeigneten Chef. Er trifft klare Entscheidungen und scheut vor keiner Verantwortung zurück, er kann rasch handeln und verfügt über die Fähigkeit, vernetzt zu denken. Handelt es sich allerdings um einen weniger intelligenten Widder, der dank seines Ehrgeizes ganz nach oben kommt, dann zeigt er oft auch tyrannisches und despotisches Verhalten.

Beeindruckend an Widder-Geborenen ist ihre Leistungsbereitschaft, ihre Ausdauer und ihr sportlicher Ehrgeiz. Nie hört man sie klagen, nie jammern sie, dass ihnen eine Aufgabe zu schwer ist – sie leben und arbeiten nach dem Grundsatz: „Es gibt keine Probleme, nur Herausforderungen." In ihrer Dynamik und ihrer Zuversicht sind sie auch in der Lage, weniger motivierte Menschen mitzureißen und für Dinge oder Ideen zu begeistern. Egal ob das nun der widdergeborene Staubsaugervertreter ist, der einem Menschen mit schon drei Geräten einredet, er benötigt einen vierten, oder aber ein balzender Widder, der einem völlig desinteressierten potenziellen Sexualpartner erfolgreich vermittelt, nur mit ihm wäre das Leben richtig schön – sobald man sich auf etwas einlässt, das man eigentlich nie wollte, ist sehr wahrscheinlich, dass ein Widder dahintersteckt.

Weniger sympathisch macht den Widder seine Ungeduld. Er erwartet von seinen Mitmenschen ebensoviel Kraft und Begeisterung, wie er selbst aufbringt, und er verlangt auch das gleiche Tempo. Kommt ihm jemand nicht nach, kann der Widder sehr ungehalten werden und ist als Chef auch durchaus in der Lagen, Mitarbeiter zu kritisieren, nur weil sie nicht seinen Arbeitsstil übernehmen.

Kommt der Widder in die unglückliche Situation, nicht Chef zu sein, wird es kompliziert. Er hat zwar kein Problem damit, Anweisungen entgegennehmen und ausführen zu müssen, aber er leidet darunter, seine Vorgehensweise oder die einzelnen Schritte mit anderen absprechen oder sie gar absegnen lassen zu müssen. Am meisten aber leidet er, wenn er unterfordert ist. Dann schon lieber mehr Risiko, mehr Abenteuer, mehr Gefahr, aber auch größere Befriedigung.

Ein Nine-to-five-Job, der wenig anspruchsvoll, dafür aber gemütlich ist, ist des Widders beruflicher Alptraum.

Am liebsten sieht sich der Widder vor Aufgaben, die für andere unlösbar scheinen. Kompliziert, verstrickt und problematisch muss die Sache sein, dann kann er sich so richtig verbeißen. Das führt dazu, dass sich unter den Erfindern, Technikern und Wissenschaftlern, aber auch unter den Philosophen und Dichtern besonders viele Widder finden. Immer auf der Suche nach etwas Neuem, immer kühn hinein ins Vergnügen: Der Widder liebt das scheinbar Unüberwindliche, Unüberschaubare, Unerreichbare. Für andere scheint sein Arbeitsplatz oft nur chaotisch und planlos zu sein, doch der Widder findet sich zurecht.

Er polarisiert seine Mitarbeiter: Die, die seinen Stil kopieren, werden ihn bewundern und lieben. Die, die lieber anders arbeiten würden und mit seiner Geschwindigkeit nicht mithalten können, verzweifeln an ihm. Widder-Chefs verschleißen Mitarbeiter rücksichtslos. Auch haben sie wenig Skrupel auf ihrem Weg nach oben. Mitarbeitern und Chefs gegenüber zeichnen sie sich dadurch aus, dass sie immer ihre Meinung kundtun, egal, ob ihnen das schaden könnte oder nicht. Kein Wunder, dass sich in Diplomatenkreisen eher selten Widder finden. Als Politiker hingegen sind sie befähigt, ihre – meist radikalen – Positionen so lange mit Argumenten zu vertreten, bis ihre Gegner überzeugt sind.

DER WIDDER UND SEINE GESUNDHEIT

Widder wirken meist kerngesund und scheinen vor Kraft zu strotzen, was ja auch ihrem kräftigen und robusten Naturell entspricht. Doch kann es ihnen durchaus schaden, dass sie in ihrer Zähigkeit und ihrem Ehrgeiz die Grenzen ihrer Leistungsfähigkeit nicht erkennen. Das „Burn-Out-Syndrom" ist eine typische Widder-Krankheit, denn bevor der Widder nicht vom Schreibtischsessel stürzt, wird er – egal ob mit Fieber oder gebrochenem Bein – ohne zu jammern seiner Arbeit nachgehen und gutgemeinte Ratschläge einfach vom Tisch fegen. Der Widder geht auch nicht zum Arzt, wenn er sollte, sondern meist erst dann, wenn es zu spät ist. Widder neigen zu neurologischen Krankheiten, die sich oft in quälenden Kopfschmerzen oder langwierigen Leiden des Bewegungsapparates ausdrücken.

Ein weiterer Schwachpunkt des Widders ist sein Herz: Wer ständig an der Grenze seiner Kräfte arbeitet und ununterbrochen auf Hochtouren läuft, kollabiert irgendwann einmal. Deshalb ist es gerade für Widder so wichtig, richtiges Entspannen zu lernen, zurückzudrehen, solange es noch geht. Leider ist der Widder nun auch nicht gerade ein Asket, was Genüsse jeder Art betrifft, und so kommt zu seinem Arbeitsstress auch noch üppiges Essen – denn der Widder liebt es in jeder Beziehung sinnlich –, oft viel Alkohol und Nikotin. Doch lässt sich der Widder davon auch nicht abhalten – weder vom Arzt noch von besorgten Freunden. Typisch für den Widder ist die Aussage, dass er lieber ein paar Jahre weniger lebt, die Zeit, die er hat, aber mit Spaß. Auch gut.

DER WIDDER UND DIE LIEBE

Widder wollen auch in Liebesbeziehungen dominieren. Als Partner kann man da oft die merkwürdigsten Veränderungen erleben – ganz besonders bei Widder-Männern: Zunächst einmal ist der Widder natürlich in der Wahl seines Partners höchst selektiv.

Während der Werbewochen ist der Widder aufmerksam, liebevoll, rücksichtsvoll. Er hat für alles Verständnis und schätzt es, wenn der Partner auch im Beruf erfolgreich ist. Hat er dann sein Ziel erreicht, ändert sich die Situation ein wenig, denn Widdermänner schätzen wohl schöne und intelligente Frauen, wollen aber trotzdem Chef sein, auch zu Hause. Das goutieren natürlich die wenigsten Frauen, und tatsächlich ist es so, dass Widdermänner oft jahrelang unerfüllten Liebesträumen nachhängen, weil die Frauen, die ihnen interessant erscheinen, nicht einmal einen Gedanken daran verschwenden, mit einem dominierenden Patriarchen ihr Leben zu verbringen. Widder-Frauen haben es da einfacher, denn Männer, die sich in erfolgsverwöhnte und selbstbewusste Widder-Damen verlieben, nehmen alles in Kauf, sogar eine subalterne Rolle in der Partnerschaft. Für beide Widder, Männchen und Weibchen, ist das Gefühl, gebraucht zu werden, unbedingt wichtig. Sie sind also auch

> Attraktiv und klug, gebildet und charmant, begehrt und selbstbewusst muss das Objekt des Interesses sein.

nicht für lose Beziehungen geeignet, in denen jeder seines Weges geht. Die klassische Zweierbeziehung ist für den Widder das erstrebte Ziel. Doch die Tatsache, dass er sich auch in der Wahl des Partners nicht so leicht zufrieden gibt, führt dazu, dass er auch in Liebesdingen immer weitersucht, was zu häufigem Partnerwechsel – für den Partner oft völlig unerwartet und überraschend – führen kann.

Setzt man sich aber trotz dieser ungünstigen Ausgangssituation in den Kopf, mit einem Widder das Wagnis der Liebe zu versuchen, so trachte man danach, ihm gelegentlich – in kleinen, nebensächlichen Dingen – das Gefühl zu geben, dass er in der ersten Reihe steht. Doch Vorsicht: Eine Verbindung zu einem Widder ist nur etwas für geduldige und altruistische Menschen, die die Größe haben, sich nicht ständig selbst beweisen zu müssen, sondern durchaus in der Lage sind, sich einen Schritt zurückzustellen, um dem geliebten Widder den Platz an der Sonne zu überlassen.

DER WIDDER UND SEINE PARTNER

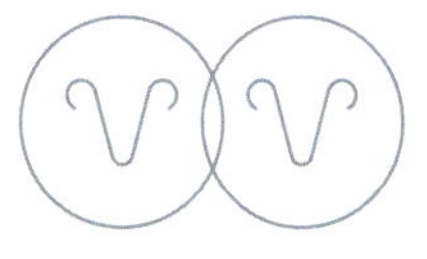

Widder und Widder

Es ist die nicht endende Rivalität, die dieses Verhältnis auszeichnet: Zwei Widder kämpfen ständig gegeneinander, und es macht die Qualität der Beziehung aus, ob es sich um einen freundschaftlichen, anregenden Kampf handelt, oder aber um einen zermürbenden, ewigen Streit, ob es eine spielerische Form des Kräftemessens ist oder ob blutiger Ernst dahintersteckt. In einigen wenigen positiven Fällen kann aber zwischen zwei Widdern auch der Fall eintreten, dass durch die vorhandene Ebenbürtigkeit ein Gleichstand der Kräfte und damit ein Ruheverhältnis eintritt. Viel öfter aber bedeutet eine Beziehung zwischen zwei Widder-Geborenen einen andauernden Wettbewerb, bei dem einer den anderen aus dem Ring drängen möchte. Die Konstellation verspricht ein intensives, aber sehr turbulentes Zusammenleben, in dem oft, viel und laut gestritten wird.

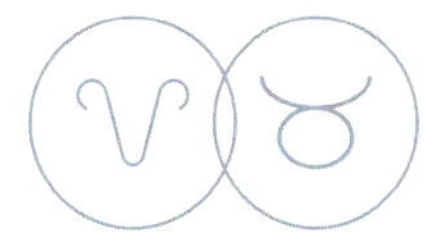

Widder und Stier

Zunächst kann diese Kombination sehr vielversprechend sein. Man ist voneinander fasziniert, weil der andere das zu haben scheint, was einem selbst fehlt. Nach den ersten Phasen des Näher-Kennenlernens allerdings wird sich schon bald herausstellen, dass man schon sehr viele Kompromisse eingehen muss, um diese Beziehung am Leben zu erhalten. Der Widder muss sich immer wieder zurücknehmen, um den Stier nicht ganz an die Wand zu drängen, und der Stier wird viel von seiner Beschaulichkeit opfern müssen, um zumindest partiell am Widder-Leben teilzuhaben. Kühlt die Liebe und erste Faszination ab, kann es gefährlich werden. In dieser Konstellation wird vermutlich der temperamentvolle Widder den Stier so lange reizen, bis dem einmal so richtig der Kragen platzt. Dabei kann Porzellan zerbrochen werden, das nie wieder zu kitten ist.

Der Widder bewundert die Gemütlichkeit und Ruhe des Stiers, der wiederum ist vom aufgeweckten Naturell des Widders beeindruckt.

In der Folge wird der Stier wieder versuchen, sich auf sein ruhiges Leben zurückzuziehen, während der Widder weiterhin auf der Suche nach Neuem ist.

In der Erotik können Widder und Stier durchaus harmonieren, weil hier beide wichtigen Elemente der Erotik, nämlich die Sinnlichkeit und die Triebhaftigkeit, aufeinandertreffen. Wenn man bereit ist, auf den anderen einzugehen, kann diese Kombination alle Herrlichkeit auf Erden versprechen – und auch halten.

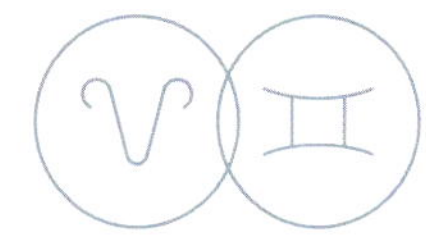

Widder und Zwillinge

Eine Sache, die durchaus gut funktionieren könnte. Beide sind zielstrebig und neugierig, beide sind interessiert und willensstark. Die Motivation ist manchmal unterschiedlich, denn wo der Widder unbedingt möglichst schnell ans Ziel kommen möchte, funktionieren Zwillinge mehr nach dem Grundsatz: Der Weg ist das Ziel. Und so werden die beiden, der eine rasanter, der andere gemächlicher, ihren Zielen hinterjagen, ohne sich dabei auf die Füße zu steigen. Wenn es sich um das gleiche Ziel handelt, kann diese unterschiedliche Gangart durchaus fruchtbar sein.

Auf jeden Fall wird diese Beziehung nicht langweilig sein, sondern geprägt von Unternehmungslust, Forschungsdrang und Neugierde.

Widder und Krebs

Der Widder hat sein Ziel, auf das er möglichst rasch und ohne Umschweife zueilt, der Krebs weicht aus und macht schnell mal einen Schritt auf die Seite, um dort zu rasten und zu warten, bis sich der Enthusiasmus des Widders wieder gelegt hat. Was wieder den Widder rasend macht. Der Krebs hungert nach Geborgenheit, Ruhe und einem Nestlein, in dem er es sich gemütlich macht, doch kaum hat er sich an den Widder wohlig angelehnt, ist der schon wieder weg, auf der Suche nach neuen spannenden Erlebnissen. Für gewöhnlich richtet der Krebs ein feines Frühstück her, deckt liebevoll den Tisch und freut sich über einen herrlichen Sonnenaufgang, der einen schönen neuen Tag verspricht, während der Widder ihn mit schwerem Kopf anfleht, er möge doch nicht so laut mit dem Geschirr klappern, sondern ihn schlafen lassen.

Oder der Urlaub: Am Tag der Abreise steht der Krebs mit drei Koffern da, hat für jeden Tag, den er in einer netten, vertrauten kleinen Familienpension verbringt, schon einen genauen Plan, welches Museum besucht wird und wo zu Abend gegessen wird. An seiner Seite ein ratloser Widder mit einem Trekkingrucksack, der einfach ein Ticket am Airport löst und dort, wo er landet, ja sehen wird, was passiert und wie die Reise weitergeht. Diese Gegensätze können zu Beginn einer Beziehung reizvoll sein, im täglichen Zusammensein aber sind sie für beide unerträglich.

Der Widder fühlt sich ständig eingeengt, der Krebs fühlt sich andauernd überfordert. Keine sehr zukunftsträchtige Kombination!

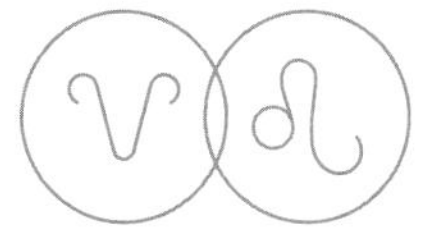

Widder und Löwe

Soso, da kommt also ein selbstbewusster Widder des Weges und glaubt, sich eine lustige Zeit mit einem Löwen machen zu können. Vorsicht! Noch ahnt der Widder vielleicht nicht, dass der Löwe ebenfalls dominieren möchte, aber bei der ersten Meinungsverschiedenheit wird er es rasch spüren. Hat man sich allerdings im wahrsten Sinn des Wortes zusammengerauft, dann kann so eine Beziehung sehr erfrischend und ausdauernd sein. Es ist nur wichtig, dass keiner der beiden vom anderen verlangt, dass er sich ihm etwa unterordnen soll, denn das kann nicht funktionieren. Wenn aber Widder und Löwe einander als gleichberechtigte Partner akzeptieren, steht einer aufregenden und vitalen Partnerschaft nichts mehr im Wege.

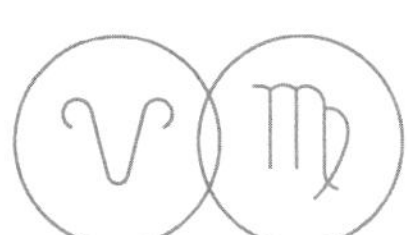

Widder und Jungfrau

Eine zweischneidige Angelegenheit: Die Jungfrau ist dem Widder zu vorsichtig, zu überlegt, zu wenig risikofreudig, und der Widder ist der Jungfrau zu draufgängerisch, zu unüberlegt, zu risikofreudig. Das ist die eine Seite der Beziehung. Die andere lässt die Partnerschaft in viel positiverem Licht erscheinen: Mit ihrer Vorsicht kann die Jungfrau den Widder vor viel Ärger bewahren, und der Widder kann mit seiner Sorglosigkeit die Jungfrau ein bisschen aus ihrem Elfenbeinturm holen und ihr zu ein wenig Spaß verhelfen. Anfangs wird diese Liebe schwierig sein, weil beide, sowohl Jungfrau als auch Widder, sich erst langsam an die Welt des anderen gewöhnen müssen. Doch wenn sie die ersten Probleme und Annäherungsschwierigkeiten gemeistert haben, können sie ein ausgesprochen glückliches Paar sein und sich über eine ausgeglichene, abwechslungsreiche und sehr partnerschaftliche Beziehung freuen.

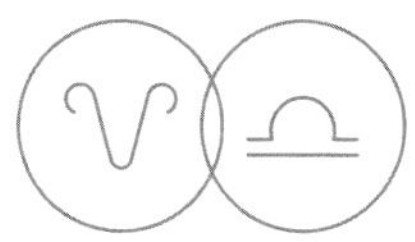

Widder und Waage

Eins steht fest: Es wird viel Energie fließen. Allerdings ist nicht immer von Beginn an klar, wohin. Hier gibt es nur zwei Varianten: Entweder Waage und Widder lieben einander so sehr, dass sie – mühevoll und nach vielen Wunden und Narben – einen Kompromiss finden, der sie miteinander leben lässt, oder aber sie trennen sich nach einigen Wochen oder Monaten des Kämpfens. Die Waage kann sich mit den vergeistigten Ideen des Widders nicht wirklich anfreunden, und der Widder vermisst an der Waage den Tiefgang. Wenn die beiden ein wenig versuchen, aufeinander einzugehen, kann es in der Tat klappen, aber das tun sie nur, wenn sie einander wirklich von Herzen wichtig sind. Wenn nicht, zuckt früher oder später einer von ihnen – wahrscheinlich die Waage – die Schultern und sucht sich eine Spielwiese, die weniger aufreibend ist.

Zwei Kämpfernaturen treffen aufeinander, doch die Spielregeln sind sehr unterschiedlich.

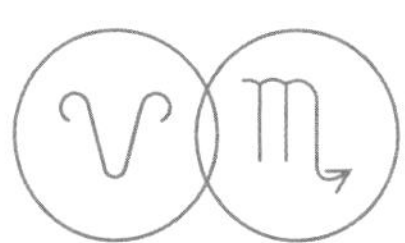

Widder und Skorpion

Auch hier treffen zwei Kämpfernaturen aufeinander, wobei ihre Art sowohl zu kämpfen als auch mit Verletzungen und Niederlagen umzugehen, sehr unterschiedlich ist. Der Widder ist ganz Angriff, Wut und los geht's, der Skorpion ist eiskalt und böse, zugleich ekelhaft nachtragend und nervtötend gleichgültig. Wenn zwei dermaßen energiegeladene Zeichen aufeinandertreffen, dann können sie naturgemäß der Welt ein Bein ausreißen – wenn sie es gemeinsam tun.

Viel öfter aber werden Widder und Skorpion ihre Kräfte aneinander vergeuden, in einem sinnlosen Kampf, bei dem es keinen Gewinner gibt, sondern zwei Verlierer. Zwei ebenbürtige Gegner, die einander so wunderbar ergänzen könnten, es aber meistens nicht tun. Schaffen sie es, einander nicht aufzureiben, können sie eine hervorragende Symbiose bilden: Der hartnäckige, geduldige Skorpion kann den überschäumenden, ungeduldigen Widder ein wenig einbremsen, während der Widder den Skorpion davor bewahren kann, sich in sinnlosen Fixideen zu verlieren und in undurchsetzbare Projekte zu verzetteln.

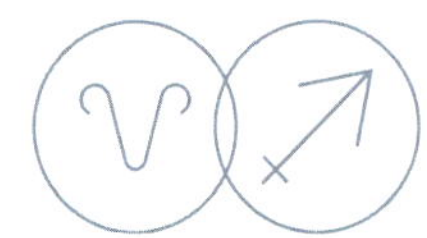

Widder und Schütze

Beide verbindet ihr reger Geist und ihr leidenschaftliches Naturell.

Eine gelungene Kombination. Egal ob in der Sexualität oder im täglichen Zusammenleben: Hier sprühen die Funken nur so. Kein Tag ohne geistige und körperliche Herausforderung, keine Nacht ohne herzerfrischenden Sex. Widder und Schütze sind einander kongeniale Partner, und das wissen sie auch. Deshalb wird auch keiner der beiden versuchen, die Macht an sich reißen zu wollen. Sie respektieren und bewundern einander, und wenn es einmal zu einer Krise kommt, dann kann sie schnell und fair gemeistert werden, denn sogar im Streit werden Widder und Schütze miteinander freundschaftlich und respektvoll umgehen. Eine Beziehung, die man sich nur von ganzem Herzen wünschen kann und die auch Dauer haben wird.

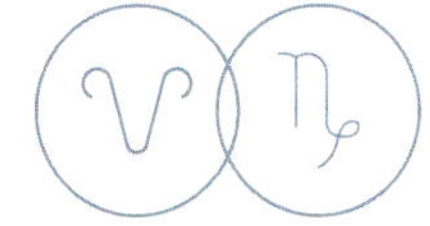

Widder und Steinbock

Eine Menge Hörner haben wir bei dieser Kombination, doch nur der Widder wird die seinen einsetzen. Immer wieder rennt er mit dem Kopf gegen die Gesetzmäßigkeiten und Traditionen des Steinbocks an, der sich keinen Millimeter zur Seite bewegt, sondern stur, starr und schweigend stehenbleibt. In den wenigsten Fällen kann das gutgehen. Der Steinbock hingegen kann dem jugendlich-draufgängerischen Verhalten des Widders nicht viel abgewinnen. Vielleicht zieht ihn zu Beginn einer Liaison dieses für ihn beinahe exotische Verhalten noch an, doch bald verliert er allen Respekt vor diesem herumhüpfenden, albernen Kasper. Lieber zieht er sich in seine Welt zurück, wo eherne Steinbock-Gesetze herrschen, wo man gesetzt und reif beobachtet, ohne sich allzuviel einzumischen. Dem Widder erscheint der Steinbock zu spießig, er wird es bald leid, ihn ständig motivieren zu wollen und nur ein mildtätiges Lächeln zu ernten, wo nach der Meinung des Widders Jubelgeschrei viel angebrachter wäre. Eine Chance hat die Beziehung dann, wenn der Widder ein sehr viel älterer und der Steinbock ein sehr viel jüngerer Partner ist. Unter diesen Umständen könnte der Altersunterschied ausgleichend auf das Naturell wirken.

Der Widder ist voll Bewegung und Beschleunigung, der Steinbock steht stoisch und unbewegt.

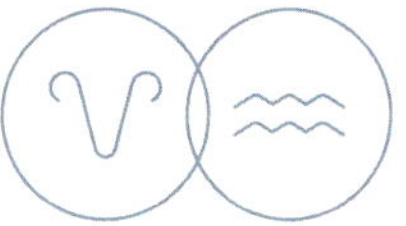

Widder und Wassermann

Endlich eine Konstellation, die einfach klappen muss! Der Wassermann sprüht vor Ideen, die der Widder begeistert aufnimmt und umsetzt und damit wieder den Wassermann zu neuen Projekten befruchtet. Ein nicht enden wollender Energiekreislauf, von dem beide zehren können, eine glückliche Symbiose zwischen zwei

Batterien, die sich ständig gegenseitig aufladen. Meist bemerkt man auch sofort, dass man einem Widder-Wassermann-Paar gegenübersteht. Diese Verbindung scheint jeden Dritten auszuschließen, es gibt Codewörter und kleine Zeichen, die das spürbare Band der beiden noch sichtbarer und fühlbarer machen. Es hat auch kaum ein anderer eine Chance, in so eine Beziehung einzudringen, zu eng ist die Bindung zwischen Widder und Wassermann, zu viele Aspekte stimmen in dieser Partnerschaft, als dass ein anderer sich dazwischenstellen kann – es sei denn, der Eindringling gehört auch einem der beiden Tierkreiszeichen an. Ein Problem kann es aber auch in dieser Ideal-Konstellation geben: Durch das ständige temperamentvolle Hoch in dieser Partnerschaft kann es passieren, dass einer der beiden Partner, nämlich der mit der schwächeren Konstitution, einfach erschöpft ist und nicht mehr weiter kann. Hier muss der andere sein Naturell soweit zurückstellen, dass er dem ausgepowerten Liebsten die nötige Erholung zukommen lässt und auch ein bisschen leiser tritt.

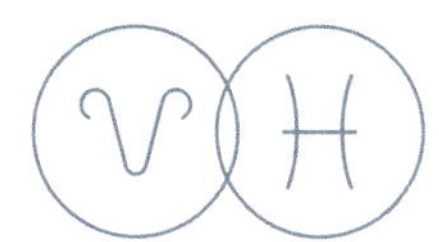

Widder und Fische

Was den Widder am Fisch fasziniert, ist erklärbar mit dem alten Pygmalion-Thema, das in „My fair lady“ aufgegriffen wurde: Da kommt ein kraftstrotzender Widder des Weges, selbstsicher und voller Optimismus, und trifft auf ein Wesen, das unsicher ist, kraftlos, antriebslos und hilflos. Na, denkt er sich, das wäre doch gelacht, wenn ich daraus nicht etwas machen könnte! Er beginnt also, den Fische-Geborenen zu formen. Was sich auf diesen katastrophal auswirkt, denn er selbst sieht es ja keineswegs so, dass er mit seinem Leben nicht zufrieden ist. Er möchte doch bitte schön so bleiben, wie er ist, und überhaupt hasst er Veränderungen, und der Widder mit seiner lauten und beweglichen Art geht ihm ziemlich auf die Nerven. Der Fisch kann nicht damit umgehen, dass der Widder dauernd alles in die Hände nehmen will, obwohl ihn doch das Fischleben überhaupt nichts angeht, und der Widder findet es unerträglich, dass der Fisch immer nur stillhält. Nach der ersten Beschnupperung also, die für beide ohnehin sehr unbefriedigend ist, wird wieder jeder seines Weges ziehen.

Der Widder wird bald den Spaß daran verlieren, den Fisch zu einem temperamentvollen Partytiger zu machen, sobald er bemerkt, dass seine Worte auf taube Ohren stoßen.

GLÜCKSSTEIN DES WIDDERS

Feurig wie der Widder selbst ist auch sein Glücksstein: der Rubin. In ihm lodern die Leidenschaft und das Feuer, der Rubin wirkt kraftvoll und schön, auffallend und unverwechselbar, lauter Eigenschaften also, die auch den Widder-Menschen charakterisieren.

BERUF

Kampfsportler, Berufssoldat, Physiker, Chemiker

GASTGESCHENK

Über einen Trockenblumenstrauß mit Zierdisteln, ein Schnellkochbuch, eine Flasche Tequila oder eine Karte für eine Sportveranstaltung sollte sich ein Widder eigentlich freuen.

BERÜHMTE WIDDER

Johann Sebastian Bach, Joseph Haydn, Franz Lehár, Herbert von Karajan, Arturo Toscanini, Goya, Vlaminck, Gustave Moreau, Baudelaire, Emile Zola, Peter Ustinov, Anna Magnani, O. W. Fischer, Gregory Peck, Bette Davis, Doris Day, Charlie Chaplin, Richard Chamberlain, Otto von Bismarck, Wladimir Iljitsch Lenin, Nikita Chruschtschow, Helmut Kohl, Leonardo da Vinci, Wilhelm Busch, Ernst Jünger, Wernher von Braun, W. C. Röntgen, Griacomo Casanova, Girolamo di Savonarola, Edgar Wallace

LOYALITÄT UND GEMÜTLICHKEIT – SINNLICHER STUBENHOCKER

Kaum ein Tierkreiszeichen wird so oft so verkannt wie der Stier. Wie Ferdinand, der junge spanische Stier aus dem Kinderbuch von Munro Leaf, der lieber an den Blumen auf seiner Weide schnuppert als für den Stierkampf zu trainieren, sind auch menschliche Stiere alles andere als aggressiv, wenn sie nicht gerade von einer Hummel gestochen werden. Sie wissen ein schönes, gemütliches Zuhause zu schätzen. Sie pflegen es mit Begeisterung und haben ein untrügliches Gespür für Qualität. Auf Schnäppchen fallen sie nur selten herein, Gediegenheit und Wertbeständigkeit ist ihnen wichtiger. Für kleinere Geldanlagen haben sie ein gutes Händchen. Umgekehrt können sie es nicht leiden, wenn auf ihrem Konto Ebbe herrscht, und tun alles, um diesen Zustand wieder zu ändern.

Der Stier, der männliche wie der weibliche, ist durch und durch pragmatischer Realist und zeichnet sich durch seine Lebenstüchtigkeit aus. Er ist derjenige, der an die praktischen Dinge des Lebens denkt, der niemals das Salz vergisst, wenn er den Picknickkorb packt. Er steht mit beiden Beinen fest im Leben und lässt sich in dieser sicheren Position beinahe durch nichts erschüttern.

Der Stier ist kein Phantast, sondern er betrachtet eine Situation in Ruhe, schätzt sie ein und handelt danach, ohne Illusionen nachzuhängen. Ausnahmen bestätigen die Regel: In ganz seltenen Fällen verlieben sich Stiere so konsequent und kompromisslos, dass sie ihre typische Erdverbundenheit verlieren.

Der Stier ist energisch, stark und zäh. Er verliert niemals sein Ziel aus den Augen, sondern verfolgt es beständig und ehrgeizig, ohne sich dabei zu verausgaben. Er ist kräftig und kann mit seinen Kräften haushalten. Der Stier resigniert auch nicht. Was dazu führt, dass der Stier als äußerst starrsinnig und dickköpfig gilt. Wenn er sich etwas in seinen Stierkopf gesetzt hat, ist es ihm tatsächlich fast nicht mehr auszureden, egal, wie offensichtlich falsch die Richtung ist, die er

Er kämpft sich durch, auch wenn es für ihn zunächst nicht rosig aussieht, aber er gibt nicht auf.

eingeschlagen hat – es gibt keine Umkehr. Stiere sind wie geschaffen für harte, konsequente Arbeit, doch das bedeutet keineswegs, dass sie nicht auch durchaus sinnlichen Genüssen zugetan sind! Stiere lieben gutes Essen und sinnliche Erotik, wobei sie auch auf diesem Gebiet durch besondere Hartnäckigkeit und Konsequenz auffallen.

DER STIER UND SEINE MITMENSCHEN

Stiere gelten in ihrer Umgebung oft als unsozial, als unfreundlich. Es scheint ihnen auf den ersten Blick an einer gewissen Herzlichkeit zu mangeln, die andere Menschen auszeichnet. Doch dieses Bild täuscht. Der Stier – auch wenn er sich gerne raubeinig und als letzter einsamer Held präsentiert – ist in Wirklichkeit ein ganz besonders guter Mensch mit einem weichen Herzen. Er beschützt seine Lieben und verteidigt sie gegen alles Böse – und er bemüht sich redlich, dass es ihnen auf jeder Ebene gut geht. Er beschenkt sie und verwöhnt sie, er ist ein hinreißender Elternteil, der für seine Sprösslinge alles tut. Das gilt übrigens auch für seine Mitarbeiter, sofern er eine eigene kleine Firma besitzt. Allerdings sterben Stiere in den Chefetagen moderner Unternehmen zusehends aus. Wo schnelle Entscheidungen unter rasch wechselnden Bedingungen gefragt sind, fühlen sie sich nicht zu Hause.

Wenn er sich einmal entschieden hat, jemanden zu mögen, einem Menschen in Freundschaft zugetan zu sein oder diesen Menschen gar zu lieben, ist er der treueste, verlässlichste, aufopferungsbereiteste Partner, den man sich nur wünschen kann.

Was für Partner, Freunde und Nachbarn eine Beziehung zu einem Stier-Geborenen sehr attraktiv machen kann, ist sein handwerkliches Geschick. Stiere sind ständig am Basteln, im Haus oder im Garten. Dauernd wird verändert, verbessert, umgestaltet. Stiere sind auch sehr oft in manuellen Berufen anzutreffen.

Sie sind nur sehr selten Bürohengste, und wenn, dann nur, weil sie dank ihres Fleißes aus einem Handwerksberuf den scheinbaren Aufstieg in die Verwaltungsebene geschafft haben. Wobei noch nicht gesagt ist, dass sie sich hier wohl fühlen.

Stiere sind sehr fleißig, doch manchmal passiert es, dass sie in ihrer Starrköpfigkeit Fehler machen, die sie nicht einsehen. Das kann natürlich im Berufsleben zu bösen Konsequenzen führen. Egal. Lieber beginnt der Stier ganz von vorne, als dass er zugibt, sich geirrt zu haben.

DER STIER UND SEINE GESUNDHEIT

Der Stier isst und trinkt gerne. Er ist ein sinnesfreudiger Bacchant, der gerne zur Übertreibung neigt. Ganz typisch für Stiere ist, dass sie jahrelang drei Schachteln Zigaretten am Tag rauchen und von einem Tag auf den anderen nicht nur damit aufhören, sondern auch alle Menschen verachten, die rauchen, dafür aber plötzlich jeden Abend drei Gläser Rotwein trinken, obwohl sie jahrelang keinen Tropfen Alkohol angerührt haben. Das gilt auch für das Essen: Stiere betreiben zwar auch Sport bis an ihre Grenzen, doch sobald sie damit aufhören, neigen sie zur Fettleibigkeit. Ihre Lieblingsspeisen stammen aus der Abteilung „Traditionelle Hausmannskost“, sie kochen gern mit viel Butter und Schmalz, wissen diverse Knödelarten zu schätzen und ziehen ein mit Speck gedünstetes Gemüse jedem nassen, kalten Salat vor.

Was immer der Stier auch tut, er macht es gründlich.

Dem Stier sind auf der analogen Ebene Hals und Ohren zugeordnet, und dies sind die klassischen Schwachpunkte bereits des jungen Stiers. Ein Stier sollte stets Salbei für einen Tee gegen Halsweh im Haus haben.

Hoher Blutdruck, Herzbeschwerden, Übergewicht: Das sind die häufigsten Probleme, mit denen sich der nicht mehr ganz so junge Stier herumschlägt. Ihm in jungen Jahren zu raten, alles ein wenig maßvoller zu betreiben, nimmt der Stier nicht zur Kenntnis, egal, ob ihm das sein Arzt oder wohlmeinende Freunde sagen.

DER STIER UND DIE LIEBE

Einen Stier zu „knacken“, ist bei Stieren beiderlei Geschlechts schwierig. Stiere sind zunächst unnahbar und ein wenig misstrauisch, doch gerade diese Unnahbarkeit macht sie zu einem umso interessanteren Objekt der Begierde. Auch sind Stiere nicht mit gewöhnlichen Mitteln zu ködern. Es sind oft Dinge, die dem Möchtegernpartner selbst gar nicht bewusst sind, die den Stier faszinieren. Eine ungewöhnliche Stimme, ein besonderes Lächeln, die Art, mit der Hand durch das Haar zu fahren – mehr als die Gesamterscheinung sind es diese Details, die im Stier eine Leidenschaft auslösen, die manchmal zur Obsession werden kann.

Ist der Stier einmal verliebt, geht es dem Partner – sofern er dem Stier keinen Grund zur Eifersucht gibt – wunderbar. Der Stier ist nicht nur ein aufmerksamer und ausdauernder Liebhaber, er kann auch in einem unglaublichen Maß romantisch sein, und das auf eine aufmerksame und berührende Weise, die niemals peinlich ist. Der Stier schenkt seinem Partner genau jenes Präsent, das dieser sich ganz heimlich am meisten wünscht. Der Stier arrangiert Reisen zu Orten, die nicht im Reiseführer unter „romantisch“ zu finden sind, aber für den Beschenkten eine ganz besondere Bedeutung haben. Der Partner des Stiers, der auf Geschäftsreise geht, findet in seinem anonymen Hotelzimmer in der fremden Stadt einen lieben Gruß von seinem daheimgebliebenen Stier, der ihm das Herz erwärmt.

Wenn man den Stier gut behandelt, behält er diese romantische Leidenschaft bei und ist der wunderbarste, liebevollste und selbstloseste Partner, den man sich denken kann. Was der Stier allerdings nicht schätzt und was ihn in der Tat sehr böse machen kann, ist Untreue seines Partners. Da gibt es nur noch lautstarke Szenen, wüste Beschimpfungen und dramatische Suizdankündigungen. Ist der Stier in seiner Würde verletzt – und mit einem Seitensprung tritt sein Partner seine Würde mit Füßen –, dann tobt er und sinnt nach Rache. Am Partner, am Objekt des Seitensprungs, an allen, die zufällig davon wussten und nichts dagegen unternahmen. Drum hüte man sich vor Stierbindungen, wenn man eine eher lockere Auffassung von Partnerschaft hat.

Eifersucht ist eines der großen Probleme des Stiers, und wenn er merkt, dass er zu Recht eifersüchtig ist, brennen bei ihm alle Sicherungen durch. Da gibt es keine Aussprachen, keine amikalen Diskussionen, kein Verständnis.

Denn wenn man den Stier nicht gut behandelt, wird das Leben mit ihm zum Alptraum. Er zieht sich dann – abgesehen von Zornesausbrüchen – in die innere Emigration zurück, und es ist schlagartig vorbei mit seiner Aufmerksamkeit. Je nach Planetendisposition kann das seinen

reuigen Partner wiederum so sehr reizen, dass er vor Sehnsucht nach dem früheren, liebevollen Stier völlig verzweifelt. Hört man von einem Paar, bei dem die Rollen sich völlig verändert haben, indem aus dem ergebenen Mann, der sich ständig um eine stolze, scheinbar gleichgültige Frau bemüht hat, plötzlich ein kaltes Ekelpaket geworden ist, das der Frau, die ihm nun ihrerseits treu ergeben folgt, bestenfalls einen Fußtritt verpasst, dann kann man getrost annehmen, dass es sich dabei um einen – beleidigten – Stiermann handelt.

DER STIER UND SEINE PARTNER

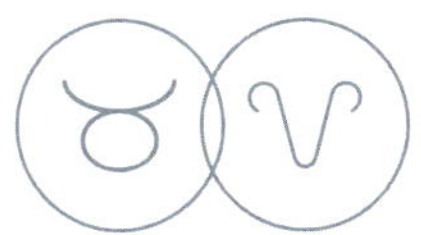

Stier und Widder

Zunächst kann diese Kombination sehr vielversprechend sein. Man ist voneinander fasziniert, weil der andere das zu haben scheint, was einem selbst fehlt. Der Widder bewundert die Gemütlichkeit und Ruhe des Stiers, dieser wiederum ist vom aufgeweckten Naturell des Widders beeindruckt. Nach den ersten Phasen des Näher-Kennenlernens allerdings wird sich schon bald herausstellen, dass man schon sehr viele Kompromisse eingehen muss, um diese Beziehung am Leben zu erhalten. Der Widder muss sich immer wieder zurücknehmen, um den Stier nicht ganz an die Wand zu drängen, und der Stier wird viel von seiner Beschaulichkeit opfern müssen, um zumindest partiell am Widder-Leben teilzuhaben. In dieser Konstellation wird vermutlich der temperamentvolle Widder den Stier so lange reizen, bis dem einmal so richtig der Kragen platzt. Dabei kann Porzellan zerbrochen werden, das nie wieder zu kitten ist. In der Folge wird der Stier wieder versuchen, sich auf sein ruhiges Leben zurückzuziehen, während der Widder weiterhin auf der Suche nach Neuem ist.

Kühlt die Liebe und erste Faszination ab, kann es gefährlich werden.

In der Erotik können Widder und Stier durchaus harmonieren, weil hier beide wichtigen Elemente der Erotik, nämlich die Sinnlichkeit und die Triebhaftigkeit, aufeinandertreffen. Wenn man bereit ist, auf den anderen einzugehen, kann diese Kombination alle Herrlichkeit auf Erden versprechen – und auch halten.

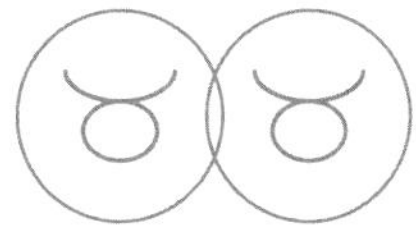

Stier und Stier

Einerseits eint das Ähnliche, die gemeinsame Einstellung zum Leben und zum Besitz, andererseits kommen sich Stier und Stier damit auch in die Quere. Stiere suchen die Gruppe, also haben sie grundsätzlich einmal keine Schwierigkeiten, sich an den anderen anzuschließen und sich in seiner Welt zurechtzufinden. Stieren ist Besitz wichtig und im Zusammenleben mit einem anderen Tierkreiszeichen wird das nicht stören, denn jeder andere wird milde lächelnd über diesen Spleen hinwegsehen. Bei zwei Stieren sieht die Geschichte jedoch ganz anders aus, denn hier wollen beide ganz genau klären, was wem gehört und warum. Das kann in einer längeren Beziehung ganz schön nerven, denn manchmal steht dieses Thema des Besitzes über allen anderen Themen und verhindert Gespräche über wirklich wichtige Dinge. Es kann funktionieren zwischen zwei Stieren, aber es ist nicht sehr wahrscheinlich.

Sobald sich beide Stiere miteinander behaglich niedergelassen haben, geht es los.

Stier und Zwillinge

Hier treffen wieder zwei grundverschiedene Typen aufeinander: Ist der Stier auf der Suche nach Gemütlichkeit, nach einer sicheren Bleibe, nach Geborgenheit, sind Zwillinge ständig auf der Suche nach Neuem, Spannendem, Interessantem. Das mag ganz gut gehen, denn wenn beide Partner bereit sind, zugunsten des anderen ein bisschen zurückzustecken, ergänzen sich Zwillinge und Stier sehr gut. Doch werden diese Unterschiede immer wieder auftauchen, und so wird es in dieser Partnerschaft nie konfliktlos abgehen. Das beginnt bei Themen wie Zärtlichkeit. Während der Zwilling es liebt, Neues auszuprobieren und auch einmal verwegenere Dinge zu wagen, schätzt der Stier mehr das Altvertraute. Er weiß, was ihm guttut, und das will er auch bekommen. Auf Experimente lässt er sich nur ungern ein. Ähnlich ist es auch mit der Ausstattung des gemeinsamen Heims. Der Stier tüftelt und bastelt, hängt hier noch ein Vorhängchen hin und da noch eine Trockenblume, legt dort einen Zierpolster auf und sucht alle Läden der Stadt nach einem passenden Bild ab. Der Zwillinge-Geborene hingegen braucht ein Bett und einen Tisch, und alles andere lässt ihn ziemlich kalt. Wenn ihm etwas gefällt, schafft er es sich an, aber er hält nichts von der kuscheligen Romantik der Stierbehausung. Da ist ihm ein chromblitzendes Loft schon viel lieber, aber da geht ihm der Stier nicht einmal bis ins Vorzimmer.

Stier und Krebs

Schon ihr erstes Aufeinandertreffen wird bezeichnend sein für ihre weitere Beziehung. Unspektakulär und still, aber für beide unvergesslich, wird dieser eine erste Blickkontakt zwischen Stier und Krebs sein. Und nach diesem Blick kann es Wochen dauern, ehe man sich ein wenig näher kommt. Doch die Sache gedeiht gut, denn man ist sich ähnlich genug, um miteinander leben zu können, und doch nicht so gleich, dass man die eigenen Unzulänglichkeiten wie in einem Spiegel sieht. Eine süße Liebe, die leise, aber beständig blüht und noch anhält, wenn andere Geschichten längst vergessen sind.

Eine ausgesprochen wunderbare und harmonische Liebe wartet, wenn Stier und Krebs einander begegnen.

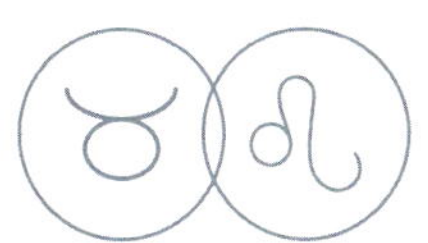

Stier und Löwe

Der Stier wird die Stärke des Löwen zu schätzen wissen, denn sie gibt ihm Schutz und Zuflucht. Der Löwe, als Inkarnation des Alpha-Tieres, braucht keine Sekunde lang über Hierarchien nachdenken. In dieser Beziehung ist alles klar. Jeder hat ein gewisses Repertoire an Rollen, das er spielt, und bei dieser Einteilung gibt es keine Veränderung. Der Stier kuschelt sich an den sonnigen Löwen, der ihn wärmt und ihm Sicherheit bietet. Und der Löwe genießt das und bleibt stehen, damit möglichst viele Leute sehen, wieviel Schutz er den Seinen bieten kann. Auch das Bestreben des Stiers, Besitz anzuhäufen, kommt den Interessen des Löwen entgegen, denn Besitz ist Macht und kann ihm überdies helfen, sich in der Öffentlichkeit ins rechte Licht zu setzen. Es wird keine sehr gleichberechtigte Beziehung sein, aber eine, die – sofern beide Partner mit ihrer Rolle einverstanden und einander überdies absolut treu sind –, gute Chancen auf Beständigkeit in sich birgt.

Stier und Jungfrau

Eine Beziehung, die insofern kaum schiefgehen kann, weil sie vermutlich nicht einmal im Ansatz stattfinden wird. Sowohl Stier als auch Jungfrau werden gleich merken, dass hier nichts zu holen ist. Eigenschaften, die sich in anderen Beziehungen vielleicht fruchtbar und kreativ auswirken würden, verkehren sich in der Konstellation Stier und Jungfrau ins Negative. Da hilft es auch nicht, dass beide Zeichen dem Element Erde zugeordnet werden: Die merkurgesteuerte, verstandsbetonte, nüchterne Jungfrau lässt alles an Sinnlichkeit im Stier erkalten, und der von Venus dominierte, Schönheit und Geborgenheit suchende Stier wird von der Kühle der Jungfrau abgestoßen werden. Die Gefahr allerdings, dass sich diese Kombination in einer Partnerschaft manifestiert, ist eher gering. Selten finden zwei Tierkreiszeichen so wenig Interessantes aneinander wie Stier und Jungfrau.

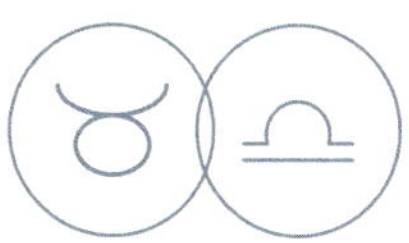

Stier und Waage

Sehr romantisch und sinnlich kann diese Geschichte werden, denn die Waage liebt die Frische des Stiers, seine Geradlinigkeit und seine Anhänglichkeit. Der Stier hingegen zeigt sich begeistert von der Dekadenz der Waage, von ihrer Sorglosigkeit und ihrem Optimismus. Möglicherweise wagt die Waage gelegentlich einen Ausflug in andere Gefilde, aber sie wird doch immer wieder gerne zu ihrem Stier zurückkehren, denn er gibt ihr die Geborgenheit, die sie sich selbst nicht schaffen kann. Sie kann sich blind auf ihn verlassen, er wird immer für sie da sein, und sie ist für ihn wie ein belebender Trunk. Das kann dazu führen, dass sehr wohl anstehende Probleme einfach ignoriert werden. So lange, bis dann ein Konflikt mit einer Vehemenz herausbricht, dem beide nicht mehr gewachsen sind, denn bevor man sich tagelang mit einem Streitthema auseinandersetzt und sich die Lippen fusselig redet, lässt man die Sache lieber und sucht sich jemand anderen.

Einziges Problem in der Beziehung Stier und Waage: Beide lieben ihr sorgloses Lebe und auch wenn sie ein wenig an der Oberfläche treiben, stört sie das nicht.

So kommt es, dass scheinbar wunderbar funktionierende Waage/Stier-Beziehungen von einem Tag auf den anderen Tag enden. Eben noch Sonnenschein und Liebesglück geht man auseinander, als wäre nichts gewesen.

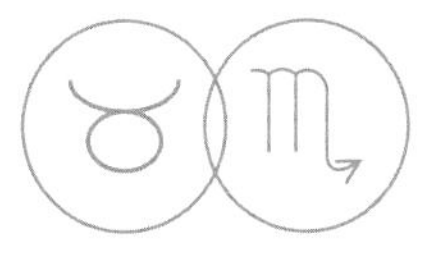

Stier und Skorpion

Der Stier geht auch in dieser Beziehung den geradlinigen Weg, der Skorpion hingegen versucht subtiler, seine Macht auszuspielen.

Sie wirken sehr anziehend aufeinander, denn sie sind so gegensätzlich: Der Stier in seiner Erdverbundenheit, der nach einem gemütlichen Eigenheim sucht und gerne seine bodenständigen sinnlichen Gelüste auslebt, und der Skorpion, der immer ein bisschen erdabgewandt ist, der sich immer den metyphysischen Dingen näher fühlt als dem Kartoffelbeet des Stiers. Die Beziehung kann sehr gut klappen, denn die beiden reiben sich – sofern man das Anderssein des Partners akzeptiert – nicht aneinander und können sich durchaus positiv befruchten. Spannung bringt die beständige Furcht des Stieres in die Beziehung hinein, sein Partner könnte aus einem seiner Tantra-Seminare einen Seitensprung werden lassen. Doch hat er einiges ins Feld zu werfen, was ihn dafür viel zu attraktiv für seinen Partner macht.

Beide sind sehr besitzergreifend, beide möchten den jeweils anderen einnehmen, und beide möchten sich zugleich diesem Zugriff entziehen. Das kann zu einem harmonischen Energieaustausch führen, der für beide anregend ist und keinen langweilt. Schwierig kann die Angelegenheit werden, wenn Kinder da sind: Beide, Stier und Skorpion, wollen dann auch die Kinder besitzen, und da kann es zu Konkurrenzkämpfen kommen.

Stier und Schütze

Eigentlich eine sehr vielversprechende Kombination, denn der Stier bietet dem Schützen, was er selbst nicht hat: einen Flecken, auf den er sich zurückziehen kann, wenn er von der großen weiten Welt genug hat. Und der Schütze bietet dem Stier seine Hand und nimmt ihn mit in Welten, die der Stier allein niemals erforscht hätte. Möglicherweise gibt es anfangs Differenzen, denn natürlich sträubt sich der Stier zunächst gegen die Reiselust des Schützen. Eigentlich hätte er es sich ja schon so gemütlich gemacht, und dann kommt dieser Schütze und will ihn weiß Gott wohin mitschleppen. Aber wenn er auf den Geschmack kommt, weiß er immer noch, dass er beim Schützen die Geborgenheit findet, die er mit seinem Häuschen verlassen hat. Und der Schütze? Er liebt es, sein müdes Haupt im umsorgenden Stierschoß zu betten. Eine harmonische Beziehung, in der ein sehr ausgewogenes Geben und Nehmen im Vordergrund steht.

Schützen tun Stieren gut, denn der doch etwas enge Stier-Horizont wird durch den Schützen auffallend erweitert.

Stier und Steinbock

Bei dieser Kombination treffen zwei durch und durch erdverbundene Vertreter des Tierkreises aufeinander, denen Besitz sehr viel bedeutet, die ähnliche Vorstellungen von sicheren Geldanlagen haben und die vieles tun, um ihre Grenzen zu sichern und ihren Reichtum zu mehren. Doch ist das ein ausreichender Grund für einen Stier, sich mit einem Steinbock zusammenzutun? Denn damit ist diese Beziehung auch schon definiert. Die Freude des Stiers an kulinarischen Genüssen wird vom eher asketischen Steinbock kaum geteilt, widerspricht sie doch seiner Vorstellung von Disziplin und Selbstzucht und was Leidenschaft und erotische Phantasie betrifft, brauchen beide einen Anstoß – den sie einander nicht geben können. Also stehen sie eben in der

Der Stier strebt nach Besitz und Eigentum, es gibt ihm Sicherheit und stärkt ihm den Rücken. Der Steinbock mit seinem Streben nach Erfolg kann ihn dabei unterstützen.

Gegend herum, schenken sich bestenfalls ein Gläschen ein und zählen die Münzen im Geldspeicher. Hände weg!

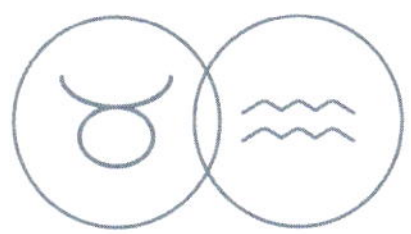

Stier und Wassermann

Schön wäre es schon, denn man findet schnell Gefallen aneinander, aber die Sache bringt auch so ihre Probleme mit sich: Der Wassermann fühlt sich vom häuslichen Stier eingeengt, und der Stier muss ständig in der Angst leben, dass sein Wassermann von einem seiner ständigen Höhenflüge nicht mehr zurückkehrt. Außerdem haben Wassermann und Stier auch Kommunikationsprobleme. Paare, die sich miteinander unterhalten, ohne auch nur im Ansatz einmal das gleiche Thema zu streifen, sind eine typische Stier-Wassermann-Kombination. In der körperlichen Liebe mag alles gut klappen und wunderbare Erlebnisse mit sich bringen, doch der Alltag ist für Wassermann und Stier so gut wie nicht zu bewältigen. Ausnahmen bestätigen selbstverständlich auch in diesem Fall die Regel.

Vorsicht bei dieser Konstellation, sie macht beide auf die Dauer ziemlich unglücklich!

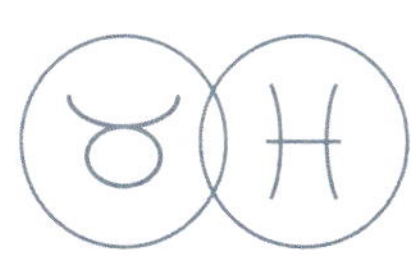

Stier und Fische

Diese Beziehung kann sehr harmonisch sein, obwohl sie vermutlich keine besonderen Höhen und Tiefen bietet. Aber sie ist beständig und relativ konfliktfrei. So einfach kann die Liebe sein. Beide haben einen ausgeprägten Sinn für Schönheit. Der Stier kann die Eitelkeit der Fische nachempfinden und freut sich auch, dem geliebten Partner in dieser Hinsicht das eine oder andere wertvolle Geschenk machen zu können. Es ist ja gut investiert. Andere Tierkreiszeichen, die es lieber voll Leidenschaft und Temperament haben, mögen die ruhige, unauffällige Fische-Stier-Liebe ein bisschen herablassend belächeln, aber sie hat schon was für sich. So ruhig und erdverbunden die beiden auch sind, haben sie doch die Kraft und die Ausdauer, ein Leben lang miteinander zu leben und dieses Zusammensein ein Leben lang zu genießen.

GLÜCKSSTEIN DES STIERS

Für Stiergeborene ist der Rosenquarz wie geschaffen. Auch die Koralle passt gut zu seinem Typ. Wichtig ist, keine Imitationen zu tragen, sondern echte Steine, möglichst in Pastellfarben.

BERUF

Bankangestellter, Bauer, Gastwirt, Koch, Botaniker, Baumeister

GASTGESCHENK

Über einen Strauß Rosen oder Narzissen, ein Kochbuch über Hausmannskost, eine Flasche Aquavit, selbstgemachten Pesto oder einen praktischen Küchenhelfer sollte sich ein Stier eigentlich freuen.

BERÜHMTE STIERE

Honoré Balzac, Gottfried Schadow, Alphonse Daudet, William Shakespeare, Axel Springer, Jules Massenet, Johannes Brahms, Peter I. Tschaikowsky, Yehudi Menuhin, Eugene Delacroix, Maximilien de Robespierre, Karl Marx, Immanuel Kant, Max Frisch, Sigmund Freud, Adolf Hitler, Teilhard de Chardin, Alfred Krupp, Maria Theresia, Gustav Stresemann, Harry S. Truman, Golda Meir, Bernard Grzimek, Hans-Joachim Kulenkampff, Ruth Leuwerik, Olga Tschechowa, Jean Gabin, Fred Astaire, Gary Cooper, Bing Crosby, Audrey Hepburn

WORTGEWANDTHEIT UND NEUGIER – FLATTERHAFTE FROHNATUR

Zwillinge sind zunächst einmal auffallend sympathische Menschen. Sie wirken positiv und mitreißend lebensbejahend. Sie sind neugierig, weltoffen und kontaktfreudig und wissen wunderbar amüsant zu erzählen. Ja, und sie sind ein wenig oberflächlich, ein bisschen flatterhaft, wollen vieles nicht wirklich ganz genau wissen – gerade nur so weit, dass es sich in eine amüsante Story verpacken lässt, mit der sie auf der nächsten Party brillieren können.

Doch das ist nur die eine Seite der Medaille. Läuft den Zwillingen nämlich eine Laus über die Leber oder fühlen sie sich schlecht behandelt, so kann die ganze Fröhlichkeit mit einem Schlag verschwunden sein. Stattdessen zeigt sich ein Hang zum Schwarzsehen, zum Trübsinn, ja sogar zu Perspektivlosigkeit, die völlig grundlos ist. Bei der Unternehmerin, die im ersten Satz freudig erregt verkündet, dass sie derzeit mehr Geld verdiene, als sie ausgeben könne, sich aber im nächsten Satz ernsthafte Sorgen macht, ob sie den nächsten Monat finanziell stemmen wird, kann es sich nur um einen Zwillinge-Mensch handeln.

Zwillinge – ein typisches Luftzeichen – sind schnell zu begeistern. Doch genauso schnell verlieren sie das Interesse an Dingen, die eben noch wichtig waren. Das gilt für Partnerschaften ebenso wie für den Beruf: Zwillinge schaffen es selten bis auf die höchste Stufe der Karriereleiter, denn das würde mehr Konsequenz bedürfen, als den Zwillingen zur Verfügung steht. Ein gut sichtbarer Lebensplan ist für einen Zwillinge-Geborenen eine echte Hilfe – sei es in Form eines unauffällig am Badezimmerspiegel platzierten Symbols, sei es in Form eines Leitsatzes im Tageskalender.

Sie neigen dazu, ihr eigentliches Ziel zu vergessen, weil es so viel Spannendes ringsum gibt.

Zwillinge-Geborenen gelingt sehr viel, mit ihnen ist oft das Glück der Stunde. Wer über viele Informationen verfügt, schafft es auch, im richtigen Moment an der richtigen Stelle zu stehen. Wenn sie Urlaub machen, ist das Wetter schön, wenn sie Menschen kennen lernen, ist jeder zunächst begeistert von dieser neuen

Bekanntschaft, und ein neues Projekt wird selbstverständlich zum Erfolg – bis es die Zwillinge nicht mehr interessiert. Solche Geschenke des Schicksals nehmen Zwillinge mit einem bewundernswerten Gleichmut entgegen. Aber sobald am Horizont Schwierigkeiten auftauchen, sind sie nahezu hilflos. Problemen gehen sie lieber aus dem Weg, und wenn sie sich ein Ziel gesetzt haben, das sie nicht sofort und ohne Umstände erreichen, lassen sie die ganze Angelegenheit nur allzugern sein. Das macht den Zwillinge-Menschen nicht gerade zu einer Führungspersönlichkeit, die auch mit Krisen umgehen kann.

DIE ZWILLINGE UND IHRE MITMENSCHEN

Zwillinge bezaubern ihre Umgebung, können aber oft nicht halten, was sie – unbewusst – versprechen. Typisch für den Zwillinge-Geborenen ist, dass eine neue Bekanntschaft auf der ersten Blick hingerissen ist und noch jahrelang von dieser ersten Begegnung schwärmt. Doch bei jedem weiteren Treffen bleibt die Beziehung schal. Die Luft ist einfach raus. Zwillinge laufen zur Hochform auf, wenn es sein muss, können aber natürlich dieses Niveau nicht konsequent halten. Zwillinge sind wie Kurzstreckenläufer, die auf 100 Metern brillieren, aber nicht die Ausdauer für längere Bahnen haben. Was immer sie gerade Interessantes erfahren haben – und Zwillinge erfahren viel Interessantes, denn sie sind bis zu einem gewissen Grad interessierte Gesprächspartner –, sie geben es gern in amüsant verpackter Form weiter. Freundschaften mit Zwillingen sind eine etwas ambivalente Angelegenheit, denn einerseits können Zwillinge mit ihrem Schwung eine mitreißende Bereicherung sein, andererseits können sie aber Erwartungen bitter enttäuschen, denn weder pflegen sie Freundschaften, noch legen sie Wert auf Weiterentwicklung. Und überhaupt gibt es so viele interessante Dinge auf der Welt, dass sich Zwillinge selten länger als nötig irgendwo aufhalten, sei es bei einem Partner oder in einem Job, sei es in einer Wohnsituation oder in einem Verein: Sie geben ein fulminantes Gastspiel und verschwinden wieder, ohne wirklich bleibende Spuren zu hinterlassen.

Zwillinge haben viele Bekannte, sie sind gute Zuhörer und sehr kontaktfreudig.

Im Beruf sind Zwillinge voll motiviert, solange sie an einem neuen Projekt arbeiten oder in einem neuen Team beweisen wollen, wozu sie fähig sind. Ist der erste Eifer abgeklungen, langweilen sich Zwillinge und brauchen neue Herausforderungen. Berufe, die viel Routinearbeit beinhalten, sind für Zwillinge denkbar unpassend. Ein Job aber, der sie oft vor neue Aufgaben stellt, kann das Interesse der Zwillinge immer neu wecken und so das Beste aus ihnen herausholen.

DIE GESUNDHEIT DER ZWILLINGE

Den Zwillingen sind auf der analogen Ebene die Lungen zugeordnet und der Schultergürtel mit unseren Armen und Händen, was wunderbar dem Thema Austausch entspricht, wozu die für Zwillinge so typische Kommunikationsbereitschaft gehört. Hier liegen ihre Stärken, hier liegen aber auch ihre gesundheitlichen Schwächen. Wer im Zeichen der Zwillinge geboren ist, tut gut daran, regelmäßige Atemübungen zu machen, mehrmals am Tag ganz bewusst tief durchzuatmen und auch die oberen Lungenflügel mit Luft zu füllen.

Und er tut gut daran, seine Schultern durch Gymnastik beweglich zu halten. Notfalls sollte er ein Abonnement bei einer guten Masseurin buchen, die Verspannungen in den Schultern löst. Zwillingefrauen, die gern stricken – ja, auch die gibt es: In Strickrunden kann man sich herrlich über die interessantesten Themen austauschen! –, sollten sich angewöhnen, am Ende jeder komplizierteren Reihe die unbewusst hochgezogenen Schultern ganz bewusst zu senken und wieder an ihren Platz zurückzubringen.

Die Lungen und die Brustpartie der Zwillinge sind natürlich auch am gefährdetsten, wenn es Winter und kalt wird. Außerdem führt ihr Hang zu nächtlichen Aktivitäten dazu, dass sie oft zu wenig Schlaf bekommen. Zwillinge neigen daher dazu, oft schon in jungen Jahren etwas verbraucht und verlebt auszusehen.

Lungenentzündungen, Bronchitis, Atembeschwerden sind bei diesem Luftzeichen häufig.

DIE ZWILLINGE UND DIE LIEBE

Der buhlende Zwilling ist charmant und spritzig, hinreißend und unwiderstehlich. Doch man muss sich stets vor Augen halten, dass er diesen Esprit überall dort sprühen lässt, wo immer er auftaucht – nicht speziell bei diesem einzelnen Gegenüber. Zwillinge sind prinzipiell Frohnaturen und gewinnen die Herzen im Flug. Doch können sie auf der anderen Seite auch sehr launisch sein. Ihre seelischen Schlechtwetterphasen halten in der Regel zwar nicht lange an, schon um des eigenen Vergnügens willen – Wozu schmollen, wenn doch so viele bezaubernde Menschen und amüsante Feste warten? –, doch verletzend sind sie trotzdem.

Die Liebe muss für den Zwilling – gleich ob Mann oder Frau – unkompliziert sein. Mystische Verstrickungen in fruchtlose Leidenschaften gibt es im Leben von Herrn und Frau Zwilling nicht, denn das wäre ja doch nur schade um die Zeit. Der ideale Partner für einen Zwillinge-Menschen ist einerseits ein Kumpel zum Pferdestehlen, andererseits ein gutmütiger Mensch, der sich nicht selbst in die erste Reihe stellen möchte – denn da steht ja schon jemand.

Nichts liegt Zwillingen ferner, als sich in unglückliche, leidenschaftliche und unerwiderte Liebesbeziehungen zu verstricken. Und wenn es woanders lustiger zu werden verspricht oder die Sonne heller scheint, haben sie auch schon die Koffer gepackt und sind dahin. Wer also die Zuneigung eines Zwillinge-Menschen gewonnen hat, tut gut daran, diesen nicht mit Seelenmüll, allzu tiefgehenden Befindlichkeitsschilderungen und mit langen Beziehungsdiskussionen zu belasten. Diese Ebene von Gesprächen langweilt ihn rasch. Ein gutes, spritziges Gespräch ist für Zwillinge dagegen Balsam, und wenn sie noch dazu darin etwas Neues erfahren, ohne dass dies mit erhobenem Zeigefinger vermittelt wird, sind sie glücklich. Ein solcher Abend kann dann schon mal eine überraschende erotische Note bekommen. „Lass uns dieses Gespräch auf der Ebene unserer Körper fortsetzen“ ist ein

Was nicht leicht geht und Spaß macht, muss nicht sein.

Satz, der von einem Zwillinge-Geborenen stammen könnte. Dabei nehmen es die Zwillinge mit der Monogamie nicht so genau, denn diese sie würde ja bedeuten, dass sie auf eine neue, amüsante Erfahrung verzichten müssten. Dabei leidet der Zwillinge-Mensch oft insgeheim, wenn ihm bewusst ist, dass er seine Eroberungen nicht halten kann. Und bevor ihn jemand verlässt, weil hinter der schillernden Schale zu wenig verborgen ist, geht er lieber selbst auf und davon. Und bleibt insgeheim auf der Suche nach jemandem, der ihn bewundert, ihn liebt und ihm ein ergebener Partner ist, was immer er selbst auch tut.

Natürlich gilt auch hier: Es gibt Ausnahmen, und treue, introvertierte Philosophen unter den Zwillingen mögen verzeihen. Doch häufiger begegnet man den flatterhaften Zwillinge-Schmetterlingen, die von Blüte zu Blüte gaukeln und sich vom Wind treiben lassen.

DIE ZWILLINGE UND IHRE PARTNER

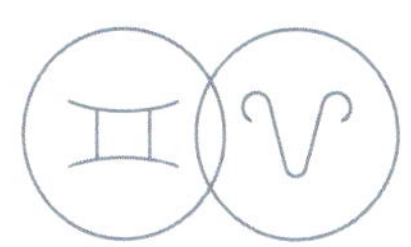

Zwillinge und Widder

Eine Sache, die durchaus gut funktionieren könnte. Beide sind zielstrebig und neugierig, beide sind interessiert und willensstark. Die Motivation ist manchmal unterschiedlich, denn wo der Widder unbedingt möglichst schnell ans Ziel kommen möchte, funktionieren Zwillinge mehr nach dem Grundsatz: Der Weg ist das Ziel. Und so werden die beiden, der eine rasanter, der andere gemächlicher, ihren Zielen hinterjagen, ohne sich dabei auf den Fuß zu treten. Wenn es sich um das gleiche Ziel handelt, kann diese unterschiedliche Gangart durchaus fruchtbar sein.

Auf jeden Fall wird diese Beziehung eher von Unternehmungslust, Forschungsdrang und Neugier geprägt sein als von Langeweile.

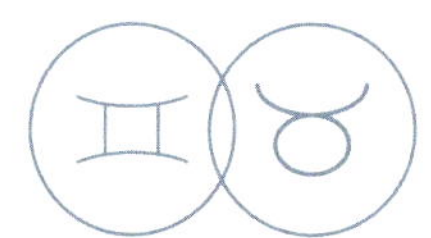

Zwillinge und Stier

Hier treffen wieder zwei grundverschiedene Typen aufeinander: Ist der Stier auf der Suche nach Gemütlichkeit, nach einer sicheren Bleibe, nach Geborgenheit, so sind die Zwillinge ständig auf der Suche nach Neuem, Spannendem, Interessantem. Das mag ganz gut gehen, denn wenn beide Partner bereit sind, zugunsten des anderen ein wenig zurückzustecken, ergänzen sie sich sehr gut. Doch werden diese Unterschiede immer wieder auftauchen und so wird es in dieser Partnerschaft nie konfliktlos abgehen. Das beginnt bei Themen wie Zärtlichkeit. Während die Zwillinge es lieben, Neues auszuprobieren und auch einmal verwegenere Dinge zu wagen, schätzt der Stier mehr das Altvertraute. Er weiß, was ihm guttut, und das will er auch bekommen. Auf Experimente lässt er sich nur ungern ein. Ähnlich ist es auch mit der Ausstattung des gemeinsamen Heims. Der Stier tüftelt und bastelt, hängt hier noch ein Vorhängchen hin und da noch eine Trockenblume, legt dort einen Zierpolster auf und sucht alle Läden der Stadt nach einem passenden Bild ab. Der Zwillinge-Geborene hingegen braucht ein Bett und einen Tisch, und alles andere lässt ihn ziemlich kalt. Wenn ihm etwas gefällt, schafft er es sich an, aber er hält nichts von der kuscheligen Romantik der Stierbehausung. Da ist ihm ein chromblitzendes Loft schon lieber, aber dort bringt er den Stier nicht einmal über die Türschwelle.

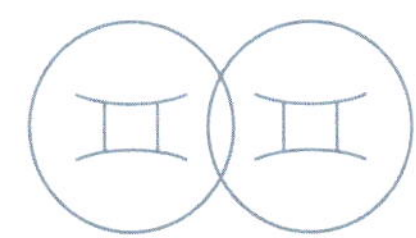

Zwillinge und Zwillinge

Das Motto dieser Beziehung ist vermutlich: Wer Luft holt, hat verloren. Ohne größere Probleme, voll Optimismus und Lebensfreude werden die beiden Zwillinge ein unbeschwertes, heiteres und geschwätziges Leben führen, sich selbst genügend und ineinander aufgehend. Eigentlich beneidenswert! Dieses Paar hat die besten Chancen, auch in späteren Jahren noch eine unterhaltsame. kurzweilige Zweierbeziehung zu führen, denn es gibt immer irgend etwas zu besprechen und zu diskutieren. Gratulation zu dieser Partnerschaft!

Kaum ein anderes Liebespaar wird so sehr in Kommunikation an der Grenze zur Inhaltslosigkeit aufgehen wie die Zwillinge-Zwillinge-Kombination.

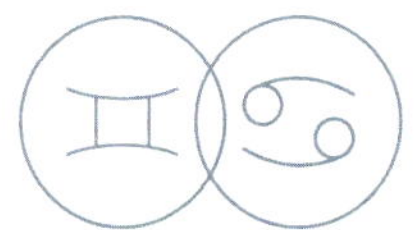

Zwillinge und Krebs

Eine Partnerschaft, die einigermaßen konfliktfrei über die Bühne gehen will. Wer allerdings besonderen Kitzel in der Beziehung erwartet, sollte diese Konstellation noch einmal überdenken. Nein, Probleme haben diese beiden keine. Der Zwillinge-Geborene hat kaum mit einem anderen Menschen Probleme, im Gegenteil, der Krebs gibt ihm Geborgenheit und Schutz. Und der Krebs wird den Wandertrieb der Zwillinge zwar skeptisch beobachten, wird aber möglicherweise davon profitieren. So weit, so gut. Doch sowohl Krebs als auch Zwillinge erwarten meist etwas mehr von einer Liebesbeziehung als eine funktionierende, reibungslose Freundschaft, bei der Sinnlichkeit und feurige Erotik zu kurz kommen. Durchaus möglich, dass sich Krebs oder Zwilling früher oder später nach einem anderen Partner um-sehen, der ihnen die laszive Erotik gibt, die sie beim anderen vermissen. Damit wir uns nicht falsch verstehen: Niemals würde einer der beiden aus dieser Beziehung aussteigen wollen, denn Krebs und Zwillinge streiten ja nicht, es läuft ja alles so harmonisch! Doch gerade in der Midlife Crisis, wo sich die berühmte Frage stellt: War das alles? sind beide Teile einer derartigen Konstellation sehr gefährdet, dem Charme und der knisternden Erotik eines oder einer Dritten zu erliegen.

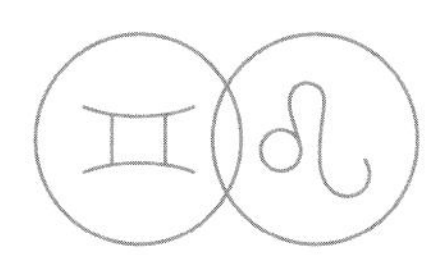

Zwillinge und Löwe

Eine passable Geschichte mit hohem Zerfallswert. Der Löwe gibt den Zwillingen die Chance, sich zu entwickeln, sich frei zu bewegen, und trotzdem zu wissen, dass es einen starken Arm gibt, auf den man sich verlassen kann. Vielleicht geht dem Zwilling-Geborenen gelegentlich das Machtgehabe seines Löwen auf die Nerven, doch dann muckt er kurz auf, Löwe brüllt zurück, man hat einen richtig schönen Streit, und dann ist alles wieder vergeben und vergessen und man hat einander um so lieber. Paare dieser Kombination müssen einander in der Öffentlichkeit ständig ein wenig ansticheln, aber man merkt nach der ersten Verblüffung, dass diese kleinen Spitzen durchaus liebevoll gemeint sind. Sollten zwei Zwillinge- und Löwe-Liebende dazu noch beschließen, sich auch geschäftlich zusammenzutun, kann gar nichts mehr schiefgehen.

Die Klugheit des Löwen gepaart mit der raschen Auffassungsgabe der Zwillinge ergeben ein Intelligenzpotenzial, das Berge versetzen kann.

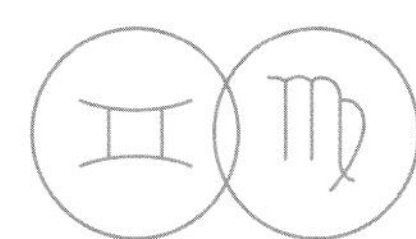

Zwillinge und Jungfrau

Gar nicht ungewöhnlich, wenn Zwillinge und Jungfrau einander im Rahmen eines Forschungsprojekt oder auf dem Universitäts-Campus über den Weg laufen. Beide sind intellektuell ausgerichtet, wobei der Forschungsdrang der Jungfrau mehr in die Tiefe geht als jener der Zwillinge. Das kann auch zu Konflikten führen, denn die Jungfrau, die natürlich bemerkt, dass sie nicht mit so viel Lebensart und Tempo aufwarten kann wie die Zwillinge, liebt es, ihrem Partner Oberflächlichkeit vorzuwerfen, was ja in einem gewissen Grad auch stimmt. Das natürlich bringt den Zwillinge-Geborenen zur Weißglut. Wie kommt man eigentlich dazu, sich ausgerechnet von der Jungfrau so etwas sagen zu lassen? Der Konflikt ist programmiert. Wenn diese Schwierigkeiten aber bewältigt werden und die intellektuelle Konkurrenz nicht allzu sehr im Vordergrund steht, kann aus dieser Liebe eine harmonische und glückliche Angelegenheit werden, in der die Jungfrau den Zwillingen Heimat und Geborgenheit bietet, die Zwillinge aber die Jungfrau zu mehr Leben inspirieren.

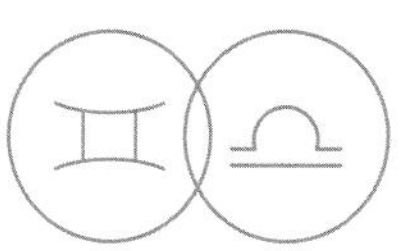

Zwillinge und Waage

Waage und Zwillinge werden den größten Spaß an gedanklichen Spielereien haben, und niemals werden ihnen die Ideen ausgehen. Eine köstliche, amüsante und sorglose Verbindung, die für beide Teile sehr befriedigend sein kann. Gefahr könnte von außen kommen, denn beide – Waage und Zwillinge – sind leicht zu beeindrucken, wenn jemand mit einem tragischen Hintergrund um sie buhlt. In der Leichtigkeit, die sie miteinander verbindet, vermisst man hin und wieder den ernsthaften, dramatischen Aspekt, und wenn plötzlich ein geheimnisvoller Fremder auftaucht, der sichtlich vom Unglück gebeutelt ist, werden sowohl Waage als auch Zwillinge überzeugt sein, diesem armen Menschen helfen zu müssen, das Leben positiver zu sehen. Das kann ins Auge gehen, denn bei aller Lockerheit in ihrer Liebe bestehen Waage und Zwillinge natürlich auf absoluter Treue. Wissen die beiden aber von dieser Gefahr und versuchen ihr auszuweichen, verspricht diese Beziehung lang haltbar und beglückend zu sein.

Auch in dieser Kombination steht der Intellekt im Vordergrund.

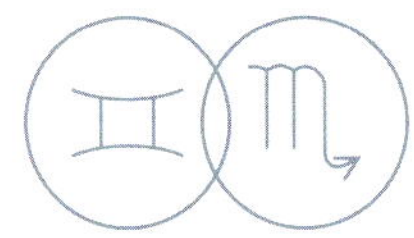

Zwillinge und Skorpion

Hier geraten zwei sehr ähnliche Charaktere aneinander, beide voll Neugier und auf der Suche, doch der eine – der Skorpion – ist ein Zweifelnder, der andere – der Zwillinge-Geborene – ist schnell einmal mit einem Ergebnis bei der Hand und legt keinen gesteigerten Wert darauf, noch mehr in die Tiefe zu gehen. In der Erotik sind Zwillinge zunächst einmal sehr gereizt von der starken Sexualität, die der Skorpion signalisiert, doch diese Triebhaftigkeit kann Zwillinge auch erschrecken. Mit dieser skorpion-typischen Derbheit wollen Zwillinge dann doch lieber nicht in Berührung kommen, sie bevorzugen leichte und flockige Light-Erotik. Dazu kommt, dass der Skorpion – egal ob Mann oder Frau – sehr dazu neigt, den anderen zu kritisieren, denn man will ja gerne einen – nach eigener Anschauung – perfekten Partner. Dieses Gemeckere reicht den Zwillingen bald, denn sie haben keine Lust, sich in irgendeiner Weise zu ändern. Und schon geht die Beziehung den Bach hinunter und keiner ist wirklich unglücklich darüber denn trotz der Ähnlichkeit im Charakter hat man gewisse trennende Elemente ja schon von Beginn an gespürt.

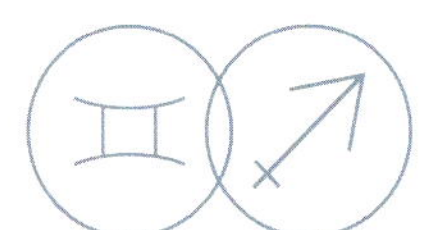

Zwillinge und Schütze

Hier herrscht Faszination auf den ersten Blick. Die Zwillinge sind vom Schützen beeindruckt, denn der hat den Tiefgang gepachtet, der ihnen fehlt. Und der Schütze bewundert die Leichtigkeit, mit der die Zwillinge ihr Leben und auftauchende Konflikte meistern. Doch wenn die erste Begeisterung abflaut, kann die Sache ein wenig schal werden. Irgendwie kommt da nichts mehr nach, und auch die Innigkeit, die liebende Paare so gerne nach außen demonstrieren, bleibt weg. Da kommt man in getrennten Autos zu Partys, unterhält sich dort mit allen anderen, nur nicht mit dem eigenen Partner, und verlässt das Fest zu unterschiedlichen Zeiten. Oft kommen Zwillinge und Schütze nach einiger Zeit der Liebesbeziehung darauf, dass sie ihre gemeinsamen Interessen genauso gut als Freunde ausleben können. Und Paare, die trotz Scheidung oder Trennung die besten Kumpels sind und weiterhin ihre Freizeit miteinander verbringen, sind oft Zwillinge und Schütze.

Zwillinge und Steinbock

Auch diese Beziehung steht gefühlsmäßig unter keinem guten Stern. Die Zwillinge tänzeln luftig um den Steinbock herum, der seine Grundsätze und Prinzipien durch ihre Leichtfüßigkeit verraten sieht. Man findet auch durchaus Gefallen aneinander, denn jeder hat genau die Eigenschaften, die einem selbst fehlen. Der Steinbock hat die ruhige, gelassene Ernsthaftigkeit, und die Zwillinge besitzen die lebensfrohe Sorglosigkeit, die der Steinbock nur vom Hörensagen kennt. Das ist attraktiv, doch ob die Sache klappt, hängt jetzt sehr von der Toleranz und der Kompromissbereitschaft der beiden Liebenden ab. Sind sie nicht bereit, sich auch nur einen Deut zu ändern, wird die Beziehung früher oder später schiefgehen. Zu groß sind die Unterschiede, als dass man ein Leben gemeinsam meistern könnte. Sind aber beide so sehr an einem Gelingen interessiert, dass sie über ihre Schatten springen können, ergänzen Steinbock und Zwillinge einander fruchtbar und harmonisch, obwohl auch hier für enthemmte Leidenschaft und romantische Gefühlsduseleien nur wenig Platz ist.

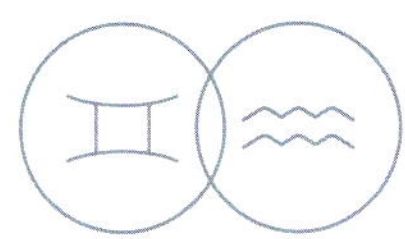

Zwillinge und Wassermann

Eine vielversprechende Kombination! Der Wassermann gebiert die Ideen und entwirft Luftschlösser, die die Zwillinge in die Realität umsetzen. Beide haben kein Problem mit

Veränderungen in ihrem gemeinsamen Leben, sind tolerant und unternehmungslustig – die besten Chancen für eine abwechslungsreiche, kurzweilige und gut funktionierende Liebesbeziehung. Wo bei anderen oft die Gefahr liegt, dass Menschen, die einander zu ähnlich sind, einander früher oder später langweilen, sind Wassermann und Zwillinge davor gefeit. Ihre Originalität und ihre Lebenslust lassen keine Langeweile aufkommen. Das Paar Zwillinge-Wassermann wird, in welcher Mann-Frau-Kombination auch immer, auch bei Freunden und Nachbarn beliebt sein. Sie sind die, die man zu jeder Party einlädt, denn sie sind immer gut aufgelegt und bereit für Späße und Feiereien. Verbunden durch ihre Geistigkeit schätzen Zwillinge und Wassermann die Ungebundenheit und Unabhängigkeit des anderen, denn das kennt man ja selbst allzu gut. Wenn etwas im Leben der beiden schiefgeht, können Wassermann und Zwillinge einander auch Kraft und Unterstützung geben, ohne einander zu bevormunden. Eine gute Verbindung, die sehr zu begrüßen ist!

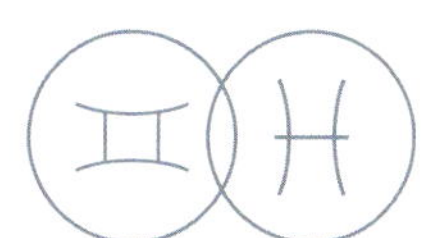

Zwillinge und Fische

Hier gibt es Ähnlichkeiten in der Anpassungsfähigkeit, in der Zurückhaltung und der Unaufdringlichkeit. Mit ihrer lebensbejahenden Art können die Zwillinge den Fische-Geborenen aus seinem larmoyanten Dasein herausholen und motivieren, umgekehrt lassen sich die Zwillinge von den Fischen inspirieren zu philosophischen Überlegungen, die in ihrer ein wenig oberflächlichen Gedankenwelt sonst nicht vorkommen. Doch bald ändert sich die Sache: Was der Zwillinge-Geborene kurz nach dem Kennenlernen noch besonders nett fand, nämlich die fischige Lebensangst, die nach einem Beschützer schreit, geht ihm nach einigen Wochen fürchterlich auf die Nerven. Und die Fische, die sich zu Beginn noch mit den Zwillingen wie auf einem Abenteuer-Urlaub gefühlt haben, sehnen sich nach ihrer vertrauten Ruhe und Geborgenheit, die sie bei den Zwillingen vermissen. Auch in der Kommunikation können gröbere Schwierigkeiten auftreten, Zwillinge und Fische sind eindeutig gefährdet, im wahrsten Sinn des Wortes aneinander vorbeizureden. Die Zwillinge müssen alles Erlebte und Wahrgenommene in Worte kleiden und lechzen nach einem Feedback auf das Gesagte, der Fische-Geborene meint, auch in Gesten und kleinen Zeichen der Unterhaltung Genüge zu tun. Vielleicht sollten die Zwillinge doch einen Blick auf den einen oder anderen Kandidaten eines anderen Tierkreiszeichens werfen!

GLÜCKSSTEIN DER ZWILLINGE

Der Rubin und der Topas sind die Glückssteine der Zwillinge. Feurig und voll Leidenschaft unterstreichen diese Steine das lebensfrohe und überschäumende Naturell. Vorsicht ist geboten bei Diamanten und Brillanten. Sie wirken an Zwillingen kalt und unsympathisch.

BERUF

Akrobat, Flieger, Straßenverkäufer, Buchhändler, Bote, Dichter, Schriftsteller, Sprachwissenschaftler, Pädagoge

GASTGESCHENK

Über einen Strauß Gänseblümchen oder Holunder, ein Vorspeisenkochbuch, eine Flasche Cognac oder ein Sandelholz-Duftöl sollte sich ein Zwilling eigentlich freuen.

BERÜHMTE ZWILLINGE

Edward Grieg, Charles Gounod, Richard Wagner, Richard Strauss, Dante Alighieri, Thomas Mann, Jean Paul Sartre, Leibnitz, Pascal, Ian Fleming, Albrecht Dürer, Konstantin von Griechenland, Anastasia Romanow, John F. Kennedy, Joseph Tito, Graf Luckner, Otto Lilienthal, Peter Frankenfeld, Errol Flynn, Juliette Greco, Josephine Baker, Judy Garland, Stan Laurel, Marilyn Monroe, Lilli Palmer, Charles Aznavour, Nancy Sinatra

GEFÜHLE UND WELTFREMDE ROMANTIK – HILFSBEREITER FAMILIENMENSCH

Der Krebs, ein Wasserzeichen, ist grundsätzlich ruhig und gemütlich, ein wenig still manchmal, unendlich hilfsbereit und selbstlos. Er ist schwärmerisch und verträumt, was ihn oft zu einem herausragenden Künstler macht. Er schreibt romantische Gedichte, malt hinreißende Bilder und komponiert berührende Musik. Der Krebs ist sehr phantasievoll, sehr sensibel und sehr verletzlich. Das kann man allerdings auch anders ausdrücken und hier zeigt sich die andere Seite des Krebses: Phantasievoll? Ja: Mit der Wahrheit nimmt er es nicht genau. Wozu auch, wenn man sich doch in Traumwelten flüchten kanm? Und was manche „sensibel und verletzlich" nennen, nennen andere schlicht „leicht beleidigt, und das dann gleich auf Dauer". Heute sagt man etwas, womit man den Krebs verletzt, drei Tage später merkt man es an seinem Verhalten, dass etwas nicht stimmen kann, und sechs Wochen später erfährt man vielleicht, womit man ihn beleidigt hat. In solchen Situationen zieht sich der Krebs völlig zurück, hockt im Schmollwinkel oder geht auf Wanderschaft.

Der typische Krebs vergisst regelmäßig, seine Telefonrechnung zu bezahlen und ist dann persönlich beleidigt, wenn ihm die Telekom-munikationsgesellschaft die Leitung lahmlegt. In solchen Fällen sieht er auch nicht seinen Fehler ein, sondern hadert allen Ernstes mit seinem bösen Schicksal. Wenn er Geld braucht, tut er alles, um an einen Kredit heranzukommen. Alles – nur nicht eine für ihn passende, vernünftig bezahlte Arbeit aufnehmen.

Praktische Dinge überfordern den Krebs heillos. Er hat nie in seinem Leben ein Autorad gewechselt – auch nicht bei einem nur erträumten Auto.

Der Krebs ist andererseits der gutmütige Träumer, der monatelang unentgeltlich arbeitet, weil ihm ein windiger Chef etwas von Zahlungsschwierigkeiten erzählt, die aber bald behoben sein werden. Der Krebs ist auch derjenige, der seinem Kollegen bereitwillig hilft und ihn großzügig an seinem Wissen teilhaben lässt – um dann voll Verwunderung zu erleben, wie ihm eben jener Kollege vorgezogen oder sogar vorgesetzt wird.

Diese Wechselbäder zwischen hoffnungsvoller Zuversicht und tiefer Enttäuschung führen dazu, dass die Stimmungen des Krebses größten Schwankungen unterliegen. „Himmelhoch jauchzend – zu Tode betrübt" ist eine ziemlich exakte Beschreibung der krebsischen Befindlichkeit.

DER KREBS UND SEINE MITMENSCHEN

Krebse sind rührend besorgt um ihre Familienmitglieder, Arbeitskollegen oder Freunde – wobei es oft schwer ist, neben einem Krebs Probleme zu haben: Seine angeborene Scheu vor den Unbillen des Lebens, gepaart mit seiner beständigen Sorge um den anderen, würden ihn handlungsunfähig machen, wenn man ihn an seinen Sorgen teilhaben ließe.

Der Krebs ist ein begeisterter Daheimbleiber. Er empfängt in seinem Heim gern Gäste, doch lange Reisen oder häufiges Ausgehen sind seine Sache nicht. Am ehesten kann man ihn mit einem Besuch bei der Familie locken.

Kalte Berechnung ist dem Wesen des Krebses fremd. Oft wird er deshalb von anderen ausgenutzt. Er wird prinzipiell als Erster um Geld gebeten. Und er gibt, egal ob er hat oder nicht. Und es bereitet ihm größtes Unbehagen, geliehene Summen wieder einzufordern. Andererseits: ein Krebs schafft es auch, sich von seinen Freunden und Bekannten Geld zu leihen, das diese unter Umständen nie wiedersehen, weil er einfach kein Verhältnis zu Geld hat.

Auch mit dem Zeitgefühl hat der Krebs seine Schwierigkeiten. Vielleicht würde er die Vereinbarung „morgen vor Sonnenaufgang" in seiner schwärmerischen Phantasie sogar einhalten können, mit „Dienstag um halb acht" kommt er nur schwer zurande. Und auch die regelmäßige Montags-besprechung wird er wieder und wieder vergessen.

Wichtig sind dem Krebs das private Glück und die liebevolle Anerkennung zuverlässiger Freunde.

Damit ein Krebs erfolgreich sein kann, braucht er jemanden um sich, der ihn verwaltet und ihm lästigen organisatorischen

und administrativen Kram abnimmt. Auch für seine berufliche Laufbahn ist das wichtig, denn der Krebs ist durchaus in der Lage, Großes zu leisten – wenn er jemanden an seiner Seite hat, der ihm seelische Unterstützung bietet, egal, ob das nun ein Freund, ein Verwandter oder ein Lebenspartner ist. Dann kann er seine Ziele erreichen und auch viel Geld verdienen, obwohl ihm das immer zweitrangig ist.

DER KREBS UND SEINE GESUNDHEIT

Krebse sind ein wenig labil, sowohl was ihr Seelenleben als auch was ihre Gesundheit betrifft. Geradezu typisch sind Krankheitsbilder, die Ausdruck einer seelischen Störung, eines psychischen Unwohlseins des Krebses sind. Ärger, Frustration und Kummer schlagen ihm leicht auf den Magen. Egal ob solche Kümmernisse nun zu Appetitlosigkeit führen oder zu einem nervösen Magen, ob sich die Ärgernisse auf den Darm schlagen oder einfach nur Bauchgrimmen verursachen: Meist leidet der Krebs im Magen-Darm-Bereich. Und es ist schwer, da-gegen etwas zu unternehmen, denn es sind ja nicht vordergründig physische oder mechanische Störungen, die den Krebs quälen, sondern zumeist Kränkungen, die ihm im Magen liegen. Darauf muss ein Krebs oder sein behandelnder Hausarzt aber erst einmal kommen.

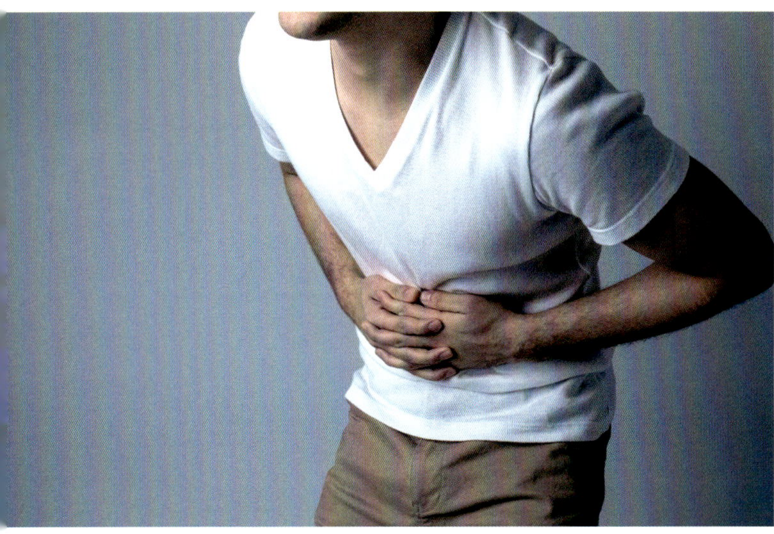

Daher ist es für jeden Krebsmann und jede Krebsfrau sehr wichtig, einen besten Freund, eine beste Freundin zu haben, also ein Wesen, mit dem er oder sie mögliche Sorgen und Nöte besprechen kann, bevor diese Befindlichkeiten überhaupt auf körperlicher Ebene akut werden. In dieser Hinsicht ist der Krebs übrigens ein kongenialer Partner. Auch er bemerkt es bei seinen guten Freunden oder seinem Partner schon sehr früh, wenn diese einen Kummer mit sich herumschleppen, der an ihnen nagt, den sie aber noch nicht zu artikulieren vermögen. Mit aufmerksamem Beobachten und liebevoller Zuwendung durch solche Freunde kann dem Krebs einiges an körperlichen Schmerzen erspart bleiben.

DER KREBS UND DIE LIEBE

Am deutlichsten wird die Ambivalenz des Krebses in seinem Liebesleben beziehungsweise in seiner Partnerschaft: Da ist auf der einen Seite dieser phantasievolle, verständnisvolle, warmherzige Mensch, der einem zuhört, der kleine Gedichte schreibt und schwärmerisch um das Objekt seiner Zuneigung buhlt. Wie schön, denkt der Mensch, der auf einen potenziellen Krebs-Liebhaber stößt, wie schön. Endlich ein romantischer Partner, einer, der gut zuhören kann, einer, der Blumen liebt und schöne Bilder, der sich auch Zeit für ein zärtliches Vorspiel lässt und nicht gleich zum wichtigsten Punkt der Tagesordnung vordringt, einer, der Ideale hat und sich nicht dem Hunger nach dem schnöden Mammon unterworfen hat. Doch werden diese Dinge schnell zur Selbstverständlichkeit, und ganz andere Wesenszüge kommen zum Vorschein, die bei weitem nicht dieses wohlige Kribbeln im Herzen auslösen.

Der männliche Krebs ist ganz und gar kein Macho, der weibliche Krebs alles andere als eine kalte und geldgierige Pelzfrau.

Da sind zurechtgebogene Wahrheiten, die niemandem wehtun müssen, aber es durchaus können. Da ist diese ständige Unzuverlässigkeit. Man sieht das Flugzeug mit zwei leeren Plätzen in Richtung Urlaub abfliegen, weil der Krebs sich terminlich verzettelt hat, oder man bekommt die dritte Mahnung für eine Rechnung, die der geliebte Krebs längst hätte einzahlen sollen. Oder man plant einen Wohnungsumbau, und genau in dem Augenblick, in dem der Krebs einen Farbpinsel in die Hand nimmt, bekommt er diesen nicht zu ignorierenden Ausschlag im Nacken und wieder einmal seine grässlichen Magenschmerzen.

Krebse schaffen es immer wieder, andere in die Rolle des fürsorglichen Ritters zu drängen und sich hinter ihnen vor mancher Konfrontation mit der Realität zu verstecken.

Der kluge Partner eines Krebses tut übrigens gut daran, ein Rendezvous prinzipiell in windgeschützten oder, besser noch, in beheizten Räumlichkeiten zu vereinbaren, wo im Idealfall auch Lektüre aufliegt. Sieht man beispielsweise einen jungen Mann im Wartezimmer des Zahnarztes sitzen, der nach einer Stunde, kurz bevor er an der Reihe wäre, aufspringt und in die Arme eines eben hereinhechelnden Mädchens sinkt und mit ihr verschwindet, dann kann man mit Gewissheit davon ausgehen, dass es sich bei dem jungen Mann um einen klugen oder Kummer gewöhnten Partner eines Krebses handelt, bei der jungen Dame hingegen um eine typische Vertreterin ihres Tierkreiszeichens.

Auch das ist typisch Krebs, und wer wirklich plant, mit diesem vom Mond regierten Wesen zusammenzubleiben, sollte in einer längeren Probephase austesten, ob er robuste und krebstaugliche Nerven hat.

Der Krebs braucht einfach einen Lebenspartner, der mit ihm voll Geduld und Liebe umgeht, ohne ihn ständig auf seine Unzulänglichkeiten aufmerksam zu machen. Wer aber mit einem gewissen Langmut in die Partnerschaft mit einem Krebs geht und diesen auch nicht ständig zu verändern versucht, wer ihn also einfach so nimmt, wie er nun mal ist, egal ob in Liebe oder Freundschaft, wird im Krebs einen loyalen, verständnisvollen und liebenswerten Weggenossen finden, einen wunderbaren, treusorgenden, liebevollen und guten Partner, der voller Überraschungen und romantischer Träume steckt.

DER KREBS UND SEINE PARTNER

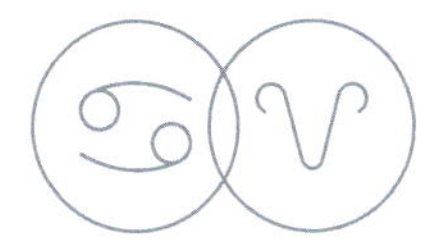

Krebs und Widder

Der Widder hat sein Ziel, auf das er möglichst rasch und ohne Umschweife zueilt, der Krebs weicht aus und macht schnell mal einen Schritt auf die Seite, um dort zu rasten und zu warten, bis sich der Enthusiasmus des Widders wieder gelegt hat. Was den Widder rasend macht. Der Krebs hungert nach Geborgenheit, Ruhe und einem Nestlein, in dem er es sich gemütlich machen kann, doch kaum hat er sich an den Widder wohlig angelehnt, ist der schon wieder weg, auf der Suche nach neuen spannenden Erlebnissen. Wenn der Krebs ein feines Frühstück macht, liebevoll den Tisch deckt und sich über einen herrlichen Sonnenaufgang freut, fleht ihn der Widder mit schwerem Kopf an, er möge nicht so mit dem Geschirr klappern, sondern ihn schlafen lassen. Oder der Urlaub: Am Tag der Abreise steht der Krebs mit drei Koffern da, hat für jeden Tag in dieser netten, kleinen Familienpension schon einen genauen Plan, welches Museum besucht wird und wo zu Abend gegessen wird. An seiner Seite ein planloser Widder mit einem Trekkingrucksack, der einfach ein Ticket am Airport löst und dort, wo er landet, ja sehen wird, was passiert und wie die Reise weitergeht. Diese Gegensätze können zu Beginn einer Beziehung reizvoll sein, im täglichen Zusammensein aber sind sie für beide unerträglich. Der Widder fühlt sich ständig eingeengt, der Krebs fühlt sich andauernd überfordert. Keine sehr zukunftsträchtige Kombination!

Krebs und Stier

Eine ausgesprochen wunderbare und harmonische Liebe wartet, wenn Stier und Krebs einander begegnen. Schon ihr erstes Aufeinandertreffen wird bezeichnend sein für ihre weitere Beziehung. Unspektakulär und still, aber für beide unvergesslich, wird dieser eine erste Blickkontakt zwischen Stier und Krebs sein. Und nach diesem Blick kann es Wochen dauern, ehe man sich ein wenig näher kommt. Doch die Sache gedeiht gut, denn man ist sich ähnlich genug, um miteinander leben zu können, und doch nicht so gleich, dass man die eigenen Unzulänglichkeiten wie in einem Spiegel sieht.

Eine süße Liebe, die leise, aber beständig blüht und noch anhält, wenn andere Geschichten längst vergessen sind.

Krebs und Zwillinge

Eine Partnerschaft, die sogar konfliktfrei über die Bühne geht. Wer allerdings besonderen Kitzel in der Beziehung erwartet, sollte diese Konstellation noch einmal überdenken. Nein, Probleme haben diese beiden nicht. Der Zwillinge-Geborene hat kaum mit einem anderen Menschen Probleme, im Gegenteil, der Krebs gibt ihm Geborgenheit und Schutz. Und der Krebs wird den Reisetrieb der Zwillinge zwar skeptisch beobachten, wird aber möglicherweise davon profitieren. So weit, so gut. Nun ist es aber durchaus wahrscheinlich, dass sowohl Krebs als auch Zwillinge etwas mehr von einer Liebesbeziehung erwarten als eine funktionierende, reibungslose Freundschaft. Durchaus möglich, dass sich Krebs oder Zwillinge früher oder später nach einem anderen Partner umsehen, der ihnen die laszive Erotik gibt, die sie beim anderen vermissen. Damit wir uns nicht falsch verstehen: Niemals würde einer der beiden aus dieser Beziehung aussteigen wollen, denn Krebs und Zwillinge streiten ja nicht, es läuft ja alles so harmonisch! Doch gerade in der Midlife Crisis, wo sich die berühmte Frage stellt: War das alles? sind beide Teile einer derartigen Konstellation sehr gefährdet, dem Charme und der knisternden Erotik eines oder einer Dritten zu erliegen.

Die Sinnlichkeit, die feurige Erotik bleibt in dieser Kumpelbeziehung auf der Strecke.

Krebs und Krebs

Diese Beziehung wird nicht gerade eine Achterbahn der Gefühle sein, aber sie wird beiden Krebsen Geborgenheit und Gemütlichkeit bieten. Eine andere Möglichkeit ist, dass die Beziehung schlicht und einfach nett wird. Möglich, dass das den beiden Krebsen genügt, aber zu einer Liebesbeziehung gehört doch mehr als nur „nett". Haben allerdings die Krebse schon schlechte Erfahrungen mit anderen Tierkreiszeichen gemacht und traumatische Trennungser-lebnisse hinter sich, werden sie unter Umständen sogar froh sein, einen gleichartigen Partner zu finden, und dieses ruhige Leben ohne Höhepunkte einem Auf und Ab voll Höhen und Tiefen vorziehen.

Schlimmstenfalls wird die Sache nicht klappen, und die beiden Krebse sehen ein, dass sie einander doch zu ähnlich sind.

Krebs und Löwe

Es ist fraglich, ob der Löwe in seinem Geltungsdrang überhaupt bemerkt, welch sensiblen und wertvollen Partner er da an seiner Seite hat. Vielleicht ist der Löwe so dominant, dass er den Krebs so sehr unterdrückt, dass der verkümmert. Aber das muss nicht sein, und in vielen Fällen geht eine Beziehung zwischen Krebs und Löwe trotz warnender Rufe gut. Beherzigt der Löwe den Grundsatz, dass er den Krebs nicht nach seinen Wünschen ummodeln kann, sondern dass der Krebs genauso wie der Löwe ein Recht auf Selbstbestimmung und eine eigene Meinung hat, dann kann die Beziehung sehr gut sein, denn eigentlich ergänzen diese beiden Persönlichkeiten – der herrschende, impulsive Löwe und der feinsinnige, ruhige Krebs – einander wunderbar. Wenn sie sich respektieren und lieben, kann die Partnerschaft sehr fruchtbar und die Sexualität sehr befriedigend sein.

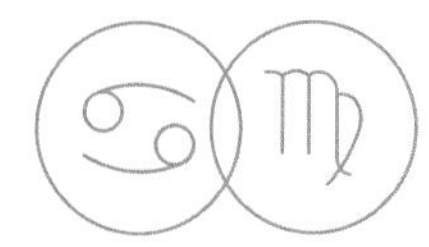

Krebs und Jungfrau

Ein typischer Fall, wo die Liebe erst ein wenig später einschlägt. Man lebt jahrelang in Freundschaft, berichtet einander von mehr oder weniger erfolgreichen Lieben und schätzt einander als zuverlässige Kumpel und gute Zuhörer. Und plötzlich, irgendwann einmal, bemerkt einer der beiden, dass da ein anderes Gefühl auch noch im Hintergrund schlummert, das nach außen drängt. Und wenn man dann diese Liebe keimen lässt, kann es kaum böse Überraschungen geben, denn man kennt einander ja schon so lange und so gut und in jeder nur denkbaren Situation. Beide schätzen ein gemütliches Heim und bewahren gerne tradierte Werte. Sie könnten ein ruhiges, unauffälliges, aber durchaus befriedigendes Leben führen.

Beide sind sehr zurückhaltend und können draufgängerischen Eroberungsgelüsten nur wenig abgewinnen.

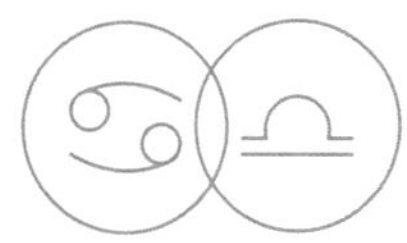

Krebs und Waage

Das Einzige, das diesen beiden Tierkreiszeichen gemeinsam ist, verhindert auch, dass sie miteinander eine gute Beziehung führen können: Beide sind wankelmütig und extremen Stimmungsschwankungen unterzogen. Beide würden einen Partner brauchen, der ihnen stabil wie der Fels in der Brandung zur Seite steht und sie aufrichtet, wenn sie ganz unten sind, und sie ein wenig bremst, wenn sie zu einem Höhenflug abheben. Und nun haben sie einen Partner, der ebenso Sklave seiner Launen ist – das kann nicht gutgehen. Ein weiteres großes Problem ist die ständige Flirtbereitschaft der Waage, egal ob Mann oder Frau. Das kränkt den sensiblen Krebs und macht ihn natürlich eifersüchtig. Und sein Gemeckere nervt dann wieder die Waage, die sich gleich auf den Weg zu unterhaltsameren Veranstaltungen als der heimischen macht. Und so dreht sich dieses Rad so lange weiter, bis es einem der beiden reicht.

Eine zermürbende, enervierende Beziehung für beide Beteiligten, die fast nur schiefgehen kann.

Krebs und Skorpion

Eigentlich ist diese Konstellation auf den ersten Blick nicht sehr empfehlenswert, doch können hier tatsächlich Überraschungen passieren: Verblüffend häufig ist der Skorpion so verliebt in den Krebs, dass er auf seine seltsame sture und ruppige Art verzichtet und ganz Aufopferung und Liebe ist. Und der Krebs lässt sich gerne in die Arme nehmen von diesem verwegenen Skorpion, der plötzlich so samtweich ist. Ein einziges Problem könnte sich aber trotz allem noch ergeben: Der Skorpion, stets bereit für erotische Vergnügungen, könnte den Krebs, für den die Sexualität nicht so sehr im Vordergrund steht, mit seinen erotischen Wünschen überfordern. Dann zieht sich der Krebs zurück und wartet auf das zärtliche Buhlen des Skorpions, der aber ist gekränkt, weil er sich zurückgewiesen fühlt, und verharrt schmollend. Besser wäre es, sich gleich von Anfang an über die Vorlieben der Protagonisten zu einigen, dann kann es keine Unstimmigkeiten über Häufigkeit und Art der Sexualität geben.

Krebs und Schütze

Zwei Welten prallen aufeinander: Der häusliche Krebs, der am liebsten im Kreis der Familie in der heimischen Wohnstadt sitzt, und der Schütze, der doch gerne die Welt kennenlernen möchte und immer Neues erleben will. Der Schütze fühlt sich vom Krebs gehemmt und blockiert, der Krebs leidet unter dem rebellischen Temperament des Schützen und fühlt sich in seinem Sicherheitsdenken bedroht.

Wie bei vielen anderen Konstellationen zwischen zwei eklatant unterschiedlichen Charakteren gilt auch hier: Die Wahrscheinlichkeit, dass diese Beziehung Krisen überdauert, ist nicht sehr groß, denn man reibt einander zu sehr auf.

Natürlich kann es geschehen, dass die Liebe zueinander so groß ist, dass beide Partner bereit sind, ihr Naturell ein wenig zu zähmen, das heißt, der Krebs geht ein bisschen aus sich heraus und jammert nicht ständig über jede noch so kleine Veränderung, und der Schütze wird etwas häuslicher – dann kann die Partnerschaft sehr schön werden, weil man einander ergänzt und neue Horizonte eröffnet.

Krebs und Steinbock

Das kann – trotz größter lebensanschaulicher Unterschiede – eine sehr konstruktive und zukunftsträchtige Liebe werden. Der Krebs weiß: Was auch immer passiert, der Steinbock wird das Richtige tun. Der Krebs hingegen erfüllt ein Grundbedürfnis des Steinbocks, das er gern hinter seiner ruppigen Schale verbirgt: Eigentlich liebt der Steinbock einen sicheren Ort, an dem er wieder neue Energien sammeln und Pläne schmieden kann. Und diese Ruhe und Beschaulichkeit, die er für seine – ohnehin nur sehr winzig bemessenen – Pausen braucht, kann ihm der Krebs geben. Friede und Rückzugsmöglichkeit für einen Kämpfer auf der einen Seite, ein unerschütterlicher Fels in der Brandung auf der anderen Seite – das sind die Geschenke, die Krebs und Steinbock einander bei diesem gefährlichen Unternehmen namens Liebe mitgeben.

Der Krebs, der sehr von seinen Stimmungen und Gefühlen abhängt, genießt es, dass der Steinbock jeder Situation trotzt.

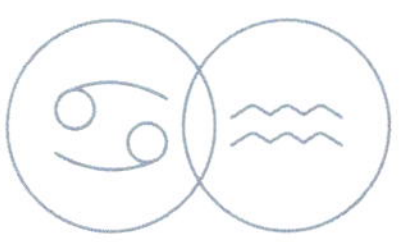

Krebs und Wassermann

Sehr problematisch. Die erotische Anziehung mag sehr stark sein, und man hat einander im Bett sicher einiges zu bieten. Doch letztendlich hat der Wassermann das Gefühl, einen Strick um den Hals zu haben, der jede spontane Bewegung verhindert und ihm nach und nach die Luft zum Atmen nimmt. Der Wassermann braucht seine Freiheit, er will täglich etwas Neues entdecken, er möchte Menschen, fremde Länder und Ungewöhnliches kennenlernen. Der Krebs will seine Sicherheit, seine Geborgenheit, ein Heim, das nach seinem Geschmack hergerichtet ist und in das er sich zurückziehen kann. Nun treffen diese beiden Pole aufeinander, und schon ist die Katastrophe prädestiniert: Ist der Krebs der Stärkere, wird er den Wassermann so lange an die Leine nehmen, bis der resigniert und verkümmert. Vielleicht wird er sich den Wünschen seines Krebs-Partners fügen, aber es wird auch etwas von seinem bezaubernden Temperament und seiner liebenswürdigen chaotischen Künstlerseele zerbrechen – und wer weiß, ob der Krebs ihn dann noch so anziehend findet! Oder aber der Wassermann dominiert die Beziehung: Dann ist es sehr wahrscheinlich, dass er weiter durch die Welt zieht, mal hier eine kleine Affäre anfängt, dann wieder ohne Vorankündigung monatelang in einem fremden Land verbringt oder sein gewohntes Leben grundlos völlig verändert. Der Krebs leidet grässlich unter diesen Wassermann-Allüren und kann mit so einem Partner gar nicht glücklich werden. Natürlich ist auch hier wieder die berühmte Regel und die berühmte Ausnahme zu zitieren.

Wie sich die Krise abspielt, ist von der Hierarchie innerhalb der Beziehung abhängig.

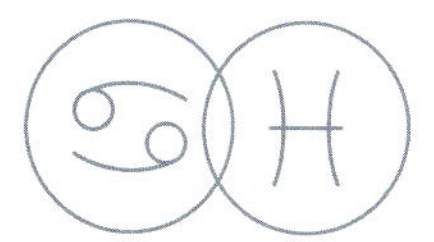

Krebs und Fische

Krebs-Fische-Konstellationen erkennt man vor allem daran, dass keiner der beiden Partner auch nur einen Blick für die Umwelt hat. Menschen, die einander an den Händen halten und dabei zügig in den nächsten Laternenmast laufen, sind typische Vertreter dieser Verbindung. Natürlich kann eine Beziehung, die im wahrsten Sinne des Wortes im siebten Himmel spielt, auch so ihre Gefahren in sich bergen: Krebs und Fische sind dermaßen in sich gekehrt und verträumt, dass beide leicht den Bezug zur Realität aus den Augen verlieren. Der Krebs ist in dieser Verbindung eindeutig der Wachere und Stärkere, er wird das Haus hüten und schauen, dass Lebensmittel im Eisschrank und Geld in der Kasse sind. Der Fische-Geborene hingegen lässt sich völlig sinken in die plüschige Liebe des Krebses und möchte am liebsten die Augen nie mehr aufmachen, sondern nur mehr der Liebe frönen. Das kann für den Krebs ein Problem werden, denn er braucht seine Sicherheit, auch im wirtschaftlichen Sinn. Er möchte sich auf jemand verlassen können, und das gelingt ihm beim Fisch nicht wirklich. Also: Eine wunderschöne, romantische und zärtliche Liebe, aber für den rauen Alltag nicht geschaffen.

Zwei Träumer treffen aufeinander, sprechen dieselbe Sprache und werden sofort und auf der Stelle ins Reich der ewigen Liebe abtauchen.

GLÜCKSSTEIN DES KREBSES

Die Farbe des Krebses ist Weiß, und so muss auch sein Stein sein. Keine Farben, nichts Schrilles, nichts Lautes – sondern klassische, echte und edle Steine wie Diamanten schmücken die Krebs-Dame, sofern sie überhaupt Schmuck trägt.

BERUF

Amme, Hebamme, Haushälterin, Sozialarbeiter, Volksmusikant, Koch, Schauspieler, Botaniker, Historiker, Ökotrophologe

GASTGESCHENK

Über einen Strauß Veilchen oder Mohnblumen, ein Klassiker-Kochbuch, eine Flasche guten Weißweines oder ein Küchengerät aus dem Design-Shop sollte sich ein Krebs eigentlich freuen.

BERÜHMTE KREBSE

Francesco Petrarca, Hermann Hesse, Jean Jacques Rousseau, Jean de La Fontaine, Friedrich Klopstock, Ricarda Huch, Franz Kafka, Gustav Freytag, Julius Caesar, Jean Cocteau, Ferdinand Graf Zeppelin, Ignaz Semmelweis, Luigi Pirandello, Peter Paul Rubens, Rembrandt, Käthe Kollwitz, Amedeo Modigliani, Ingmar Bergmann, Ernest Hemingway, Gina Lollobrigida, Peter Alexander, Yul Brunner, Barbara Stanwyck, Olivia de Havilland, John D. Rockefeller

MACHT UND FÜHRUNG – SELBSTBEWUSSTER CHARISMATIKER

Nicht zu Unrecht ist der Löwe der König unter den Tieren und auch viele Menschen, die in diesem Tierkreiszeichen geboren wurden, haben etwas Imponierendes an sich, signalisieren Macht, Stärke und Hoheit. Löwen verfügen über viel Kraft, sowohl was ihre körperliche als auch ihre seelische Befindlichkeit betrifft. Sie sind vital und ausdauernd, strotzen vor Energie und Durchsetzungsvermögen. Sie sind ehrgeizig und selbstsicher, oft stolz und von einer gewissen Arroganz.

Der Löwe setzt seinen Willen durch, am liebsten ohne jeden Widerstand, wenn es aber sein muss, auch gegen noch so große Hindernisse. Oft gelingt ihm das, weil er besser ist als seine Mitstreiter, weil er ehrgeiziger ist, weil er stärker ist oder nur zäher. Gelingt es ihm aber nicht durch seine Qualifikation, dann versucht er mit übersteigertem Selbstbewusstsein, Präpotenz und Hochnäsigkeit seinen Platz in der ersten Reihe zu erobern. Sehr zum Leidwesen seines Umfelds. Doch meistens ist das gar nicht nötig.

Der Löwe findet immer eine Hierarchie, in der er an der Spitze stehen kann, und sei es nur in der eigenen dreiköpfigen Abteilung oder im Kleingartenverein. Wenn es gar nicht anders geht, hält sich der Löwe einen Hund. Der hört auf ihn und akzeptiert ihn als Alpha-Tier. Und dieses Gefühl ist für den Löwen Lebenselixier. Löwen wollen schön und begehrt sein und sie wollen in Prunk und Luxus leben, egal ob das mit ihrem Einkommen vereinbar ist oder nicht. Bei Löwen sollte alles möglich groß sein: das Haus, das Auto, die Waschmaschine. Für kleine romantische Nester über den Dächern von Paris ist der Löwe nicht geschaffen, er braucht Raum, Weite und Großzügigkeit um sich; Enge nimmt ihm die Luft zum Atmen. Oft schaffen es Löwen auch dank ihres Ehrgeizes, ihres Fleißes und ihrer intellektuellen Qualitäten, in Positionen zu kommen, die ihnen so viel Geld bringen, dass sie ihrem Drang nach Luxus frönen können.

Löwen wollen sich auch nur in feinstes Tuch hüllen, billige Stangenware wird voll Abscheu abgelehnt.

Wenn nicht, wird es haarig, denn der Löwe schränkt sich nicht gern ein. Lieber hungert er, als in einer feuchten, düsteren Wohnung zu leben oder sich mit einem kleinen alten Auto zufrieden zu geben – auch wenn er sich das Geld für den Service seines Protzwagens gar nicht leisten kann.

DER LÖWE UND SEINE MITMENSCHEN

Löwen herrschen gerne. Meist tun sie das als gütige, freundliche und demokratische Chefs oder Familienoberhäupter, die alle anderen im Team oder in der Familie in Entscheidungen einbeziehen. Löwen in der Familie müssen sich ihren Platz nicht erst erkämpfen, sie haben eine beeindruckende natürliche Autorität. Man erkennt sie daher auch leicht. Egal ob Vater oder Mutter Löwe: Wenn eine Entscheidung zu treffen ist, wenden sich die anderen an den Löwen in der Familie. Als Gegenleistung verlangt der Löwe nur, dass man seine Führungsrolle anerkennt.

Der Löwe fackelt nicht lange und packt zu, übernimmt Verantwortung, löst Probleme, egal ob es die Katze im Kirschbaum oder das Auto in der Schneewehe ist.

Als Chef eines Unternehmens, am besten eines traditionellen Familienbetriebs, ist der Löwe ganz und gar in seinem Element. Er ist ein gütiger, beliebter Patriarch, der weiß, dass er der Beste ist, und so kann auch jemand anderer – unter dem Löwen, versteht sich – Karriere machen.

Glanz und Glamour liebt der Löwe. Egal ob er an einer Sitzung teilnimmt oder Gäste empfängt, er liebt große Inszenierungen, er braucht sein Publikum und nichts macht ihn glücklicher als ein Abend in seinem Haus, von dem man noch lange spricht.

Besonders wichtig ist dem Löwen bei alledem das Gefühl, dass man aufrichtig zu ihm ist. Unter Unehrlichkeit leidet er mehr als die meisten anderen Tierkreiszeichen. Auch feine Diplomatie ist nichts für ihn. Wobei er manchmal auch Heimlichkeiten vermutet, wo gar keine sind.

Zu dieser misstrauischen Ader gesellt sich die Überzeugung, dass alle außer dem Löwen selbst insgesamt ziemliche Versager sind. Egal ob ein wichtiges Projekt im Job oder die Menüzusammenstellung für den Besuch der Schwiegereltern – am liebsten nimmt der Löwe solche Dinge selbst in die Hand. Seine größte Schwäche aber ist, dass er gern auf Schmeicheleien hereinfällt. Oft kann er nicht unterscheiden zwischen echten Freunden und Opportunisten, die seinen Einfluss ausnützen wollen.

DER LÖWE UND SEINE GESUNDHEIT

Löwen sind Genießer. Sie essen und trinken gerne, sie feiern gerne. Sie sind beileibe keine Asketen, und das ist auch der Grund, warum sie häufig ein wenig Fett ansetzen.

Unter den Löwen wird man wohl kaum Vegetarier oder Makrobiotiker finden. Löwen lieben es fleischig, wenn möglich schon beim Frühstück. Mit Müslis zu Mittag und am Morgen gar nichts kann man fast jeden Löwen vergrämen. Wohl weiß der Löwe, dass es für ihn besser wäre, sich ein bisschen bewusster zu ernähren, aber auf diesem Gebiet mangelt es oft an Selbstdisziplin.

Obwohl Löwen aus Ehrgeiz heraus manchmal Spitzensportler werden, einfach weil sie sich und den anderen beweisen wollen, dass sie die Besten sind, neigen sie doch im allgemeinen eher zur Trägheit. Unter den Ausdauersportlern wird man Löwen vergeblich suchen, morgendliche Joggerrunden bevölkern sie nur sporadisch. Daraus ergeben sich Probleme mit den Gelenken, mit dem Blutdruck, mit dem Herzen. Dazu sind Löwen oft wagemutig und Unfälle beim Bergsteigen oder Paragleiten sind typisch für Löwe-Geborenen.

Der Schwachpunkt des Löwen ist sein Rücken. Ein Löwe, der Problemen damit vorbeugen möchte, sollte unbedingt darauf achten, beim Heben von Lasten, vom Einkaufskorb bis zur Babywippe, vom Postpaket bis zur Bierkiste, in die Knie zu gehen und die Gesäßmuskeln anzuspannen – sonst ist er bald Dauergast bei der Physiotherapeutin.

DER LÖWE UND DIE LIEBE

In der Liebe gibt es zwei typische Löwen-Varianten, abhängig davon, ob der Löwe rundum glücklich oder mit seinem Leben unzufrieden ist. Der zufriedene Löwe ist ein großzügiger Partner, der seine Lieben oder Familie als Teil seines Besitzes betrachtet, auf den er stolz ist, und dem er ein angenehmes Leben bereiten möchte. Er beschenkt die Seinen gerne, gönnt ihnen alles Schöne und Teure, und lässt ihnen alles Mögliche durchgehen, solange seine eigene Position dadurch nicht gefährdet wird.

Der Löwe allerdings, der mit seiner Position im Leben oder im sozialen Umfeld nicht glücklich ist, kann ein schrecklicher Haustyrann sein, der keine andere als seine eigene Meinung gelten lässt. Er braucht ein Ventil für die ihm vom Leben – natürlich zu Unrecht – angetane Schmach und oft findet er diese Opfer in der eigenen Familie.

Für beide Löwen-Varianten irritierend ist die Tatsache, dass die Tage des Patriarchats gezählt sind, dass Frauen im Beruf und im Privatleben völlig gleichberechtigt sind, dass es bei der Hausarbeit wie bei der Kinderaufsicht keine geschlechtsspezifischen Unterschiede mehr gibt. Er möchte doch so gern herrschen – und den Pascha spielen. Frauen, die allzu selbstständig und unabhängig sind, machen ihm Angst.
Die Löwin wiederum kommt am besten mit einem Mann zurecht, der sich gern in die zweite Reihe stellt und ihr die Zügel überlässt. Dann ist sie die ideale Partnerin, der man vertrauen kann, die mit jeder Situation zurechtkommt und niemals aufgibt, die sich vor ihre Familie stellt und alles tut, damit es allen gut geht.

Geradlinig muss man sein, wenn man das Herz des Löwen erobern will. Sein Partner muss ganz und gar durchschaubar sein. Wenn er hinter Falschheit kommt oder sie auch nur vermutet, kann er wirklich brüllen und um sich schlagen, und dann tut man gut daran, sich schleunigst aus dem Staub zu machen. So großmütig und von sich überzeugt der Löwe in anderen Bereichen ist, so misstrauisch kann er sein, wenn es darum geht, ob ihn seine Partner hintergehen.
Konstruktive Reibereien sind für den Löwen dagegen ganz wichtig und je leidenschaftlicher die Liebe, desto lauter auch das Gebrüll, wenn

So sehr manche Menschen es lieben, wenn ihr Herzenspartner geheimnisvoll und mystisch ist – der Löwe kann so etwas auf den Tod nicht ausstehen.

man sich nicht einig ist. Doch das gehört zu den Spielregeln. Gelegentlich inszeniert der Löwe Streit, nur um sich anschließend – ebenso laut und leidenschaftlich – zu versöhnen. Denn das ist das Wichtigste an der ganzen Sache: die Versöhnung. Da ist der Löwe verloren.
Wie auch immer – Wer sich mit einem Löwen einlässt, sollte sich vorher prüfen, ob er wirklich einen Partner will, der ihn dominiert und der kein devoter, ergebener Jasager ist. Wer das bejaht, bekommt einen wunderbaren, phantasievollen, starken und mutigen Lebenspartner, der ihm immer wieder Mut macht, ihm loyal zu Seite steht, der manchmal brüllt, sich aber stets wie die Löwenmutter für ihre Jungen einsetzt.

Der Löwe leidet ganz schrecklich, wenn er an einen Partner gerät, der bockig ist und ihn über Tage oder gar Wochen hinweg mit Schweigen bestraft.

DER LÖWE UND SEINE PARTNER

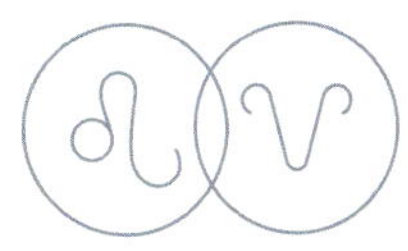

Löwe und Widder

Soso, da kommt also ein draufgängerischer Widder des Weges und glaubt, sich eine lustige Zeit mit einem Löwen machen zu können. Vorsicht! Noch ahnt der Widder nicht, dass der Löwe dominieren möchte, aber bei der ersten Meinungsverschiedenheit wird er es rasch spüren. Hat man sich allerdings im wahrsten Sinn des Wortes zusammengerauft, dann kann so eine Beziehung sehr erfrischend und ausdauernd sein. Es ist nur wichtig, dass keiner der beiden vom anderen verlangt, sich zu unterwerfen, denn das kann nicht funktionieren. Wenn aber Widder und Löwe einander als gleichberechtigte Partner akzeptieren, steht einer aufregenden und vitalen Partnerschaft nichts im Wege.

Löwe und Stier

Der Stier wird die Stärke des Löwen zu schätzen wissen, denn sie gibt Schutz und Zuflucht. Der Löwe als Inkarnation des Alpha-Tieres braucht keine Sekunde lang über Hierarchien nachdenken. In dieser Beziehung ist alles klar. Jeder hat ein gewisses Repertoire an Rollen, das er spielt, und bei dieser Einteilung gibt es keine Veränderung. Der Stier kuschelt sich an den wärmenden, sonnigen Löwen, und der bleibt stehen, damit möglichst viele Leute sehen, welchen Schutz er den Seinen bieten kann. Auch das Bestreben des Stiers, Besitz anzuhäufen, kommt den Interessen des Löwen entgegen, denn damit kann er ein wenig protzen. Keine sehr gleichberechtigte Beziehung, aber eine, die – sofern beide ihre Rolle lieben –, gute Chancen auf Beständigkeit in sich birgt.

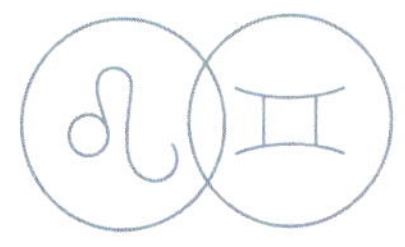

Löwe und Zwillinge

Eine passable Geschichte mit Ausdauerpotenzial. Geht dem Zwillinge-Geborenen einmal das Machtgehabe seines Löwen auf die Nerven, muckt er kurz auf, der Löwe brüllt zurück, man hat einen richtig schönen Streit und dann ist alles wieder vergeben und vergessen und man hat einander um so lieber. Paare aus dieser Kombination sind sehr gut daran zu erkennen, dass sie einander in der Öffentlichkeit ständig ein wenig ansticheln müssen, aber man merkt nach der ersten Verblüffung, dass diese kleinen Spitzen durchaus liebevoll gemeint sind. Sollten Zwillinge- und Löwe-Liebende dazu noch beschließen, sich auch geschäftlich zusammenzutun, kann gar nichts mehr schiefgehen. Die Klugheit des Löwen gepaart mit der raschen Auffassungsgabe der Zwillinge ergibt ein Intelligenzpotenzial, das Berge versetzen kann.

Der Löwe gibt den Zwillingen die Chance, sich zu entwickeln, sich frei zu bewegen, und trotzdem zu wissen, dass es einen starken Arm gibt, auf den sie sich verlassen können.

Löwe und Krebs

Es ist fraglich, ob der Löwe in seinem Drang nach Macht überhaupt bemerkt, welch sensiblen und wertvollen Partner er da an seiner Seite hat. Denkbar ist, dass der Löwe in seiner Dominanz den Krebs so sehr unterdrückt, dass der verkümmert. Aber das muss nicht sein, und in vielen Fällen geht eine Beziehung zwischen Krebs und Löwe trotz warnender Rufe gut. Beherzigt der Löwe den Grundsatz, dass er den Krebs nicht nach seinen Wünschen ummodeln kann, sondern dass der Krebs genauso wie der Löwe ein Recht auf Selbstbestimmung und eine eigene Meinung hat, dann kann die Beziehung sehr gut sein, denn eigentlich ergänzen sich diese beiden Tierkreiszeichen – der herrschende, impulsive Löwe und der feinsinnige, ruhige Krebs – wunderbar.

Wenn sie einander respektieren und lieben, kann die Partnerschaft sehr fruchtbar und die Sexualität sehr befriedigend sein.

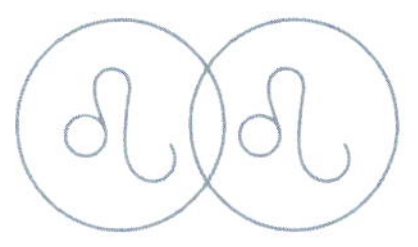

Löwe und Löwe

Zwei Löwen von einer Beziehung miteinander abzuraten ist fast unmöglich, denn sie werden sich von Beginn an magisch voneinander angezogen fühlen. Kein Wunder, bei diesem Selbstbewusstsein kann man nur Bewunderung für jemanden empfinden, der einem im Wesen ähnlich ist. Also werden die beiden Löwen für sich feststellen, dass sie nicht nur die Schönsten, Klügsten und Besten sind, sondern dass sie gemeinsam einfach ein geniales und unerreichbares Paar abgeben. Dabei ist es auch ganz wichtig, wie sie nach außen wirken: Man beobachte Löwen, wenn sie gemeinsam auf einer Party oder im Theater erscheinen: Es sind gut durchinszenierte Auftritte, die dem staunenden Publikum da geboten werden, und es muss immer viel Dramatik dabeisein. Sie werden also kein unauffälliges Leben im Schatten führen, unsere Löwen, sondern sie werden voll Temperament und Kraft eine leidenschaftliche Beziehung führen, die bis zur Zerreißprobe gehen kann. Alles in allem eine aufregende und sehr erotische Beziehung zweier Großkatzen, deren Selbstverliebtheit der Umgebung ganz schön auf die Nerven gehen kann.

Löwe und Jungfrau

Das ist ja wie aus dem Märchen, diese Kombination: Hier haben wir einen machtlüsternen, brüllenden Löwen, der das Selbstbewusstsein gepachtet zu haben scheint, dort haben wir eine vorsichtige, zurückhaltende Jungfrau. Dass schon bei der ersten Begegnung die Hormone Tango tanzen, ist verständlich. Die Beziehung, die der ersten atemlosen Leidenschaft folgt, ist geprägt von der Dominanz des Löwen und der Unterwerfung der Jungfrau – zumindest nach außen hin. Doch clevere Jungfrauen wissen genau, wie sie das Sagen bekommen, ohne den Löwen seines Stolzes zu berauben. Sie wissen genau, wie sie ihm ihre Wünsche so suggerieren, dass die Löwen im sicheren Bewusstsein, selbst entschieden zu haben, ganz genau die Vorstellungen der Jungfrau erfüllen. Egal, ob es sich dabei um Urlaubsziele, Einrichtungen oder den Schultyp für die Kinder handelt – der Löwe brüllt glücklich, wenn er alles in die Hand nimmt, und weiß gar nicht, dass es eigentlich die stille Jungfrau war, die ihn zu seiner Entscheidung gebracht hat. Eine Beziehung, die natürlich nicht ganz konfliktfrei ist, da man kein hundertprozentig ehrliches Spiel spielt. Doch wenn beide Partner sich auf diese Form des Zusammenlebens einlassen, steht einer längerfristigen Beziehung nichts im Weg.

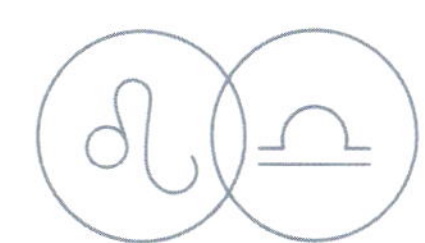

Löwe und Waage

Genial: Der Löwe sucht nach dem Schönen, Ästhetischen, Auffallenden. Und findet die Waage. Die wiederum braucht jemanden, der ihren Glanz noch mehr verstärkt. Und findet den Löwen. Wenn es eine gelungene symbiotische Verbindung gibt, dann die zwischen Löwe und Waage. Wobei es natürlich Reibereien geben kann, wer denn nun eigentlich der Stärkere ist. Aber letztendlich ist der Waage die Dominanz gar nicht so wichtig. Für sie zählt vielmehr, dass der Löwe ihr den Freiraum lässt, den sie braucht. Was ihr ganz besonders gefällt: Wenn sie ungeniert flirtet, dann wird der Löwe an ihrer Seite nicht, wie

Beide lassen einander ihren Freiraum, haben aber so viel gemeinsam, dass sie mit Begeisterung ihre Freizeit miteinander verbringen und ihnen niemals miteinander langweilig wird.

viele Vertreter anderer Tierkreiszeichen, eifersüchtig reagieren und toben oder verletzt schmollen, sondern er wird stolz sein, dass seine Waage so viel Interesse erweckt. Beide lieben den Luxus, interessieren sich für alles Neue, Schöne und Amüsante. Möglicher Wermutstropfen: Sie genügen einander zunächst so sehr, dass sie sich von ihrer Umgebung – ganz unüblich für diese beiden Tierkreiszeichen – zurückziehen. Und wenn ihnen das auffällt, dann erschreckt sie das zutiefst und sie stürzen sich wieder vermehrt in das soziale Leben. Bis sie merken, dass sie kaum noch Zeit füreinander haben, und damit schließt sich der Kreis wieder. Waage und Löwe werden, ganz egal, was sie gerade tun, immer ein bisschen das Gefühl haben, woanders etwas zu versäumen. Dennoch: Diese Beziehung ist es bestimmt wert, sich für sie einzusetzen!

Löwe und Skorpion

In dieser Konstellation stoßen zwei unterschiedliche Formen der Macht aufeinander: Der Löwe will herrschen, fürstlich und stolz, und diesen Rang hat ihm gefälligst niemand streitig zu machen. Und dann kommt der Skorpion, der sich nicht einen Deut um die Insignien der Macht des Löwen kümmert, sondern sein eigener Herr ist und sich vom Löwen nicht einmal im Ansatz Vorschriften machen lässt.

Das kann einfach nicht klappen, und derjenige, der vermutlich als Erster resigniert, ist der Löwe, der mit Konkurrenz so überhaupt nicht um-gehen kann. Darum ein Ratschlag an alle Löwen und Skorpione, die Gefallen aneinander finden: Gegen eine sexuelle Beziehung ist absolut nichts einzuwenden, im Gegenteil. Doch wenn man mehr will, zum Beispiel ein gemeinsames Leben, dann sollte man sich das wirklich sehr gut überlegen. Die Verbindung wird im Alltag oft wirken wie zwei positive Pole einer Batterie oder zwei Magneten, die aufeinandertreffen. Es gibt keine Annäherung, denn beide sind stur bis zur Verzweiflung. Drum Hände weg von einer ernsthafteren Verbindung, auch wenn es im Bett noch so schön ist!

Die erotische Begegnung der beiden ist sinnlich, kraftvoll, selbstbewusst und bestimmt außergewöhnlich.

Löwe und Schütze

Beide, Löwe und Schütze, glänzen gern, doch jeder tut es auf eine andere Art. Der Löwe will Respekt für seine Position, der Schütze reklamiert Bewunderung für seinen Geist, seinen Intellekt, seine Ideen. Das kann gutgehen, muss aber nicht. Viel wahrscheinlicher ist es, dass die beiden so sehr damit beschäftigt sind, selbst an die Spitze zu kommen, dass sie auf den anderen gar keine Rücksicht nehmen können. Und das schlägt sich natürlich auch in der Alltagsbewältigung nieder. Die Sache kann klappen, solange alles Wonne und Waschtrog ist, aber wehe, einer der beiden hat Sorgen, verliert seinen Job, erkrankt. Dann ist es sehr unwahrscheinlich, dass ihm der Partner – egal ob Löwe oder Schütze – hilfreich und voll Optimismus zur Seite steht, viel eher wird der Partner – wenn auch unbewusst – die Schwäche des anderen nützen, um die eigene Machtposition zu bekämpfen. Viele andere Tierkreiszeichen können sowohl aus dem Löwen als auch aus dem Schützen das Beste herausholen, gegenseitig sind sie dafür nicht begabt.

Löwe und Steinbock

Da gibt es natürlich einiges, das verbindet, beispielsweise die Zielstrebigkeit oder die absolute Ignoranz anderen Meinungen gegenüber. Doch viel mehr Unterschiede verhindern das glückliche Zusammenleben zwischen dem Löwen und dem Steinbock. Für den Steinbock ist der Löwe ein typischer Dampfplauderer, der viel Wind um nichts macht. In den Augen des Steinbocks macht sich der Löwe zu wichtig und erreicht viel zu wenig. Andererseits ist der Steinbock wieder dem Löwen zu bedächtig, zu misstrauisch, zu distanziert. Er schätzt zielstrebige Menschen, aber sie sollen doch bitte ein kleines bisschen kommunikativer oder zumindest durchschaubarer sein! Zu wenig ist da, das dieses tiefe Gefühl der Verbundenheit auslösen kann, zu wenig, das am Anderen fasziniert.

Eine schnelle Bettgeschichte möglicherweise, und dann kommt das unvermeidliche: „Lass uns Freunde bleiben." Und das ist auch besser so.

Also werden Löwe und Steinbock vielleicht ein paar Tage oder Wochen oder sogar Monate zusammen durch die Gegend ziehen, doch dann werden sie einander ohne Gram und ohne Bedauern auch wieder verlassen.

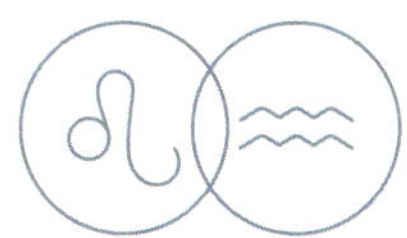

Löwe und Wassermann

Von der Logik her betrachtet sieht die Sache nicht gut aus, zu verschieden sind die Protagonisten. Doch überraschenderweise gibt es etliche Löwe-Wassermann-Beziehungen, die sehr harmonisch, beglückend und befruchtend sind. Das liegt vielleicht daran, dass die Lebensauffassungen der beiden Tierkreiszeichen so unterschiedlich sind, dass man sich einfach nicht in die Quere kommt. Der Wassermann in seinem originellen Chaos ist für den Löwen, der die Rolle des zuverlässigen Herrschers übernimmt, so etwas wie der Hofnarr, der herumalbern kann und als Einziger ungestraft die Wahrheit verkünden darf. Für den Wassermann wiederum ist der Löwe ein Bollwerk, ein verlässlicher Fels in der Brandung, der immer weiß, was zu tun ist, auch wenn der Wassermann längst den Überblick verloren hat.

Diese Beziehung kann sehr erfolgreich sein, die beiden werden sich lieben und begehren, möglicherweise ein Leben lang.

Löwe und Fische

Ein spannendes Experiment: Der Löwe, der Meister der Selbstsicherheit, der stärkste Vertreter aller Tierkreiszeichen, der unerschütterliche Kämpfer um den vordersten Platz, trifft auf die Fische, die unsicher sind und orientierungslos, ein wenig farblos und bestenfalls chamäleonartig, je nach Umgebung. Dass diese Geschichte schiefgeht, liegt auf der Hand. Glücklicherweise wird es in den seltensten Fällen zu diesem Experiment kommen, denn dass Fische und Löwe aneinander Gefallen finden, geschieht so gut wie nie. Wie denn auch? Für die Fische ist der Löwe wie von einem anderen Stern. Sie können nichts anfangen mit seiner Lautstärke, seinem ständigen Sich-in-Szene-Setzen, diesem herrischen Gehabe. Und der Löwe seinerseits wird die Fische nicht einmal bemerken, denn eine gewisse Mindestpräsenz erwartet der Löwe sogar von seinen Bewunderern. Und wenn diese Beziehung doch aus unerklärlichen und seltsamen Gründen passiert, müssen Aszendenten oder prägende Erfahrungen, Ähnlichkeiten oder ältere Verletzungen so stark sein, dass die Sternzeichen keine besondere Rolle spielen.

Der Löwe will Raum, wo immer er sich anbietet. Die Fische wollen sich am liebsten verkriechen, möglichst unauffällig sein und ja nirgendwo anecken.

GLÜCKSSTEIN DES LÖWEN

Echt muss es sein und königlich. Vom Bergkristall über den Bernstein bis hin zum Diamanten, dem König unter den Edelsteinen, ist dem Löwen alles recht. Er mag keinen billigen Tand und der passt auch nicht zu ihm. Sein Schmuck muss Stil haben und muss kostbar sein. Wenn Sie also planen, eine Löwin zu beschenken, dann geben Sie gut acht. Mit protzigem Modeschmuck können Sie Frau Löwe in die Flucht schlagen.

BERUF

Unternehmer, Dirigent, leitende Positionen

GASTGESCHENK

Über einen Strauß Sonnenblumen, ein Kochbuch mit Rezepten vom Feinsten, eine Flasche Rotweins oder einen goldenen Kaviarlöffel sollte sich ein Löwe eigentlich freuen.

BERÜHMTE LÖWEN

Lorenzo il Magnifico, Guy de Maupassant, George Bernard Shaw, Knut Hamsun, Matthias Claudius, Joachim Ringelnatz, Carl Gustav Jung, Camille Corot, Ludwig XIV., Napoleon Bonaparte, Benito Mussolini, Fidel Castro, Alfred Hitchcock, Andy Warhol, Mick Jagger, Hans Moser, Adele Sandrock, Marianne Koch, Dustin Hoffmann, Alice und Ellen Kessler, Alfred Krupp, Henry Ford, Mata Hari, Madame Dubarry

DISTANZ UND SORGFALT – PRÜFENDER INTELLEKT

Die Jungfrau ist fleißig, steigert sich in die Arbeit hinein und gilt daher bei vielen als kaltherzig und ehrgeizig. Doch der Schein trügt. Ja, sie ist fleißig, sie liebt die Arbeit und führt Dinge, die ihr aufgetragen werden, zuverlässig zu Ende. Dabei besitzt sie einen scharfen Verstand und ist sich selbst und anderen gegenüber sehr kritisch. Mühelos bewältigt die Jungfrau eine unglaubliche Datenmenge im Kopf, die sie ebenso mühelos strukturieren kann. Daher kann sie einerseits ausgezeichnet den Inhalt von Schubladen, Schränken und Ablagen sinnvoll ordnen, andererseits aber auch sehr gut organisieren – Arbeitsabläufe ebenso wie Familienfeiern. Doch von Ehrgeiz kann keine Rede sein. Eher von Zurückhaltung der Jungfrau aus dem ewigen Zweifel heraus: Hat sie nichts übersehen? Hat sie alles bedacht? So einsatzbereit und zäh die Jungfrau sein kann, so groß ist ihre Furcht, Fehler zu machen oder eine halbe Sache abzuliefern. Aus diesem Grunde bleiben viele Theaterstücke, die eine Jungfrau verfasst, ebenso ungelesen wie ihre Gedichte.

Wie alle Erdzeichen möchte sie wirtschaftlich möglichst abgesichert sein, also ein Leben ohne Sorgen führen können. Wenn das mit ihrem eigentlichen Beruf nicht möglich ist, sucht die Jungfrau sich kleine Nebenjobs. Alles besser, als im November nicht zu wissen, woher im Dezember das Geld für die Miete kommt.

Die Jungfrau ist das genaue Gegenteil eines potenziellen Bohemiens.

Dabei haben Jungfrauen selten hochtrabende Ziele und Pläne. Weder im beruflichen noch im privaten Leben träumt die Jungfrau vom ganz großen Coup. Das Nächstliegende, Erreichbare ist Ziel der Jungfrau, und wenn sie es schafft, durch Beharrlichkeit und Fleiß eine Stufe weiter hinauf zu kommen, dann freut sie das – aber es war keinesfalls geplant, denn viel wichtiger ist es ihr doch, ihre Sache gut zu machen. Oft kommt es durch diese Zurückhaltung dazu, dass Jungfrauen zwar viel und sehr erfolgreich arbeiten, den Ruhm für die Arbeit aber jemand anderer erntet, der weniger vorsichtig ist.

Mit scharfem Blick findet die Jungfrau jeden Druckfehler in einem Buch, jeden Denkfehler in einer wissenschaftlichen Argumentation. Sie ist eine treffsichere Kritikerin ihrer Mitmenschen, deren spitze Zunge meist genau den Kern trifft. Doch verletzen will sie dabei niemanden. Nur halt darauf hinweisen, dass da etwas falsch ist.

DIE JUNGFRAU UND IHRE MITMENSCHEN

Zurückhaltend ist die Jungfrau, kühl, abwartend, undurchschaubar, vorsichtig, eigentlich ein wenig misstrauisch. Anders als zum Beispiel der Schütze glaubt sie nicht wirklich an das Gute im Menschen. Sie braucht eine gewisse Zeit, bevor sie zu jemandem Vertrauen fasst, bevor sie bereit ist, sich jemandem anzuvertrauen. Dann allerdings sind Jungfrauen herzliche, warmherzige und bereichernde Freunde und Partner. Was Jungfrauen besonders auszeichnet, ist ihre Verlässlichkeit. Ob das Kind der Schwägerin krank ist und einen Babysitter braucht, ob die Großtante Erna darauf besteht, täglich einen frischen Apfelkuchen und eine halbe Stunde Unterhaltung zu bekommen – die Jungfrau springt ein. Und innerhalb ihrer Familie oder ihrem engsten Freundeskreis entwickelt sie eine Herzlichkeit, die man ihr sonst nie zutrauen würde. Dann ist die Jungfrau ein hundertprozentig zuverlässiger Familienmensch, der sich durch nichts davon abhalten lässt, den Seinen Gutes zu tun.

Am liebsten bewältigen sie die übernommenen Aufgaben allein, ein Teamplayer sind Jungfrauen weder in der Familie noch im Beruf. Daher wissen Jungfrauen ein Lied davon zu singen, dass sie sowohl bei Beförderungen als auch bei Gehaltserhöhungen übergangen werden. Es liegt ihnen fern, sich gut zu verkaufen und auf ihren Wert zu pochen. Nicht, weil sie das nicht könnten, sondern weil sie einerseits dazu zu zurückhaltend sind, andererseits aber auch ihre eigenen Fähigkeiten oft für ganz normal halten.

Sie verlassen sich gern auf sich selbst und gehören auch nicht zu jenen Zeitgenossen, die mit ihren Erfolgen prahlen.

Jungfrauen stehen oft in der zweiten Reihe, sind aber für jeden Chef unersetzlich, denn sie sind absolut zuverlässig, strebsam und verantwortungsbewusst, ohne ihm jemals Konkurrenz zu machen. Eine allzeit funktionierende Jungfrau an der Seite zu haben, ist für Chefinnen und Partner gleichermaßen beglückend. Schade nur, dass beide erstaunlich oft vergessen, ihr dafür die gebührende Anerkennung zu zollen.

DIE JUNGFRAU UND IHRE GESUNDHEIT

Die typische Jungfrau ist zartbesaitet und sensibel. Störungen schlagen ihr leicht auf die Verdauung. Dazu frisst sie Ärger in sich hinein, ohne zu brüllen und ohne zu toben. Auf sämtliche psychomsomatischen Symptome im Magen-Darm-Trakt scheint die Jungfrau daher abonniert zu sein.

Jungfrauen sind oft besonders vorsichtig, was ihre Ernährung anbelangt. Viele ernähren sich vegetarisch oder makrobiotisch. Dabei besuchen sie Vorträge zum Thema und stellen sich aus verschiedenen Ernährungskonzepten eigene Richtlinien zusammen.

Aus übergroßer Vorsicht bei allem, was sie zu sich nehmen, neigen viele Jungfrauen zur Hypochondrie, hören ständig in sich selbst hinein und nehmen schon Warnsignale wahr, wo überhaupt nichts zu hören ist. Im Extremfall legt sich eine solche Jungfrau – überzeugt davon, dass es jetzt dem Ende zugeht – völlig unbegründet zum Sterben hin. Hier hilft nur der Weg zu einem Arzt des Vertrauens, der der Jungfrau feinfühlig, aber eindeutig attestiert, dass sie sich manche Dinge einfach nur einbildet.

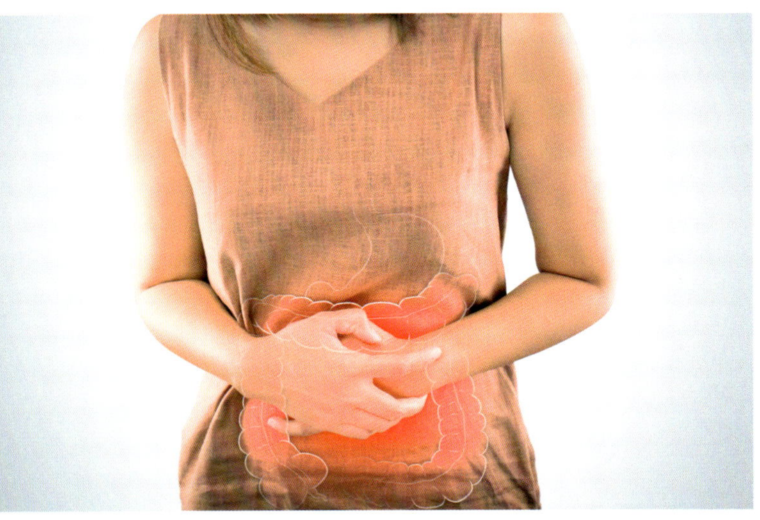

Wegen ihrer hohen Maßstäbe an sich selbst neigen Jungfrauen dazu, sich zu überarbeiten. In ihrem Bestreben, alles perfekt zu machen, bemerken sie oft nicht, wann es genug ist. Erleiden sie dann einen Zusammenbruch, in welcher Form auch immer, sind sie tief deprimiert, weil sie das Gefühl haben, versagt und wieder nicht die ganze Leistung gebracht zu haben.

DIE JUNGFRAU UND DIE LIEBE

Die Jungfrau – egal, ob männlich oder weiblich – zeichnet sich nicht gerade durch draufgängerischen Mut aus, auch, was den Kontakt zum anderen Geschlecht betrifft. Alles dauert ein wenig länger, alles packt die Jungfrau ein wenig vorsichtiger an, und so manchem willigen Liebespartner wird aufgrund dieser endlos langen Werbewochen die Geduld reißen. Schade für ihn, denn wer warten kann, der wird fürstlich belohnt. Die Jungfrau als Liebes- oder Lebenspartner erweist sich – hat man einmal die ersten mühsamen Hürden überwunden – als ausgesprochen einfühlsam, verlässlich und unbedingt loyal. Beziehungen, die nach anfänglichen Schwierigkeiten Jahre andauern, sind oft Beziehungen mit einer Jungfrau.

Jungfrauen sind mit wenigen Ausnahmen durchwegs treue Partner, die durch ihre einzigartige Verlässlichkeit bestechen. Niemals wird eine Jungfrau kurz einmal Zigaretten holen gehen, um sich dann Monate später mittels Postkarte aus einem anderen Leben wiederzumelden. Jungfrauen stellen nämlich in den seltensten Fällen die Spielregeln auf: Das dürfen durchaus die anderen tun.

Wichtig ist für die Jungfrau ein geborgenes Zuhause, am liebsten mit einer großen Familie, in der man ständig füreinander da sein kann und sich mit kleinen und großen Gesten beweist, wie sehr man einander schätzt.

Jungfrauen lieben ihren Partner leidenschaftlich und kompromisslos, und wer mit dieser Ausschließlichkeit gut umgehen kann, wird an der Seite einer Jungfrau der glücklichste Mensch werden, der, wenn er es geschickt anstellt, auch durchaus ein wenig Freiraum für sich gewinnen wird, ohne die Gunst der Jungfrau zu verlieren.

Schwierigkeiten kann es dann geben, wenn der Jungfrau-Mann aus einem Elternhaus mit einer sehr dominierenen Mutter kommt. Dann neigt er in der Regel dazu, in der Partnerin ein Abbild der angebeteten Mutter zu suchen, was sich als Alptraum herausstellen kann. Drum: Wer sich mit einem Jungfrau-Mann einlässt, prüfe zunächst vorsichtig sein Verhältnis zu seiner Mutter, und wenn schon beim ersten Date mehr als drei Sätze mit „Meine Mutter hat immer …" beginnen, dann sollte man die Sache vorsichtig, aber energisch abblasen.

Lauert aber diese Gefahr nicht, dann kann die Beziehung sehr reizvoll sein, denn die Jungfrau tut buchstäblich alles für den Partner oder die Partnerin, für die sie sich entschieden hat. Wichtig dabei ist, dass ihr oft versichert wird, wie wunderbar sie ist, egal, ob im Bett oder als abendlicher Unterhalter. Anerkennung treibt die

Jungfrau zur Höchstform, fehlendes Lob kann sie in tiefe Selbstzweifel stürzen.

Die Jungfrau hingegen, die den optimalen Partner findet, wird in ihrer Zärtlichkeit und ihrer Aufopferungsfähigkeit nicht nur selbst glücklich, sondern auch ihren Partner verwöhnen bis ans Ende aller Zeiten.

Am besten ist es, Jungfrauen so zu begegnen wie auch der historische Ritter in der Zeit des Minnesangs der Jungfrau gegenübertrat: nur mit ernsten Absichten und sehr, sehr vorsichtig, sehr gelduldig und behutsam. Wem das gelingt, der kann sich auf ein herrliches und erfülltes Leben mit einem nicht ganz einfachen Partner freuen.

DIE JUNGFRAU UND IHRE PARTNER

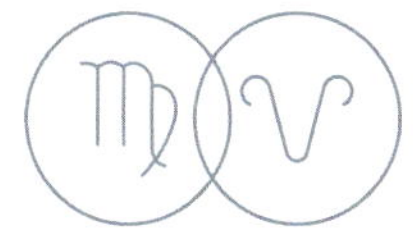

Jungfrau und Widder

Eine zweischneidige Angelegenheit: Die Jungfrau ist dem Widder zu vorsichtig, zu überlegt, zu wenig risikofreudig, und der Widder ist der Jungfrau zu draufgängerisch, zu unüberlegt, zu risikofreudig. Das ist die eine Seite der Beziehung. Die andere lässt die Partnerschaft in viel positiverem Licht erscheinen: Mit ihrer Vorsicht kann die Jungfrau den Widder vor viel Ärger bewahren, und der Widder kann mit seiner Sorglosigkeit die Jungfrau ein bisschen aus ihrem Elfenbeinturm holen und ihr zu ein wenig Spaß verhelfen. Doch wenn sie die ersten Probleme und Annäherungsschwierigkeiten gemeistert haben, können sie ein ausgesprochen glückliches Paar sein und sich über eine ausgeglichene, abwechslungsreiche und sehr partnerschaftliche Beziehung freuen.

Anfangs wird diese Liebe schwierig sein, weil beide, sowohl Jungfrau als auch Widder, sich erst langsam an die Welt des anderen gewöhnen müssen.

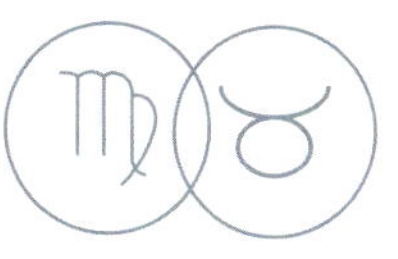

Jungfrau und Stier

Eine Beziehung, die insofern nicht schiefgehen kann, weil sie vermutlich nicht einmal im Ansatz stattfinden wird. Sowohl Stier als auch Jungfrau werden gleich merken, dass hier nichts zu holen ist. Eigenschaften, die sich in anderen Beziehungen vielleicht fruchtbar und kreativ auswirken würden, werden in der Konstellation Stier–Jungfrau eher lähmend. Die nüchterne Jungfrau lässt alles an Sinnlichkeit im Stier erkalten, und der schutz- und geborgenheitssuchende Stier wird von der Kühle der Jungfrau abgestoßen sein. Die Gefahr allerdings, dass sich diese Kombination in einer Partnerschaft manifestiert, ist eher gering. Selten finden zwei Tierkreiszeichen so wenig Interessantes aneinander wie Stier und Jungfrau.

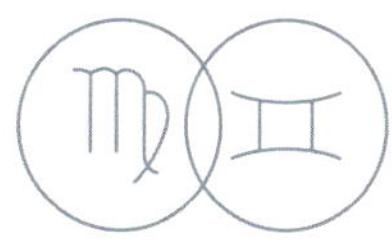

Jungfrau und Zwillinge

Wenn Zwillinge und Jungfrau einander im Rahmen eines Forschungsprojekts oder auf dem Universitäts-Campus über den Weg laufen, kann auch mehr daraus werden.

Das kann dazu führen, dass die Jungfrau, die natürlich bemerkt, dass sie mit nicht so viel Lebensart und Optimismus aufwarten kann wie der Zwilling, ihrem Partner dann Oberflächlichkeit vorwirft, was ja bis zu einem gewissen Grad auch stimmt. Das natürlich bringt die Zwillinge zur Weißglut. Der Konflikt ist also vorprogrammiert. Werden diese Schwierigkeiten aber bewältigt und steht die intellektuelle Konkurrenz nicht allzu sehr im Vordergrund, kann aus dieser Liebe eine harmonische und glückliche Angelegenheit werden, in der die Jungfrau dem Zwilling Heimat und Geborgenheit bietet, der Zwillinge-Geborene aber die Jungfrau zu mehr Leben inspiriert.

Beide sind intellektuelle Merkurzeichen, auch wenn der Forschungsdrang der Jungfrau mehr in die Tiefe geht als jener der Zwillinge.

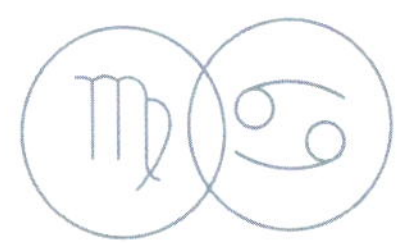

Jungfrau und Krebs

Ein typischer Fall, in dem die Liebe erst ein wenig später einschlägt. Man lebt jahrelang in Freundschaft, berichtet einander von mehr oder weniger erfolgreichen Lieben und schätzt einander als zuverlässigen Kumpel und guten Zuhörer. Und plötzlich, irgendwann einmal, bemerkt einer der beiden, dass da ein anderes Gefühl auch noch im Hintergrund schlummert, das nach außen drängt. Und wenn man dann diese Liebe keimen lässt, kann es kaum böse Überraschungen geben, denn man kennt einander ja schon so lange und so gut und in jeder nur denkbaren Situation. Beide sind sehr zurückhaltend und können draufgängerischen Eroberungsgelüsten nur wenig abgewinnen. Beide schätzen ein gemütliches Heim und bewahren gerne tradierte Werte. Sie werden ein ruhiges, unauffälliges, aber durchaus befriedigendes Leben führen.

Jungfrau und Löwe

Sie ist wie aus dem Märchen, diese Kombination: Hier haben wir einen machtlüsternen, brüllenden Löwen, der das Selbstbewusstsein gepachtet zu haben scheint, dort haben wir eine vorsichtige, zurückhaltende Jungfrau. Das kann vom ersten Moment an prickeln. Zu exotisch ist der andere: der Löwe, der vor nichts Angst hat, und die Jungfrau, die trotz ihrer Ängstlichkeit ihr Leben in kleinen, aber wohlgesetzten Schritten meistert. Denn nach außen hin scheint der Löwe alle Entscheidungen zu treffen, alle Fäden in der Hand zu haben und das Leben der Jungfrau mitzulenken. Doch der Schein kann trügen. Jungfrauen wissen genau, wie sie den Spießumdrehen können, ohne den Löwen seines Stolzes zu berauben. Sie wissen genau, wie sie ihm ihre Wünsche so suggerieren, dass die Löwen im sicheren Bewusstsein, selbst entschieden zu haben, ganz genau die Vorstellungen der Jungfrau erfüllen.

Die Beziehung, die der ersten atemlosen Leidenschaft folgt, ist geprägt von der Dominanz des Löwen und der Unterwerfung der Jungfrau.

Egal, ob es sich dabei um Urlaubsziele, Wohnzimmereinrichtungen oder den Schultyp für die Kinder handelt – der Löwe brüllt glücklich, wenn er alles in die Hand nimmt, und weiß gar nicht, dass es eigentlich die stille Jungfrau war, die ihn zu seiner Entscheidung gebracht hat.

Eine Beziehung, die natürlich nicht ganz konfliktfrei ist, da sie ein nicht hundertprozentig ehrliches Rollenspiel spielt. Doch wenn beide Partner sich auf diese Form des Zusammenlebens einlassen, steht einer längerfristigen Beziehung nichts im Weg.

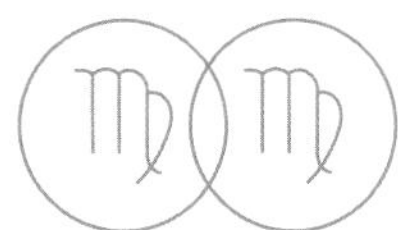

Jungfrau und Jungfrau

Beobachtet man auf einer Party, dass sich zwei fremde Menschen, die einander tatsächlich zum ersten Mal sehen, aber sichtlich sehr voneinander angezogen sind, bis vier Uhr morgens ausschließlich darüber unterhalten, warum man beim Hemdenbügeln besser beim Kragen beginnt oder aber besser bei den Ärmeln, und erzählen diese beiden Menschen am folgenden Tag, dass sie einen wunderbaren, romantischen Abend erlebt und sich unsterblich verliebt haben, so hat man es ziemlich sicher mit der Konstellation Jungfrau–Jungfrau zu tun. Man fühlt sich beinahe wie in einem Lehrerzimmer. Positiv an dieser Beziehung: Die beiden kümmern sich aufopfernd umeinander und übertreffen einander gegenseitig in hilfreichen Tipps, wie das Leben besser zu bewältigen ist. In ihrer Pedanterie laufen Jungfrau und Jungfrau allerdings Gefahr, nicht nur den Menschen in ihrer näheren Umgebung, sondern auch einander gegenseitig schwer auf die Nerven zu gehen.

Selten gibt es zwei Vertreter eines Tierkreiszeichens, die so sehr damit beschäftigt sind, einander zu belehren und Lebensweisheiten auszutauschen.

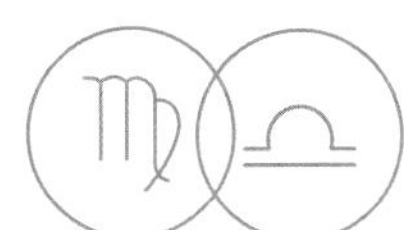

Jungfrau und Waage

Eine intellektuelle Begegnung, die problematisch sein kann. Die Waage ist vergnügungssüchtig und wankelmütig in ihrem lasziven Geflatter von einem Erlebnis zum anderen. Die Jungfrau hingegen hat eine starre Linie für ihr Leben, die sich nach tausend Regeln richtet, und sie kann mit der flexiblen Lebensart der Waage nur sehr wenig anfangen. Wo die Jungfrau Angst hat vor Neuem und Fremdem, ist die Waage gierig nach Unbekanntem und voll Neugierde auf Abenteuer. Wo die Jungfrau Wert legt auf solide Funktionalität, liebt die Waage den sinnlosen Luxus. Schaffen die beiden es, einander so sehr zu lieben, dass sie entscheidenden Einfluss aufeinander nehmen, dann kann die Jungfrau von der Waage insofern profitieren, als sie ein wenig entkrampfter und wagemutiger wird, die Waage kann, wenn sie die Vorzüge der Jungfrau überhaupt zu würdigen weiß, die methodische Vernunft und das Pflichtbewusstsein der Jungfrau verinnerlichen. Dann kann die Sache sehr gut ausgehen, denn dann ist einerseits Spannung garantiert, andererseits aber auch die für eine langfristige Beziehung notwendige Sicherheit.

Wo die Jungfrau sparsam ist, gibt die Waage gern Geld aus. Wo die Jungfrau konservative Werte bewahrt, bricht die Waage mit Traditionen und Zwängen.

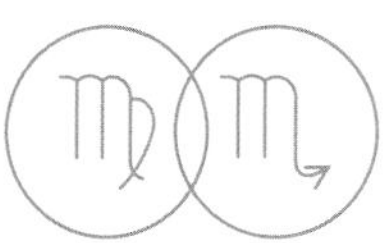

Jungfrau und Skorpion

Eine Beziehung der Unterschiede, wie sie größer kaum sein können. Die Jungfrau ist ängstlich darauf bedacht, dass alles nach Vorschrift und rechtmäßig läuft, dass nach außen hin der Schein gewahrt ist und ja nichts Unerwartetes eintrifft. Und die Jungfrau kann den Skorpion vermutlich nicht ganz ernst nehmen, weil sie sein Revoluzzer-Gehabe als infantil missversteht. Eine Verbindung also, die nicht wirklich auf Rosen gebettet ist. Eine starke Jungfrau allerdings, die auf einen gemäßigten Skorpion trifft – das hat Zukunft. Vor allem im sexuellen Bereich, denn der Skorpion hat Qualitäten, die auch die Jungfrau schwer beeindrucken. Schwierig kann es dann werden, wenn den Skorpion die Wanderlust packt.

Der Skorpion ist offen für alles, kümmert sich nicht um Konventionen und liebt das Abenteuer. Die Jungfrau langweilt ihn wahrscheinlich, weil sie ihm zu spießig ist.

Bleibt die Jungfrau zu Hause, ist die Liebe dahin, weil beide nicht für eine Fernbeziehung geschaffen sind. Opfert sich die Jungfrau und zieht mit dem Skorpion mit, so wird sie zutiefst unglücklich sein und dem Skorpion ewig vorwerfen, ihr beschauliches Leben zerstört zu haben.

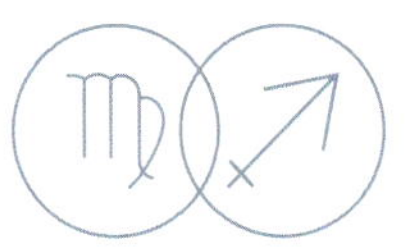

Jungfrau und Schütze

Zwei Paralleluniversen prallen aufeinander: Da ist auf der einen Seite die Jungfrau, die ängstlich bemüht ist, alles zu bewahren, konservative Werte zu schützen und keinerlei Neuerungen zuzulassen, und da ist auf der anderen Seite der Schütze, der sich keinerlei Tradition verschreibt, sondern ständig auf der Suche nach neuen Lebensmodellen ist. Der Schütze leidet darunter, dass die Jungfrau so penibel ist. Er fühlt sich in ihrer Bürgerlichkeit gefangen und schätzt aber auf der anderen Seite – was er nie zugeben würde – die Geborgenheit, die diese kleinkarierte Welt ihm bietet. Die Jungfrau leidet darunter, dass der Schütze großzügig, oder, wie sie meint, verschwenderisch ist und ihr in vielen weltanschaulichen Dingen in den Rücken fällt.

Ausgezeichnet klappt zwischen Jungfrau und Schütze eine klassische Freundschaft, doch sobald Sexualität und Besitzansprüche dazukommen, wird es kompliziert.

Es ist ein Risiko, wenn sich Jungfrau und Schütze miteinander einlassen, und es wird sicher nicht reibungslos funktionieren, doch es kann auch sehr befriedigend und schön sein. Auf jeden Fall ist diese Kombination einen Versuch wert.

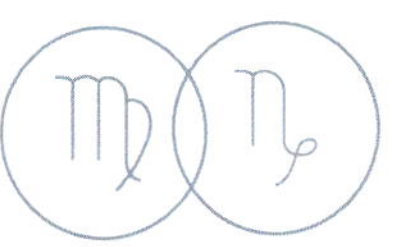

Jungfrau und Steinbock

Der steife Steinbock, der doch sonst mit nicht allzuvielen Tierkreiszeichen zurechtkommt, trifft hier endlich auf einen Menschen, der ihn einerseits versteht und ihm in seinem Machtanspruch nicht im Weg steht, ihm aber andererseits in wichtigen Dingen wie Ordnungssinn und Zweckmäßigkeitsdenken überraschend ähnlich ist. Beide sprudeln nicht unbedingt vor Emotionalität – und beide sind dafür dankbar, dass sie in dieser Hinsicht nicht überfordert werden. Die Jungfrau gibt der großen Ordnung, die der Steinbock für sich aufgestellt hat, ein funktionierendes Untersystem und der Steinbock fühlt sich – wider Erwarten – verstanden und wohl. Eine stille, unauffällige Beziehung, die nach außen hin vielleicht ein bisschen langweilig wirkt, aber Jungfrau und Steinbock können auf ihre kühle und distanzierte Art sehr glücklich miteinander werden.

In kameradschaftlicher, zurückhaltender Zuneigung, die keine andauernde Bestätigung braucht, lieben diese beiden Erdzeichen einander auf eine unspektakuläre Art und Weise.

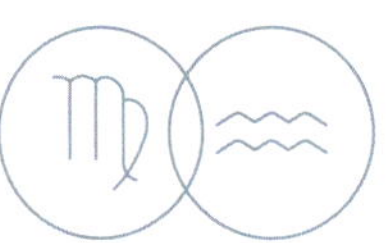

Jungfrau und Wassermann

Das kann nicht gut gehen. Die Jungfrau bemüht sich ständig, nirgendwo anzuecken, unauffällig und angepasst zu sein, und dann kommt da dieser Wassermann daher, dessen Hauptziel es zu sein scheint, durch exzentrisches

Gebaren und exaltiertes Verhalten aufzufallen. Natürlich kann der Wassermann die Jungfrau zunächst einmal sehr beeindrucken, wenn er wie ein Wesen aus einer anderen Welt ihre Ordnung durcheinanderwirbelt, sie überraschend zu Mitternachtssnacks nach Venedig entführt, um dort festzustellen, dass er leider seine Kreditkarte vergessen hat. Doch wenn er unangemeldet mit einer riesigen Jukebox nach Hause kommt, die in der Wohnung keinen Platz hat, nur, weil sie so günstig war, und er gleich darauf ein Fest für zwanzig Leute improvisiert, weil ihm eben danach ist, wird sie ungehalten. Ums Buffet kümmert sich der Wassermann dabei natürlich nicht. Und das ist das Ende dieser Geschichte, an die die Jungfrau noch Jahre später mit einer Mischung aus sexueller Sehnsucht und wohligem Gruseln denkt.

Verfliegt die erste Faszination des Exotischen, wird die Jungfrau bald wieder Sehnsucht bekommen nach ihrer Ordnung, nach ihrem beschaulichen Leben, in dem Regeln befolgt und nicht gebrochen werden.

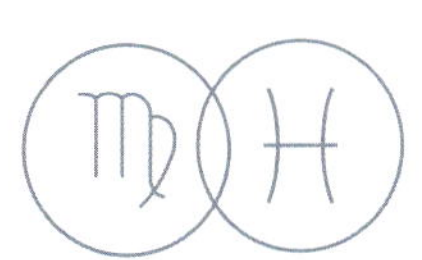

Jungfrau und Fische

Was die beiden verbindet, ist zunächst einmal ihre Einstellung zur Treue. Jungfrau und Fische können sich aufeinander verlassen. Doch das ist auch schon so ziemlich alles, was sich an Positivem über diese Beziehung sagen lässt. Wo andere Tierkreiszeichen entweder das Positive aus der Jungfrau herausholen oder durch ihre Andersartigkeit in der Jungfrau einen süßen und begehrenswerten Ruhepol sehen, da bewirkt der Fische-Geborene nichts von alledem. Neben ihm verkümmert die Jungfrau zu einem Bündel an Traditionen und mit „Das gehört sich so", wird jedwede Phantasie, die ihr Intellekt durchaus gestatten würde, begraben. Und auch für die Fische birgt diese Konstellation keine besonderen Vorteile: Weder kreative Impulse noch geistige oder sexuelle Anregungen werden aus der Ecke der Jungfrau kommen.

Wenn man also auch nur den geringsten Anspruch an Spannung in einer Beziehung stellt, sollte man von dieser Kombination die Finger lassen – falls man nicht vorher einschläft.

GLÜCKSSTEIN DER JUNGFRAU

Helle Korallen passen am besten zur Jungfrau: Kühl und distanziert, unaufdringlich und nicht zu protzig und doch klar in ihren Formen ist die Koralle nicht nur Schmuck, sondern zugleich Glücksstein der Jungfrau.

BERUF

Apotheker, Sekretär, Händler, Wissenschaftler, Erfinder, Versicherungskaufmann, Arzt, Schulmeister

GASTGESCHENK

Über einen Kornblumenstrauß, einen Terminkalender, eine Flasche trockenen Weißweines oder ein Computerprogramm zur Rezepteverwaltung sollte sich eine Jungfrau eigentlich freuen.

BERÜHMTE JUNGFRAUEN

Armand-Jean du Plessis, Duc de Richelieu, Johann Wolfgang von Goethe, Johann Gottfried Herder, Friedrich Schlegel, Agatha Christie, François-René de Chateaubriand, Alexander von Humboldt, Guillaume Apollinaire, D. H. Lawrence, Leo Tolstoj, Franz Werfel, Theodor Storm, Wilhelm Raabe, Eduard Möricke, Caspar David Friedrich, Sophia Loren, Romy Schneider, Ingrid Bergmann, Greta Garbo, Maurice Chevalier, Hans Albers, Peter Sellers, Elia Kazan, Leonhard Bernstein, Aristoteles Onassis, Franz Beckenbauer

DIPLOMATIE UND HARMONIESUCHT – SINNLICHER SCHMETTERLING

Wer glaubt, dass das Luftzeichen Waage für besondere Ausgeglichenheit steht, irrt. Die beiden Waagschalen sind kein Symbol für Ausgewogenheit, sondern für das Schwanken zwischen den Möglichkeiten, für das Unentschlossene der Waage.

Waagen sind fast immer musische Menschen, was auch mit ihrer Sinnlichkeit zu tun hat. Sie lieben schöne Klänge und Farben und sie lieben es, sich zu produzieren. Die Waage ist ein positiver Mensch, sie sieht gerne überall das Gute und freut sich über viele Dinge. Waagen sind kommunikative und freundliche Wesen, harmoniebedürftig, manchmal konfliktscheu. Ob es um köstliches Essen geht oder um guten Sex, ob es um gute Bücher geht oder um schöne Kleider, die Waage ist sinnlich, sie hat es gern schön, stylisch und lustvoll.

Ausdauer und Konsequenz in einer Sache ist nichts für die Waage. Geschichten von Menschen, die ihr Leben nur einer Aufgabe, nur einem Ziel oder auch nur einem Menschen gewidmet haben, erwecken in freundlichen Waagen gespielte Bewunderung, in boshafteren Waagen unverhohlenen Spott, in jedem Fall aber völlige Verständnislosigkeit. Dass sie ununterbrochen von einem Weg abkommt und sich in einem anderen, neuen verliert, mag damit zu tun haben, dass sie Hindernisse lieber vermeidet als bewältigt. Was der Waage an Durchsetzungskraft fehlt, macht sie geschickt durch Klugheit und schauspielerisches Talent wett.

Bevor sich die Waage auf Konflikte einlässt, sieht sie mal eben lieber nach, ob nicht hinter der nächsten Ecke auch ein interessantes Schicksal warten könnte.

Ihre Stimmungsschwankungen machen es ihrer Umwelt nicht gerade leicht, und doch macht sie diese Unberechenbarkeit auch wieder interessant. Apropos: Weint jemand bitterlich, und entwickelt sich plötzlich aus dem verzweifelten Schluchzen ein unterdrücktes Kichern, das in ein lauthalses Gelächter oder ekstatisches Prusten übergeht, so hat man es vermutlich mit einer Waage zu tun.

Prinzipiell liebt die Waage gewisse Annehmlichkeiten, darum wird sie auch danach trachten, einen Beruf auszuüben, der ihr einerseits Spaß macht, andererseits Geld bringt, denn in Armut leben ist nicht Sache der Waage. Doch wird sie sich nie so sehr in ihren Job verbeißen, dass sie für nichts anderes mehr Zeit hat. Zu sehr genießt sie ihr Leben mit allen Freuden.

DIE WAAGE UND IHRE MITMENSCHEN

Die Waage ist ein geselliges, fröhliches Wesen, für das das Leben ein einziges Fest ist. Waagen sind kontaktfreudig und schaffen es, andere Menschen zunächst einmal vordergründig zu bezaubern. Ob sie diesen Eindruck dann aufrecht erhalten können, ist eine andere Frage. Doch wenn es der Waage um etwas geht, kann sie zur Höchstform auflaufen.

Die Waage kann sehr spritzig und amüsant sein, allerdings sind Waagen im Allgemeinen auch gern bereit, ihre besten Freunde lächerlich zu machen, wenn sie damit eine gute Pointe landen. Ihre Anteilnahme an ihrer Umwelt kann geradezu peinlich werden. Alles will sie wissen, und wenn sie es nicht auf andere Weise erfährt, dann fragt sie einfach. Und es ist echtes Interesse, das sie ihren Mitmenschen entgegenbringt, auch wenn sie den Milchmann nie mehr sieht: In eben diesem Augenblick wollte sie eben genau das wissen. Am meisten kann man die Waage treffen, indem man ihr sein Interesse entzieht oder sie allein irgendwo aussetzt. In Krisensituationen neigen Waagen sehr dazu, sich mit Hilfe von Drogen in andere, bessere Wirklichkeiten zu transportieren.

Die Waage bohrt, bis sie auch das intimste Detail ihres Gesprächspartners weiß, und wenn es der Milchmann ist.

Viele Waage-Frauen haben Probleme mit dem Älterwerden. Wenn sie keine Freunde oder Partner haben, die ihnen mit dieser Erfahrung helfen, werden sie häufig zu bemüht „auf jung" gestylten Witzfiguren.
Alternde Waage-Männer hingegen neigen sehr zu der Rechnung: Junges Mädchen an der Seite von altem Mann macht alten Mann zum jungen Mann. Ach ja: Zu Liebesbeziehungen haben Waagen gelegentlich überhaupt eine etwas oberflächliche Einstellung und der Ausdruck „Lebensabschnittpartner" wurde ganz bestimmt von einer Waage erfunden.

DIE WAAGE UND IHRE GESUNDHEIT

Die Waage ist leicht zu überreden, hier und da ein Schlückchen zu trinken. Hautpsache, die Sache verspricht Vergnügen. Dazu ist sie eine Sitzenbleiberin: Die Waage ist oft der letzte Gast auf dem Fest, und sie ist diejenige, die immer noch ein Glas verträgt. Und genau das stimmt nicht, denn der Körper der Waage kann oft nicht Schritt halten mit der Lebensweise der Waage, die wie eine Kerze ist, die an beiden Enden brennt. Hat die Waage dann ein feuchtfröhliches Fest hinter sich und kommt im Morgengrauen ins Bett, liegt ihr daran, möglichst schnell einzuschlafen. Also greift die Waage zu Schlafmitteln oder anderen Drogen. Alles, was es ermöglicht, noch rascher zu leben, noch intensiver zu leben, lockt die Waage. Problemkreis Nummer zwei ist der Spaß am Abenteuer, den die Waage ständig sucht. Sie findet Herausforderungen aller Art in Extremsportarten, die möglichst ausgefallen und gefährlich sein sollen. Besonders Waage-Männer sind begeisterte Wildwasser-Rafter, Bungee-Jumper oder ähnliches.

Und sie sind dabei leichtsinnig, denn in ihrem grenzenlosen Optimismus verlassen sie sich immer auf ein ganz besonderes Glück, das nur ihnen zuteil wird.

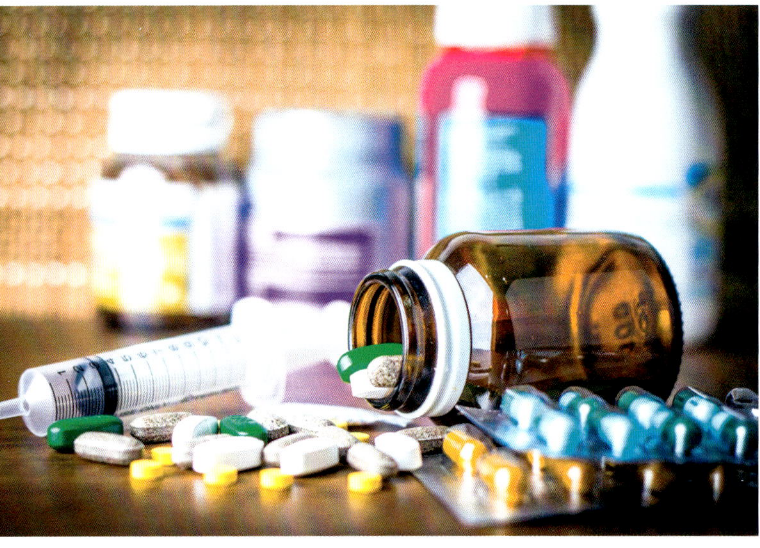

Abgesehen von ihrem Hang zu Drogen aller Art und ihrer Abenteuerlust hat die Waage einen weiteren neuralgischen Punkt: Wenn es nur ein bisschen kühler wird, ist sie auf der Stelle erkältet. Verschleppte Erkältungen machen den Körper nicht gerade robuster und so sind es oft die Waagen, die den ganzen Herbst und Winter hindurch vor sich hinhüsteln.

DIE WAAGE UND DIE LIEBE

Es ist sicher nicht leicht, eine Waage zum Partner oder zur Partnerin zu haben. Zunächst einmal darf man nicht besonders eifersüchtig sein, denn die Waage in ihrem ständigen Bestreben nach Anerkennung und Bewunderung flirtet wild und wahllos. Auf jeden Fall tut man gut daran, sich wirklich lange und gründlich die zur Disposition stehende Waage anzusehen, bevor man sein Herz an sie verschenkt, denn sie kann sich sehr lange sehr gut verstellen.

Wenn es um einen gemeinsamen Abend oder einen Kurzurlaub geht, achten Sie darauf, dass sie sich mit Ihnen nie langweilt.

Ein Problem in der Waage-Beziehung kann sein, dass sie in einem Moment noch den aktuellen Partner oder die Partnerin anhimmelt und Liebe bis in alle Ewigkeit verspricht, doch kaum dreht sich der solcherart Angebetete um, ist seine Waage auch schon mit jemand anderem verschwunden, der einfach augenblicklich interessanter, amüsanter oder einfach nur anders ist, und schon beginnt sie, an ihrem Partner oder ihrer Partnerin zu zweifeln. Sie beginnt, den anderen zu kritisieren oder die Vorzüge der Neuerrungenschaft besonders hervorzuheben. Ein bisschen agiert sie wie beim Einkaufen: Wenn sie in der Auslage ein neues, schickes und modernes Stück sieht, wird sie ihres alten überdrüssig. Nur vergisst die Waage dabei oft, dass sie damit Gefühle verletzt, sie kann gar nicht verstehen, warum man ihr das, was sie als ihr gutes Recht empfindet, als Charakterschwäche auslegt! Am besten, man beweist sich der Waage ständig, zeigt ihr dauernd, dass sie eigentlich froh sein kann mit ihrem Partner, und vergisst nie, dass ruhige Ausgeglichenheit für die Waage eine innere Höchstleistung darstellt, die ihr alles abverlangt.

In freundschaftlichen und Liebesangelegenheiten ist es wichtig, der Waage gegenüber emotional großzügig zu sein. Die Waage akzeptiert keine Spielregeln, die von jemand anderem aufgestellt werden. Wenn Sie also der Meinung sind, zu einer guten Freundschaft gehört, dass man sich zumindest einmal wöchentlich trifft und gewisse Rituale und Gesetzmäßigkeiten einhält, sind sie mit einem Waage-Kumpel falsch beraten. Nach Wochen der Abwesenheit taucht sie plötzlich auf, tut, als ob man sich täglich sähe und nimmt einen mit Beschlag, als gäbe es keinen anderen Menschen mehr. Die Waage ist immer für Überraschungen gut, aber Regelmäßigkeit oder Zuverlässigkeit sind für sie Fremdwörter. Wichtig ist, dass das Leben voller Abwechslung und Freude steckt, und dass jeder Tag erfreuliche Abenteuer mit sich bringt.

Die Waage meldet sich einmal zwei Monate lang nicht, weil sie gerade einen neuen Liebhaber, eine neue Freundin oder einfach ein neues Hobby hat.

Waage-Männer lieben Partnerinnen, die zwar selbständig und intelligent sind, sie aber dennoch anhimmeln, Waage-Frauen sind da ein bisschen mehr hin- und hergerissen. Einerseits sind sie natürlich emanzipiert und unabhängig, andererseits lieben sie es aber auch, einen starken Partner zu haben, der sie verwöhnt. Wenn man es einmal heraus hat, wie die Waage des Herzens zu behandeln ist, kann man sich über eine aufregende und spannende Beziehung freuen, die sicher niemals langweilig oder alltäglich wird.

DIE WAAGE UND IHRE PARTNER

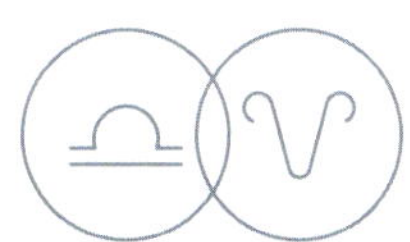

Waage und Widder

Eins steht fest: Es wird viel Energie fließen. Allerdings ist nicht immer von Beginn an klar, wohin. Hier gibt es nur zwei Varianten: Entweder Waage und Widder lieben einander so sehr, dass sie – mühevoll und nach vielen Wunden und Narben – einen Kompromiss finden, der sie miteinander leben lässt, oder aber sie trennen sich nach einigen Wochen oder Monaten des Kämpfens. Die Waage kann sich mit den vergeistigten Ideen des Widders nicht wirklich anfreunden und der Widder vermisst an der Waage den Tiefgang. Wenn die beiden versuchen, aufeinander einzugehen, kann es in der Tat klappen, aber das tun sie nur, wenn sie einander wirklich von Herzen wichtig sind. Wenn nicht, zuckt früher oder später einer von ihnen – wahrscheinlich die Waage – die Schultern und sucht sich eine Spielwiese, die weniger aufreibend ist.

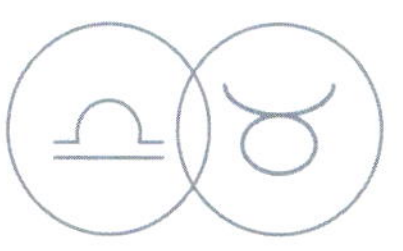

Waage und Stier

Romantisch und sinnlich kann diese Geschichte werden, denn die Waage liebt die Frische des Stiers, seine Geradlinigkeit und seine Anhänglichkeit. Der Stier hingegen zeigt sich begeistert von der Dekadenz der Waage, von ihrer Sorglosigkeit und ihrer Leichtigkeit. Möglicherweise wagt die Waage gelegentlich einen Ausflug in andere Gefilde, aber sie wird doch immer wieder gerne zu ihrem Stier zurückkehren, denn er gibt ihr die Geborgenheit, die sie sich selbst nicht schaffen kann. Einziges Problem in dieser Beziehung: Beide lieben ein sorgenfreies Leben. Das kann dazu führen, dass anstehende Probleme ignoriert werden, bis ein Konflikt mit einer Vehemenz ausbricht, dem beide nicht gewachsen sind. So können scheinbar wunderbar funktionierende Waage-Stier-Beziehungen von einem auf den anderen Tag enden. Eben noch Sonnenschein und Liebesglück, geht man auseinander, als wäre nichts gewesen.

Bevor die Waage sich tagelang einem Streitthema aussetzt, lässt sie die Sache bleiben und sucht sich einen anderen.

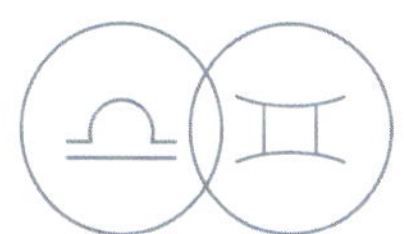

Waage und Zwillinge

Auch in dieser Kombination steht der Intellekt im Vordergrund, aber keineswegs in einer dermaßen verbissenen und ernsthaften Weise wie beispielsweise bei der Zwillinge-Jungfrau-Paarung.

Waage und Zwillinge werden den größten Spaß an gedanklichen Spielereien haben und niemals werden ihnen die Ideen ausgehen. Eine köstliche, amüsante und sorglose Verbindung, die für beide Teile sehr befriedigend sein kann. Gefahr könnte von außen kommen, denn beide – Waage und Zwillinge – sind leicht zu beeindrucken, wenn jemand mit einem tragischen Hintergrund um sie buhlt. In der Leichtigkeit, die sie miteinander verbindet, vermisst man hin und wieder den ernsthaften, dramatischen Aspekt. Doch bei aller Lockerheit in ihrer Liebe bestehen Waage und Zwillinge natürlich auf absolute Treue. Wissen die beiden aber von dieser Gefahr und versuchen ihr auszuweichen, verspricht diese Beziehung lang haltbar und beglückend zu sein.

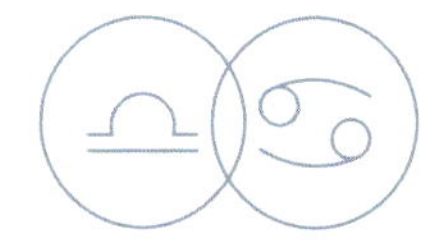

Waage und Krebs

Das Einzige, das diesen beiden Tierkreiszeichen gemeinsam ist, verhindert auch, dass sie miteinander eine gute Beziehung führen können: Beide sind wankelmütig und extremen Stimmungsschwankungen unterzogen, daher würden beide einen Partner brauchen, der ihnen stabil wie der Fels in der Brandung zur Seite steht und sie aufrichtet, wenn sie ganz unten sind, und sie ein wenig bremst, wenn sie zu einem Höhenflug abheben. Und nun haben sie einen Partner, der ebenso Sklave seiner Launen ist – das kann nicht gutgehen. Ein weiteres großes Problem ist die ständige Flirtbereitschaft der Waage, egal ob Mann oder Frau. Das kränkt den sensiblen Krebs und macht ihn natürlich eifersüchtig. Und sein Gemeckere nervt dann wieder die Waage, die sich gleich auf den Weg zu unterhaltsameren Veranstaltungen als der heimischen macht. Und so dreht sich dieses Rad so lange weiter, bis es einem der beiden reicht.

Eine zermürbende, enervierende Beziehung für beide Beteiligten, die fast nur schiefgehen kann.

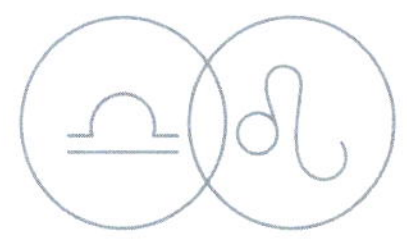

Waage und Löwe

Genial: Der Löwe sucht nach dem Schönen, Ästhetischen, Auffallenden. Und findet die Waage. Die wiederum braucht jemanden, der ihren Glanz noch mehr verstärkt. Und findet den Löwen. Der Löwe lässt der Waage den Freiraum, den sie braucht. Wenn sie ungeniert flirtet, wird der Löwe an ihrer Seite nicht eifersüchtig reagieren, sondern er wird stolz sein, dass die Waage so viel Interesse erweckt. Beide haben so viel gemeinsam, dass sie mit Begeisterung ihre Freizeit miteinander verbringen. Beide lieben auch den Luxus, sie interessieren sich für alles Neue, Schöne und Amüsante, und die Verbindung zwischen Löwe und Waage wird bestimmt niemals langweilig. Möglicher Wermutstropfen: Die beiden genügen einander zunächst so sehr, dass sie sich von ihrer Umgebung – ganz unüblich für diese Tierkreiszeichen – zurückziehen. Und wenn ihnen das auffällt, das gilt besonders für die vergnügungssüchtige Waage, dann erschreckt sie das zutiefst und sie stürzen sich wieder vermehrt in das soziale Leben. Bis sie merken, dass sie kaum noch Zeit füreinander haben, und damit schließt sich der Kreis wieder. Waage und Löwe werden, ganz egal, was sie gerade tun, immer ein bisschen das Gefühl haben, woanders etwas zu versäumen. Dennoch: Diese Beziehung ist es bestimmt wert, sich dafür einzusetzen!

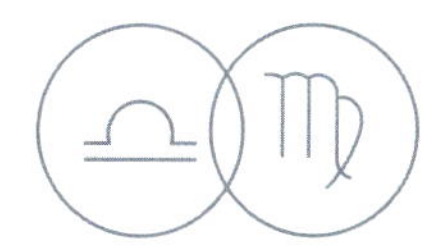

Waage und Jungfrau

Kann das gutgehen? Die Waage ist vergnügungssüchtig und wankelmütig in ihrem lasziven Geflattere von einem Erlebnis zum anderen. Die Jungfrau hat eine starre Linie für ihr Leben, die sich nach tausend Regeln richtet. Sie kann mit dem lockeren Umgang mit Verpflichtungen und der flexiblen Lebensart der Waage nur sehr schlecht umgehen. Wo die Jungfrau Angst hat vor Neuem und Fremdem, ist die Waage gierig nach Unbekanntem und voll Neugier auf Abenteuer. Schaffen die beiden es, einander so sehr zu lieben, dass sie entscheidenden Einfluss aufeinander nehmen, dann kann die Jungfrau von der Waage insofern profitieren, als sie ein wenig entkrampfter und wagemutiger wird, die Waage kann, wenn sie die Vorzüge der Jungfrau überhaupt zu würdigen weiß, die methodische Vernunft und das Pflichtbewusstsein der Jungfrau verinnerlichen. Dann kann die Sache sehr gut ausgehen, denn dann ist Spannung garantiert, aber auch die für eine langfristige Beziehung notwendige Sicherheit.

Wo die Jungfrau sparsam ist, gibt die Waage gern Geld aus. Wo die Jungfrau konservative Werte bewahrt, bricht die Waage mit Traditionen und Zwängen.

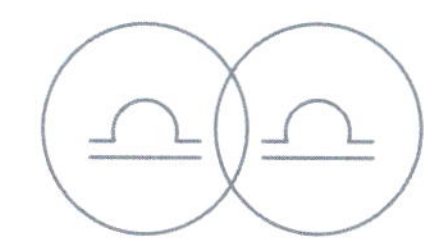

Waage und Waage

Zunächst einmal sieht diese Beziehung sehr harmonisch aus. Die beiden Waagen verbindet ihre Neigung zu allem Schönen, zur Ästhetik, zum angenehmen, amüsanten Leben. Sie sind klug und diplomatisch und sie werden es gemeinsam schaffen, ein herrliches Leben ohne Streitigkeiten zu verbringen. Doch beide Waagen sind so konfliktscheu, dass Probleme der guten Stimmung zuliebe ignoriert werden. Unter der freundlich-diplomatischen Tünche kann da einiges schwelen, das dann, meist ausgelöst durch einen anderen, streitbaren Dritten, der ja im Leben jeder Waage gelegentlich auftaucht, sich seinen Weg an die Oberfläche bahnt. Wenn also zwei Waagen beschließen, es miteinander zu versuche, sollten sie es sich zur Regel machen, auch über weniger erfreuliche Dinge zu reden. Doch Augenblick: Wenn sich diese Lust auf erotische Abenteuer auch – wie es so Waagen-Art ist – nach außen erstreckt, kann das heikel werden. Auch hier schlummert ein Konfliktpotenzial, das der Beziehung sehr gefährlich werden kann. Aber mit der ihr eigenen Diplomatie kann es Waage schaffen, auch mit diesem Ärgerpotenzial umzugehen. Vielleicht wird es ja doch noch eine außergewöhnlich harmonische, amüsante Beziehung.

Positiver hingegen wird die Beziehung auf ihrer sexuellen Eben sein: Da kann es fast kein Problem geben, denn beide Waagen sind sinnlich, phantasievoll und unersättlich.

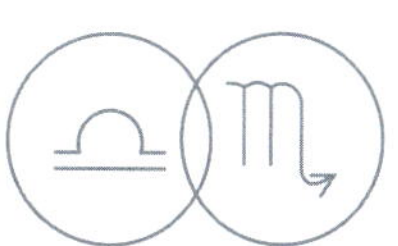

Waage und Skorpion

Hier treffen zwei Menschen aufeinander, die primär ein wichtiger Punkt vereint: ihre Sexualität. Damit werden sie auch nie Probleme haben, denn in dieser Sache sprechen sie die gleiche Sprache. Die Schwierigkeiten lauern anderswo. Es kann mühsam sein für den Skorpion, der sorglosen Waage sein ausgeklügeltes und feststehendes Weltbild mit all seinen Reglements beizubringen. Und wenn der Skorpion einmal beginnt, an der Waage herumzuerziehen, wird sie sich meist mit Abscheu ab- und einem amüsanteren Kandidaten zuwenden. Während die Waage alles tut, um Konflikte weitgehend zu vermeiden, sucht der Skorpion – als typisches Marszeichen – die Auseinandersetzung geradezu.

Sie lieben Abwechslung, sind phantasievoll, und Erotik ist ihnen sehr wichtig.

Kann leicht sein, dass die Waage da ganz gerne einmal einen kleinen Ausflug in die Welt macht, wo es auch andere Menschen gibt, sie sich einfach nur an der Waage, so wie sie ist, erfreuen wollen, ohne ihr Weltbild zu verschieben. Doch das verträgt der eifersüchtige Skorpion gar nicht. Es ist also eine Frage, wieweit die Gemeinsamkeiten die Unterschiede überwiegen, und wie weit die Waage bereit ist, sich einem geordneten Leben – nämlich nach den Spielregeln des Skorpions – zu beugen. Eines steht fest: Langweilig wird diese Verbindung nie!

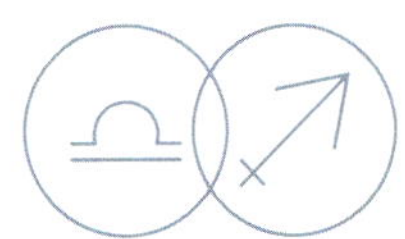

Waage und Schütze

Eine unterhaltsame Sache: Zwei Tierkreiszeichen mit dem gleichen Lebenshunger und dem gleichen Optimismus treffen aufeinander. Dass sie sich ineinander verlieben, liegt auf der Hand. Waagen und Schützen werden ihre Freunde vor allem damit verblüffen, auf wieviele Feste, Partys, Veranstaltungen, Vernissagen sie es innerhalb einer kurzen Woche schaffen. Ob da noch Zeit für eine Gespräch zu zweit reicht? Eher nicht. Aber das stört ja keinen, denn es gibt ja keine Probleme zu bereden. Oder vielleicht doch?

Um die Sache wirklich haltbar zu gestalten, muss der Schütze schon ein guter Dompteur sein, denn die Waage neigt sehr dazu, irgendwann einmal dorthin zu verschwinden, wo es auch lustig, aber neu ist. Hat der Schütze aber die Begabung, die Waage fasziniert zu halten und möglichst wenig zu kritisieren, dann kann die Beziehung halten und vor allem sehr amüsant sein.

Endlich einmal jemand, der genau so gern genießt, lebt und liebt.

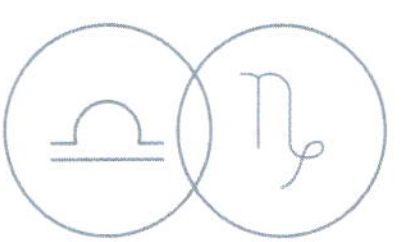

Waage und Steinbock

Erst ist der Steinbock fasziniert von der sinnlichen Waage, die optimistisch und fröhlich ist und jeden mit ihrem Esprit mitreißt. Doch bald muss er bemerken, dass ihm die Welt der Waage doch sehr fremd ist, dass er sich in ihr eigentlich nicht wirklich zurechtfindet.

Er will nach seinen Gesetzen leben, nicht nach der momentanen Laune wie die Waage, und ihre spontanen Einfälle verwirren ihn und stören seine Konzeption. Die Waage ihrerseits wird es spannend finden, dass jemand so stur ist und sich so wenig von ihren Reizen beeindruckt zeigt wie der Steinbock. Das ist eine Herausforderung für sie, dieser Steinbock muss doch auch zu knacken sein! Hat die Waage dann auch in ihm ein williges Opfer, das sie bewundert, verliert sie schnell das Interesse an ihm und seiner durchreglementierten Welt.

Die Chancen für eine glückvolle Verbindung dieser beiden Tierkreiszeichen sind eher schlecht.

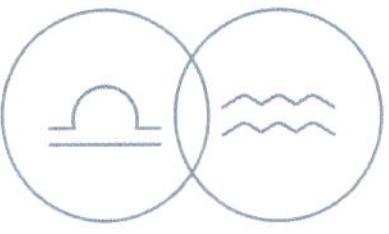

Waage und Wassermann

Eine ideale Konstellation: Die Waage und der Wassermann haben eine Menge Gemeinsamkeiten und Berührungspunkte. Ihre Begegnung wird wie ein nächtliches Feuerwerk stattfinden: Sprühend, farbenprächtig, faszinierend.

Gemeinsam werden sie Luftschlösser bauen und Pläne schmieden, sie werden reisen, feiern, gut essen, sie werden einander in kameradschaftlicher und zärtlicher Liebe verbunden sein und es wird zwischen ihnen immer wieder, auch noch nach Jahren, knistern. Einziges Konfliktpotenzial kann die Unorganisiertheit des Wassermanns darstellen, die nichts mit der Spontaneität der Waage zu tun hat. Aber die positiven Aspekte dieser Beziehung überwiegen so sehr, dass die Waage über diesen Fehler großzügig hinwegsehen kann. Apropos hinwegsehen: Ein besonderer Vorteil dieser Konstellation ist auch der, dass der Wassermann viel zu großzügig und weltoffen ist, um der Waage wegen ihrer ständigen Flirtbereitschaft Vorwürfe zu machen. Eine ideale Kombination, ein flirrendes, köstliches Abenteuer.

Eine fruchtbare und kreative Liebe, eine phantasievolle und abenteuerliche Beziehung, ein Leben voll Spannung und Zuneigung erwartet Waage und Wassermann.

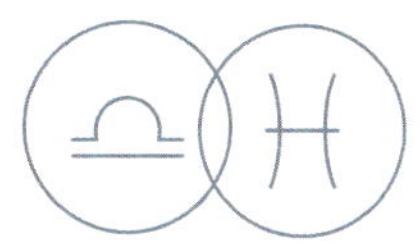

Waage und Fische

Wenn die Waage auf einen Fische-Geborenen trifft, wird sie zunächst einmal nicht Feuer fangen. Zu bürgerlich erscheint ihr dieser zurückhaltende Mensch. Es sei denn, sie hat gerade eine Krise, da kommen ihr die verständnisvollen Fische, die sich selbst nicht in den Mittelpunkt stellen, sehr gelegen. Sie werden sie blind bewundern und sich um sie kümmern, und wie dankt es ihnen die Waage? Sie wird bei ihnen verweilen, wenn sie müde und erholungsbedürftig ist, doch sobald sie bei Kräften ist, werden sie ihr zu langweilig sein. Eigentlich traurig, denn die Waage wäre mit Fischen gut beraten. Doch seit wann handeln Waagen vernünftig? Die Fische müssen schon sehr robust sein, um neben der Waage bestehen zu können. Kommen sie damit zurecht, dass die Waage mehr Bewunderer braucht, dann kann die Sache auch klappen. Immer vorausgesetzt, die Fische haben auch Lust, sich mit ihrer tiefen Sensibilität der Oberflächlichkeit der Waage auszusetzen.

GLÜCKSSTEIN DER WAAGE

Saphire und Türkise sind die Glückssteine der Waage. Sie sind unergründlich und exotisch, sie leuchten in den Lieblingsfarben der Waage: in blau bis grünblau. Falschen Schmuck mag sie gar nicht und bevor sie billige Imitationen trägt, nimmt sie lieber keinen Schmuck, obwohl Waagen besonders eitel sind.

BERUF

Troubadur, Kurtisane, Diplomat, Bohemien, Designer, Friseur

GASTGESCHENK

Über einen Strauß weiße Rosen, Jasmintee, Meditationsmusik oder eine Schachtel ausgesuchte Schokoladenspezialitäten sollte sich eine Waage eigentlich freuen.

BERÜHMTE WAAGEN

Watteau, Giuseppe Verdi, Camille de Saint-Saens, Franz Liszt, Conrad Ferdinand Meyer, Eleonora Duse, Freddy Quinn, Udo Jürgens, Walter Matthau, Sarah Bernhardt, Brigitte Bardot, Rita Hayworth, Anita Ekberg, Louis-Philippe der Bürgerkönig, Lech Walesa, Paul von Hindenburg, Dwight D. Eisenhower, Mahatma Gandhi, Friedrich Nietzsche, Sabine Wimmer, Graham Greene, Oscar Wilde, Luis Trenker, William Faulkner, Georg Büchner, Heinrich von Kleist

EXTREMER TIEFENFORSCHER – BOHRENDER HINTERFRAGER

Der Skorpion ist eines der oft verkannten Tierkreiszeichen. Skorpione gelten als egoistisch, starrköpfig, unwirsch. Das kann natürlich daher rühren, dass Skorpione eher unangepasst sind und gegen den Strom schwimmen. Skorpione sind aber auch Pragmatiker, anpassungsfähig und intelligent. Sie können sehr extrem leben, denken und sich ernähren. Bei Menschen, die bis zum Ende ihrer Schulzeit nur Vollkornreis und Mineralwasser oder täglich zweimal Thunfischpizza aßen, ohne jemals krank zu sein, kann es sich nur um Skorpione handeln. Skorpione hassen es, zu etwas gezwungen zu werden. Wer einen Skorpion vor die Entscheidung „entweder – oder“ stellt, beißt sich an ihm die Zähne aus. Ein Skorpion hat keinerlei Interesse, es allen recht zu machen, verbiegen sich aber kurzfristig, um ihre Ruhe zu haben – der Rekrut, der mit dem Kommentar „Die paar Monate halt ich das hier schon aus“ auf seine Zeit beim Heer zugeht, ist sicher ein Skorpion. Es ist Skorpionen ganz egal, was die anderen denken, sie verschwenden wenig Energie in diplomatische Bemühungen – man könnte auch sagen: Sie können sich sehr gut abgrenzen – und ziehen ihren Stil durch, auch in der Mode übrigens. Sie wissen, was ihnen steht, und handeln danach. Oft sind Skorpione die Trendsetter in ihrem Freundeskreis – und sei es, dass der Trend darin besteht, eben keine Designerklamotten zu tragen.

Er ist nie von sich überzeugt, will ständig besser werden, noch mehr arbeiten und seine Mitbewerber ausstechen.

Hartnäckigkeit ist eine ihrer hervorstechenden Eigenschaften. Ein Skorpion lässt sich nicht durch eine lange Rede von einer Frage bringen, die er einmal gestellt hat, er merkt es, wenn ihm jemand ausweicht und legt den Finger auf den wunden Punkt … des anderen. Doch er teilt nicht nur bei anderen aus: Mit seinen eigenen Leistungen ist der Skorpion niemals zufrieden. Skorpione wirken oft finster, hintergründig, ja dämonisch – die klassischen Rollen von Alain Delon.

Hier mag sich ihr Herrscher Pluto zeigen, der römische Gott der Unterwelt und des Todes. Und das muss man Skorpionen lassen: Sie haben keine Angst davor, genau hinzusehen. Auch wenn das, was sie dabei entdecken, mit dem Tod zu tun hat. Sie sind die Jäger, die wissen, was sie anrichten, wenn sie ein Tier erlegen.

DER SKORPION UND SEINE MITMENSCHEN

Ein Skorpion interessiert sich hauptsächlich für sich selbst. Dann kommt lange nichts, dann wieder er, und dann vielleicht ein anderer, um den sich der Skorpion dann auch lange bemüht. Denn wenn er einmal beschließt, Freunde haben zu wollen oder sich auf eine Beziehung, wie auch immer sie geartet sein mag, einzulassen, ist er hinreißend, charmant, liebevoll und in jeder Beziehung einzigartig.

Was das Zusammenleben mit einem Skorpion für manche Menschen sehr erleichtert: Bei einem Skorpion weiß man immer, woran man ist. Er verstellt sich nicht, spielt keine Spielchen, und was noch schöner ist: Er lässt sich nicht überfahren. Er ist dabei sensibel und gefühlvoll und hat wie alle Wasserzeichen eine ausgeprägte Intuition, auf die er sich verlassen kann. Und wenn er den Dingen auf den Grund geht, schließt er sich selbst nicht aus. Im Gegenteil: Selbstanalyse bis zur Selbstzerfleischung, das ist Sache des Skorpions.

Der Skorpion ist ein Alpha-Tier, wie es im Buch steht. Er möchte im Mittelpunkt stehen, er will der Chef sein – allerdings kein strahlender Chef wie der Löwe, sondern eher einer im Hintergrund wie ein Padrone der Cosa Nostra. Im Gegenzug ist er aber hundertprozentig loyal zu Freunden und Familie. Wer einen seiner Lieben kränkt, verletzt oder bedroht, spürt bald, wie zornig der Skorpion werden kann. Für seine Umgebung geht er durchs Feuer. Er kann selbst aufbrausend und beleidigend werden, herumbrüllen und ganz schön ungerecht sein. Wehe aber, er selbst ist Opfer eines Wutanfalls oder wird ungerecht behandelt. Dann nämlich schmollt der Skorpion. Er redet nicht, ist kühl und distanziert, tut, als wäre ihm alles ohnehin egal, aber er bestraft alle um ihn herum mit Liebesentzug. Dabei kennt ein Skorpion kein Zurück. Versöhnen lässt er sich allerdings mit Humor. Er kann dann sogar über sich selbst lachen.

Im Familien- oder Freundesverband bestimmt der Skorpion, was passiert, wie es passiert und wo es passiert.

DER SKORPION UND SEINE GESUNDHEIT

Skorpione sind tüchtige und kräftige Menschen, die aber dazu neigen, Raubbau mit ihrer Gesundheit zu treiben. Alles, was sie machen, machen sie extrem. Sie essen leidenschaftlich gern, sie trinken und feiern nächtelang. Dann wieder beginnen sie mit Zehnkampftraining oder werden plötzlich zum Freestyle-Kletterer und verbringen ihre Zeit nur noch an Felsen hängend. Dauerlauf ist nichts für sie, viel eher wird man sie unter den Treppenläufern finden. Dazu kommt eine denkbar ungesunde Esskultur. Schwarzer Kaffee und eine Zigarette stellen ein typisches Skorpion-Frühstück dar, mittags wird ein Hamburger dazwischengeschoben, dafür geht's spät abends dann so richtig los.

Da wird Völlerei betrieben für zwei und das im wahrsten Sinne des Wortes. Skorpione essen oft doppelte Portionen, lieben alles Süße und Üppige und sind genau die Wesen, die man um ein Uhr nachts heißhungrig an der Würstchenbude antrifft. Neben der Gefahr, dass der Skorpion gelegentlich Übergewicht ansetzt, gibt es auch immer wieder Probleme mit dem Verdauungstrakt. Magen und Darm sind neuralgische Zonen des Skorpions, dazu hat er auch oft Probleme psychosomatischer Natur, denn der Skorpion schluckt gerne Probleme in sich hinein, wenn er niemanden hat, der mit ihm redet. Auch Alkohol stellt eine Gefahr für den Skorpion dar, denn was immer er tut, er tut es extrem. Und dabei sind Alkohol-Exzesse im Bereich der Möglichkeiten.

DER SKORPION UND DIE LIEBE

Der Skorpion ist sehr sinnlich. Er liebt es, das Leben zu genießen, ganz besonders in der Liebe. Wenn er den Partner oder die Partnerin gefunden hat, für die es sich lohnt – und oft gehen einer solchen Beziehung lange Kämpfe voraus –, dann steht einer großen und leidenschaftlichen Liebe nichts mehr im Weg. Er mag als Partner schwierig sein, denn er liebt es, zu dominieren. Er liebt ausschließlich und kompromisslos, aber auch sehr besitzergreifend. Ist man aber selbst stark genug, um sich auf einen harten und zähen, aber durchaus fruchtbaren Kampf einzulassen, kann man dem Skorpion Regeln und Grenzen beibringen – sofern man auch seine Grenzen akzeptiert.

Aushäusige Abwechslung seiner Partnerin oder seines Partners wird der Skorpion bestimmt nicht akzeptieren. Wenn er aber so einigermaßen darauf vertrauen kann – ganz sicher sein wird er sich nie –, dass sein Partner oder seine Partnerin treu zu ihm steht, dann kann man ein herrliches Leben mit ihm führen: Er sorgt für liebe Überraschungen, Geschenke, er erfindet die hübschesten Kleinigkeiten und die bezauberndsten Aufmerksamkeiten.

In der Sexualität ist er ein unermüdlicher und phantasievoller Liebhaber. Wenn die Sache sich nur schmusig, liebevoll und zärtlich anlässt, ist das zwar auch sehr schön, aber hin und wieder darf es ruhig deftiger sein. Skorpione werden sich nie zu gefügigen Werkzeugen ihrer Partner machen lassen. Und wenn sie von diesen noch so besessen sind, versklaven lassen sie sich nie. Dazu ist ihnen ihre Unabhängigkeit zu wichtig. Ein wichtiger Aspekt im Leben des Skorpions und in seinen Beziehungen ist der, dass der Skorpion in alles eingebunden werden möchte. Entscheidungen, die ohne ihn getroffen werden, akzeptiert er nicht, ganz egal, worum es sich handelt. Er will überall mitreden und mag es gar nicht, wenn er irgendwo – absichtlich oder unabsichtlich – ausgeschlossen wird.

Ob nun eine neue Vase für das Wohnzimmer angeschafft werden soll oder eine Urlaubsreise bevorsteht, Herr oder Frau Skorpion bestehen auf ihr Mitspracherecht.

Der Skorpion will auch stolz sein auf seinen Partner oder seine Partnerin. Das bringt manchmal eine sehr ambivalente Einstellung zum Beruf des anderen mit sich: Mit einem Karrieretypen an seiner Seite fühlt sich der Skorpion oft vernachlässigt, er möchte, dass seine Liebste oder sein Liebster viel mehr Zeit mit ihm verbringt und sich gefälligst um seine Probleme kümmert, als auch am Wochenende womöglich noch eigenen Projekten nachzuhängen. Andererseits liebt Herr oder Frau Skorpion es, einen Partner zu haben, der sehr erfolgreich ist, denn das macht ihn stolz. An diesem Punkt, wird der Skorpion ein Leben lang hin- und herschwanken, ohne sich für eine Perspektive zu entscheiden und vor allem, ohne wirklich mit seiner Situation zufrieden zu sein. Auf jeden Fall ist der Skorpion aber ein Familienmensch, und wenn er den richtigen Partner gefunden hat, macht man ihn am allerglücklichsten, wenn man mit ihm – oder eben mit Frau Skorpion – eine Familie gründet.

Menschen, die einen pflegeleichten Partner suchen, sollten sich nicht mit Skorpionen einlassen. Erst im vorgerückten Alter werden sie ein bisschen kompromissbereiter.

DER SKORPION UND SEINE PARTNER

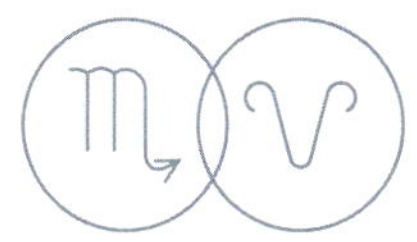

Skorpion und Widder

Hier treffen zwei Kämpfernaturen aufeinander, wobei ihre Art sowohl zu kämpfen als auch mit Verletzungen und Niederlagen umzugehen, sehr unterschiedlich ist. Der Widder ist ganz Angriff und los geht's, der Skorpion ist eiskalt, zugleich ekelhaft nachtragend und nervtötend gleichgültig. Wenn zwei dermaßen energiegeladene Zeichen aufeinandertreffen, dann können sie naturgemäß der Welt ein Bein ausreißen – wenn sie es gemeinsam tun. Viel öfter aber werden Widder und Skorpion ihre Kräfte aneinander vergeuden, in einem sinnlosen Kampf, bei dem es keinen Gewinner gibt, sondern zwei Verlierer. Schaffen sie es, einander nicht aufzureiben, können sie eine hervorragende Symbiose bilden: Der hartnäckige, geduldige Skorpion kann den überschäumenden, ungeduldigen Widder ein wenig einbremsen, während der Widder den Skorpion davor bewahren kann, sich in fixen Ideen zu verlieren und zu verzetteln.

Zwei ebenbürtige Gegner, die einander so wunderbar ergänzen könnten, es aber meistens nicht tun.

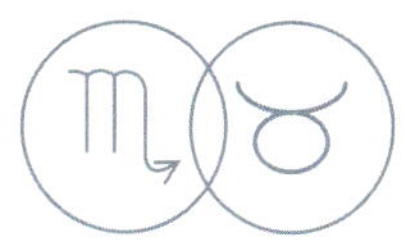

Skorpion und Stier

Sie wirken sehr anziehend aufeinander, denn sie sind so gegensätzlich: Der Stier in seiner Erdverbundenheit, der nach einem gemütlichen Eigenheim sucht und gerne seine bodenständigen sinnlichen Gelüste auslebt, und der Skorpion, der immer ein bisschen erdabgewandt ist, der sich immer den metyphysischen Dingen näher fühlt als dem Kartoffelbeet des Stiers. Die Beziehung kann sehr gut klappen, denn die beiden reiben sich – sofern man das Anderssein des Partners akzeptiert – nicht aneinander und können sich durchaus positiv befruchten. Beide sind sehr besitzergreifend, beide möchten den jeweils anderen einnehmen, sich zugleich aber auch diesem Zugriff entziehen. Das führt zu einem harmonischen, anregenden Energieaustausch, der nie langweilt. Schwierig kann die Angelegenheit werden, wenn Kinder da sind: Beide, Stier und Skorpion, wollen dann auch die Kinder besitzen, und da kann es zu Konkurrenzkämpfen kommen. Der Stier geht auch in dieser Beziehung den geradlinigen Weg, der Skorpion hingegen versucht subtiler, seine Macht auszuspielen.

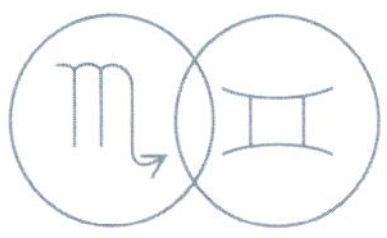

Skorpion und Zwillinge

Hier geraten zwei sehr ähnliche Charaktere aneinander, beide voll Neugier und auf der Suche, doch der Skorpion ist ein Zweifelnder, und die Zwillinge sind schnell einmal mit einem Ergebnis bei der Hand und legen keinen gesteigerten Wert darauf, mehr in die Tiefe zu gehen. Eigentlich bevorzugen sie leichte und flockige Light-Erotik. Dazu kommt, dass der Skorpion – egal ob Mann oder Frau – sehr dazu neigt, die Zwillinge zu kritisieren, denn man will ja gerne einen – nach eigener Anschauung – perfekten Partner. Dieses Gemeckere reicht dem Zwilling bald einmal, denn er hat überhaupt keine Lust, sich in irgendeiner Weise zu ändern. Und schon geht die Beziehung den Bach hinunter und keiner ist wirklich unglücklich darüber, denn trotz der Ähnlichkeit im Charakter hat man gewisse trennende Elemente ja schon von Beginn an gespürt.

In der Erotik sind die Zwillinge zunächst einmal sehr angezogen von der starken Sexualität, die der Skorpion ausstrahlt, doch diese Triebhaftigkeit kann sie auch erschrecken.

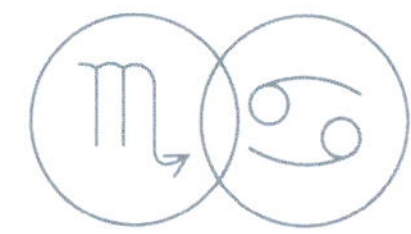

Skorpion und Krebs

Eigentlich ist diese Konstellation auf den ersten Blick nicht sehr empfehlenswert, doch können hier tatsächlich Überraschungen passieren: Verblüffend häufig ist der Skorpion so verliebt in den Krebs, dass er auf seine seltsame sture und ruppige Art verzichtet und ganz Aufopferung und Liebe ist. Und der Krebs lässt sich gerne in die Arme nehmen von diesem verwegenen Skorpion, der plötzlich so samtweich ist. Ein einziges Problem könnte sich aber trotz allem noch ergeben: Der Skorpion, stets bereit für erotische Vergnügungen, könnte den Krebs, für den die Sexualität nicht so sehr im Vordergrund steht, mit seinen erotischen Wünschen überfordern. Dann zieht sich der Krebs zurück und wartet auf das zärtliche Buhlen des Skorpions, der aber ist gekränkt, weil er sich zurückgewiesen fühlt, und verharrt schmollend.

Besser wäre es, sich gleich von Anfang an über die Vorlieben der Protagonisten zu einigen, dann kann es keine Unstimmigkeiten über Häufigkeit und Art der Sexualität geben.

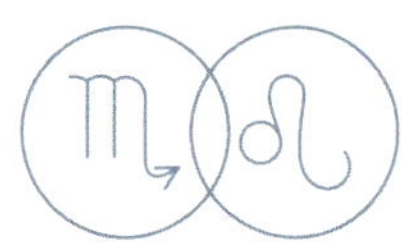

Skorpion und Löwe

In dieser Konstellation stoßen zwei unterschiedliche Formen der Macht aufeinander: Der Löwe will herrschen, fürstlich und stolz, und diesen Rang hat ihm gefälligst niemand streitig zu machen. Und dann kommt der Skorpion, der sich nicht einen Deut um die Insignien der Macht des Löwen kümmert, sondern sein eigener Herr ist und sich vom Löwen nicht einmal im Ansatz Vorschriften machen lässt. Das kann einfach nicht klappen, und derjenige, der vermutlich als erster resigniert, ist der Löwe, der mit Konkurrenz so überhaupt nicht umgehen kann. Darum ein Ratschlag an alle Löwen und Skorpione, die Gefallen aneinander finden: Gegen eine sexuelle

Beziehung ist absolut nichts einzuwenden, im Gegenteil. Die erotische Begegnung der beiden ist sinnlich, kraftvoll, selbstbewusst und bestimmt außergewöhnlich. Doch wenn man mehr will, zum Beispiel ein gemeinsames Leben, dann sollte man sich das wirklich sehr gut überlegen. Die Verbindung wird im Alltag oft wirken wie zwei positive Pole einer Batterie oder zwei Magneten, die aufeinandertreffen. Es gibt keine Annäherung, denn beide sind stur bis zur Verzweiflung. Drum Hände weg von einer ernsthafteren Verbindung, auch wenn es im Bett noch so schön ist!

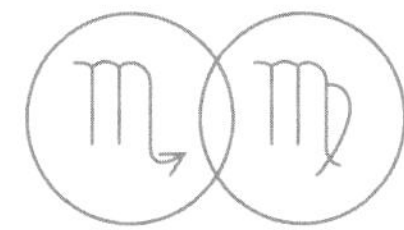

Skorpion und Jungfrau

Eine Beziehung der Unterschiede, wie sie größer kaum sein können. Die Jungfrau ist ängstlich darauf bedacht, dass alles nach Vorschrift und rechtmäßig läuft, dass nach außen hin der Schein gewahrt ist und ja nichts Unerwartetes eintrifft. Der Skorpion ist offen für alles, kümmert sich nicht um Konventionen und liebt das Abenteuer. Die Jungfrau langweilt ihn wahrscheinlich, weil sie ihm zu spießig ist. Und die Jungfrau kann den Skorpion vermutlich nicht ganz ernst nehmen, weil sie sein Revoluzzer-Gehabe als infantil missversteht. Eine starke Jungfrau allerdings, die auf einen gemäßigten Skorpion trifft – das hat Zukunft. Vor allem im sexuellen Bereich, denn der Skorpion hat Qualitäten, die auch die Jungfrau schwer beeindrucken. Schwierig kann es dann werden, wenn den Skorpion die Wanderlust packt und er sein Säcklein zu aufregenden Reisen schnürt. Denn entweder weigert sich die Jungfrau mitzukommen. Dann ist aber auch die Liebe dahin, denn für eine Fernbeziehung sind beide nicht geschaffen. Oder aber die Jungfrau opfert sich und zieht mit dem Skorpion mit. Dann aber wird sie zutiefst unglücklich sein und dem Skorpion ewig vorwerfen, ihr beschauliches Leben zerstört zu haben.

Eine Verbindung, die nicht wirklich auf Rosen gebettet ist.

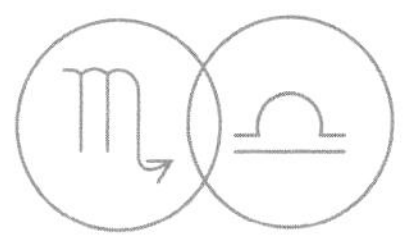

Skorpion und Waage

Hier treffen zwei Menschen aufeinander, die primär ein wichtiger Punkt vereint: ihre Sexualität. Sie lieben Abwechslung, sind phantasievoll und Erotik ist ihnen sehr wichtig. Die Schwierigkeiten lauern anderswo. Wenn der Skorpion der sorglosen Waage sein ausgeklügeltes Weltbild mit all seinen Reglements beizubringen versucht, wird sie sich mit Abscheu ab- und einem amüsanteren Kandidaten zuwenden. Während die Waage Konflikte weitgehend zu vermeiden trachtet, sind sie für den Skorpion – als typisches Marszeichen – die Würze des Lebens. Alles wird ausdiskutiert, bis ins kleinste Detail. Wenn die Waage dann ganz gerne einmal einen kleinen Ausflug in die Welt der Menschen unternimmt, die sich einfach nur an der Waage erfreuen wollen, so wie sie ist, wird der Skorpion eifersüchtig. Es ist also eine Frage, wie weit die Gemeinsamkeiten die Unterschiede überwiegen, und wie weit die Waage bereit ist, sich einem geordneten Leben – nämlich nach den Spielregeln des Skorpions – zu beugen. Eines steht fest: Langweilig wird diese Verbindung nie!

Beide zelebrieren gerne ihre Liebe und vergessen auch nicht, vorher und nachher ausgiebig und vom Feinsten zu essen und zu trinken.

Skorpion und Skorpion

Eine eher schwierige Beziehung, denn jeder der beiden Skorpione möchte dem anderen seine Vorstellungen aufdrücken. Und was ein richtiger Skorpion ist, der lässt sich nichts überstülpen. Die Kombination Skorpion–Skorpion ist also eine ewig, zermürbende, nervenzerfressende Pattstellung, ein Kampf, den keiner der beiden jemals gewinnen kann.

Und wenn sie noch so innig miteinander sind, irgendwie werden sie einander immer belauern, sie werden einander nie ganz trauen, und jeder wird versuchen, ein kleines bisschen mehr Macht über den anderen zu bekommen. So werden zwei Skorpione einander umkreisen und sich dabei ständig scharf beobachten. Die einzige realistische Chance, die diese Kombination hat, ist eine Beziehung im fortgeschrittenen Alter, denn dann hat sich die Hitze der beiden Skorpione schon etwas gelegt, und sie können dem anderen gegenüber mehr Großmut ausüben. Ansonsten: Wer an seinen Nerven hängt, sollte diese Beziehung tunlichst vermeiden.

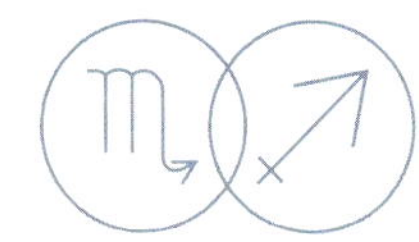

Skorpion und Schütze

Zwei abenteuerliche Idealisten begegnen einander und verstehen sich zunächst einmal gut miteinander, um dann festzustellen, dass ihre idealistischen Ansätze eigentlich gar nicht wirklich verbindend sind. Da ist einmal der Skorpion, der stur und unbeirrbar seine Maximen lebt. Und dann ist da der Schütze, immer bestrebt, dazuzulernen und neue Welten zu entdecken. Und ein ganz entscheidender Punkt: Schützen – egal ob Männer oder Frauen – lieben ihre Freiheit über alles und wollen sich nicht an die Leine legen lassen, und sei es auch eine goldene. Und Skorpione – egal ob Männer oder Frauen – sind besitzergreifend und eifersüchtig und wollen, dass ihr Partner ihnen über jeden Schritt Rechenschaft ablegt. Den Schützen wird diese Art der Kontrolle bald verdrießen und er wird seiner Freiheit nachweinen. Das wiederum bringt den Skorpion zur Weißglut, denn tut er nicht alles, um dem Schützen den Himmel auf Erden zu bereiten?

Wie auch immer, man wird sich rasch einig, wenn auch nur für kurze Zeit. Und zwar im Bett, denn da ist alles eitel Wonne.

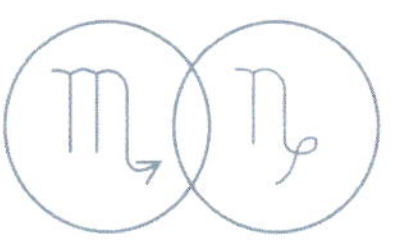

Skorpion und Steinbock

Eine merkwürdige Sache. Ein Skorpion trifft auf einen Steinbock – und ist zunächst einmal begeistert. Endlich ein zuverlässiger Mensch, der seinen Prinzipien treu ist, endlich einmal ein Typ mit Rückgrat, der nicht sein Fähnchen nach dem Wind hängt. Doch schon nach einiger Zeit wird ein ziemlich großes Problem auftauchen: Sowohl der Skorpion als auch der Steinbock haben ein sehr fest gefügtes Weltbild. Und jeder von ihnen ist davon überzeugt, dass seines das einzig Richtige ist. Da wird diskutiert und gestritten und da wird vor allem keinen Millimeter nachgegeben. Auf keiner Seite.

Beziehungen zwischen Skorpion und Steinbock gehen meistens sehr schnell in die Brüche, wobei sich später kaum jemand erinnern kann, was der Grund des endgültigen Streits war. Man weiß nur noch, dass keiner bereit war, sich zu versöhnen.

Beide sind streitlustig und unnachgiebig, und keiner sieht ein, warum ausgerechnet er den ersten Schritt zur Versöhnung machen sollte.

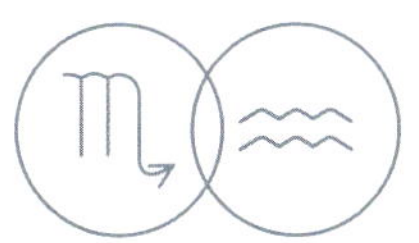

Skorpion und Wassermann

Wassermänner können Skorpione faszinieren, bis diese bemerken, dass deren Widerspruchslosigkeit nicht echt ist. Sobald es um fundamentale Themen geht, muss der Skorpion akzeptieren, dass der Wassermann keineswegs alles schluckt. Auch der mangelnde Ordnungssinn des Wassermanns schafft Probleme: Der Skorpion ist zwar nicht penibel, aber er schätzt es, wenn alles genau dort ist, wo er es braucht. Das Zusammenleben mit einem Wassermann, bei dem alles prinzipiell dort ist, wo er es am wenigsten vermutet und daher auch niemals sucht, ist für den Skorpion so etwas wie eine Vorhölle. Da nützt auch der gemeinsame Spaß an der Erotik nichts, da hilft nur eines: Eine tüchtige Haushaltshilfe muss her! Ansonsten haben die beiden viel Spaß miteinander. Beide sind sinnliche, phantasievolle Menschen, die gerne ihren Idealen nachhängen und Luftschlösser bauen. Der Wassermann schätzt am Skorpion, dass er doch einen gewissen Bezug zur Realität hat. Der Skorpion findet die unkonventionelle Art des Wassermanns aufregend. Ob das allerdings für ein gemeinsames Leben reicht, ist fraglich.

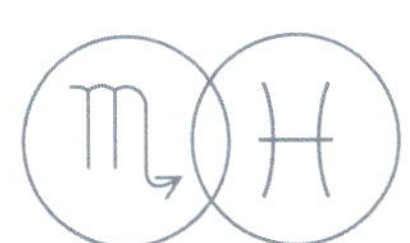

Skorpion und Fische

Eine nette Beziehung, der es an Erotik, an Temperament, an Herausforderung mangelt, die aber freundschaftlich, ruhig und unspektakulär ist. Was der Skorpion nur leider nicht sehr schätzt. Die Fische unterwerfen sich mit größter Wahrscheinlichkeit dem Skorpion komplett und ohne Widerspruch. Glücklich, jemanden gefunden haben, der alle Schwierigkeiten des Lebens auf sich nimmt, der nicht nur vor dem Finanzamt und dem Elternsprechtag keine Angst hat, sondern sogar ein soziales Leben organisieren kann, sind die Fische tief beeindruckt. Der Skorpion erkennt seine Chance, das Alpha-Tier zu spielen, und nimmt die Zügel in die Hand. Das geht genauso lang gut, solange der Skorpion noch Spaß daran hat, den Fischen seine Souveränität zu demonstrieren. Sobald ihn das langweilt, ist er auf und davon, denn eigentlich mag er starke Menschen um sich, an denen er sich reiben kann, denn daraus bezieht er schließlich neue Energien.

GLÜCKSSTEIN DES SKORPIONS

Mondsteine sind die Glückssteine des Skorpions, obwohl sie im Allgemeinen kaum Schmuck tragen. Weibliche Skorpione tragen auch Silber, doch männliche sind selten dazu zu bewegen, irgend etwas Schmuckähnliches zu tragen, obwohl sie nicht uneitel sind.

BERUF

Soldaten, Jäger, Pathologen, Pharmazeuten, Chemiker, Giftmischer und Tollkühne aller Art, auch Piraten, Graveure, Radierer, Okkultisten und Parapsychologen, Physiker

GASTGESCHENK

Über einen Strauß Maiglöckchen, ein Kochbuch aus der Hexenküche, eine Flasche trockenen Rotweins, eine Mischung Käsegebäck sollte sich ein Skorpion eigentlich freuen.

BERÜHMTE SKORPIONE

Georges Danton, Voltaire, Auguste Rodin, Pablo Picasso, Martin Luther, Henry Miller, Indira Gandhi, Schah Reza Pahlewi, Marie Antoinette, Charles de Gaulle, Felix Graf Moltke, Prinz Charles von England, Robert Kennedy, Marie Curie, Niccolo Paganini, Paul Hindemith, Georges Bizet, Curt Götz, Katherine Hepburn, Burt Lancaster, Alain Delon, Grace Kelly, Joseph Goebbels, Charles Manson

OPTIMISMUS UND BEGEISTERUNG – IMPULSIVER PHANTAST

Der Schütze ist ein lebensbejahender, fröhlicher Mensch, der geradlinig und offenherzig seine Meinung kundtut, auch wenn sie nicht jedem ins Konzept passt. Der Schütze-Mensch steckt voll Feuer – nichts, was er tut, macht er halbherzig. Er ist immer voll Begeisterung bei der Sache. Er ist aufgeschlossen und an allem interessiert, immer bereit, etwas Neues zu lernen und das Gelernte auch gleich wieder-zugeben. Andererseits ist der Schütze impulsiv, leicht erregbar und aufbrausend. Seine Wutausbrüche stehen oft in keiner Relation zum Anlass, doch ist er auch schnell wieder versöhnt und strahlt seinen gewohnten Optimismus aus, mit dem er alle um ihn herum verzaubern kann.

Der Schütze kann den kältesten Wintertag mit einem Lächeln wohlig warm machen, er ist hilfsbereit und voll Mitgefühl für andere. Schützen sind großzügig und das Gegenteil von spießbürgerlich. Als Freunde sind sie die typischen Pferdestehler. Da der Schütze zum Jähzorn neigt, gibt er im ersten Aufflackern der Wut immer wieder Dinge von sich, die er eigentlich gar nicht so gemeint hat. Da tut es gut, wenn er von Freunden umgeben ist, die nicht nachtragend und ihm nicht böse sind. Denn der Schütze hat es sicher nicht böse gemeint, er ist einfach nur dieses kleine Bisschen ehrlicher als alle anderen … und so ganz unrecht hatte er ja eigentlich nicht.

Auch höfliche Lügen sind dem Schützen ein Gräuel, Diplomatie ist für ihn ein Fremdwort, und daher fühlt er sich am wohlsten, wenn er irgendwo, wo es ihm gut geht, vorzugsweise in seinen eigenen vier Wänden, liebe Freunde empfangen kann, in einer Atmosphäre, in der er sich nicht verstellen muss.

Zu seinen Lieblingssätzen gehört „Ich bin nicht man“, wenn er aufgefordert wird, sich an Konventionen zu halten, einfach weil „man das so macht“.

Der Schütze ist ein richtiges Stehaufmännchen. So tief die Grube auch ist, in die er stürzt, er klettert immer wieder voll Tatendrang und Optimismus daraus hervor. Nichts kann ihn wirklich zerstören, er ist zäh und hartnäckig, ein Kämpfer, den nichts zur Verzweiflung bringen kann.

Und wenn die Lage noch so trist aussieht, der Schütze lässt sich nicht dauerhaft deprimieren. Er spricht sich selbst Mut zu und stürzt sich auch schon in den nächsten Abschnitt seines aufregenden Lebens. Hindernisse sind für den Schützen dafür da, um umgangen oder übersprungen zu werden, und er findet immer einen dritten Weg, wenn die Situation ausweglos erscheint.

DER SCHÜTZE UND SEINE MITMENSCHEN

Der typische Schütze ist ein Meister des Understatements und hasst nichts mehr, als seine eigenen Vorzüge anpreisen zu müssen. Als Vorgesetzter oder Kollege ist er beliebt, weil er frei von jeder Machtgier ist und niemandem gegenüber den Chef herauskehrt. Wer einmal mit ihm zu tun hatte, wird immer wieder gerne auf diesen optimistischen, tüchtigen und unprätentiösen Mitarbeiter zurückgreifen.

Der Schütze ist ein zuverlässiger Kumpel, mit dem man durch dick und dünn gehen und auf den man sich in jeder Situation verlassen kann. Außerdem ist es mit ihm niemals langweilig. Ein kleiner Spaziergang mit dem Schützen wird leicht zu einer Abenteuerreise. Er steckt voller Ideen und sprüht vor Phantasie.

Frisch und fröhlich und gänzlich unverdrossen kämpft sich der Schütze durch Berge von Arbeit, fällt spätnachts todmüde ins Bett und erzählt trotzdem jedem, den es interessiert, was für ein feiner Tag das nur wieder war. Es ist unmöglich, in der Nähe des Schützen missmutig und deprimiert zu sein, sein sprühender Geist und seine positive Einstellung zu allen Dingen des Lebens reißen mit und geben Kraft.

Der Schütze sammelt skurrile und ungewöhnliche Menschen, die oft gar nicht zu den Vorstellungen der anderen passen.

Er ist auch völlig frei von Berechnung, was seinen Umgang mit Menschen betrifft: Er wird nie Lobbyareit betreiben, um sich daraus irgendwelche Vorteile zu verschaffen, im Gegenteil: Durch sein gutes Herz bedingt, tendiert der Schütze eher zu gesellschaftlichen Verlierern als zu Siegertypen. Seine Freundschaft ist ehrlich und ohne Hintergedanken, darum ist es umso ehrenvoller, die Freundschaft eines Schützen zu gewinnen.

Bei seiner Berufswahl ist der Schütze immer ein wenig hin- und hergerissen zwischen dem Wunsch nach Sicherheit einerseits und dem Drang nach Unabhängigkeit und Eigenverantwortung andererseits. Vor allem ist er der geborene Lehrer und Prediger, hasst aber Abhängigkeit.

DER SCHÜTZE UND SEINE GESUNDHEIT

Der Optimismus des Schützen und der damit gepaarte Leichtsinn – Es wird schon gutgehen! – können gelegentlich gesundheitsgefährdende Auswirkungen haben. Auch ihre Zerstreutheit bringt die Schützen oft in gefährliche Situationen, sie haben mehr Unfälle als andere Tierkreiszeichen.

Ihre Sorglosigkeit kann fatal enden, egal ob das nun den Sport betrifft oder ihren Umgang mit Fahrzeugen oder Küchengeräten – Schütze-typen sind so sehr von ihrem Glücksstern überzeugt, dass sie mit vielen Dingen einfach unvorsichtig umgehen.

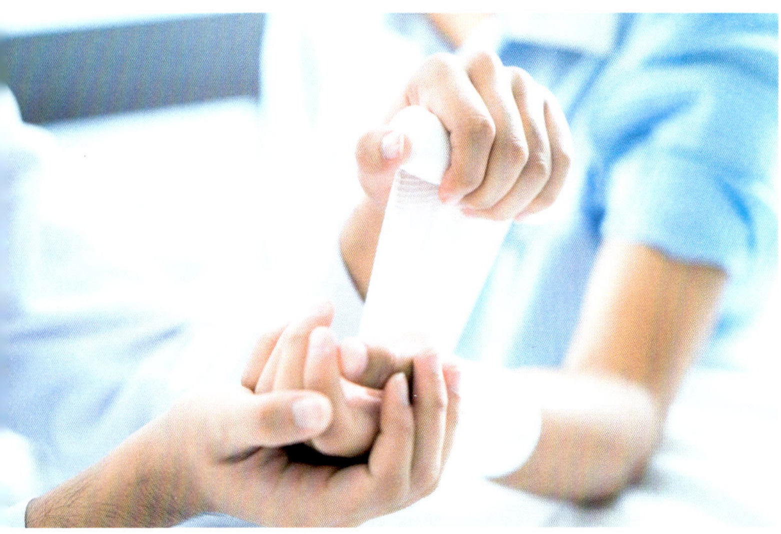

Doch wenn er sich für eine Beziehung entscheidet, dann steht er auch dazu – und sein Partner beziehungsweise seine Partnerin wird den Schützen zu schätzen wissen. Der Schütze ist umgänglich und trifft sich gerne mit Freunden des Partners, ebenso gemütlich ist aber auch ein Wochenende mit dem Schützen allein im eingeschneiten Häuschen, mit einem gefüllten Kühlschrank und einem offenen Kamin. Das ist auch schon ein weiterer Pluspunkt des Schützen: Er ist sehr flexibel und stellt sich blitzschnell auf neue Situationen ein, das heißt, ein Leben mit ihm wird nie ein Leben nach Plan sein. Und wenn es ihm oder seinem Partner im verschneiten Häuschen trotz Kamin doch zu kalt wird, bucht er ohne viel Federlesens eine Reise in die Karibik. Die Badekleidung wird dann eben vor Ort besorgt.

Er ist großzügig und lässt Freiräume, er setzt vollstes Vertrauen in seinen Liebsten oder seine Liebste, und sein größter Wunsch ist nicht, einen anderen Menschen zu besitzen und durch diesen Besitz glücklich zu werden, sondern dem anderen ein feines Leben zu bereiten.

Dazu kommt, dass viele Schützen keinerlei Zusammenhang zwischen den Außentemperaturen und ihrer Kleidung herstellen können. Am kältesten Wintertag hüpfen Schützen in dünnen Hüllen durch die Straßen und sind verblüfft, warum mit dem Schnee auch gleich immer Kälte einhergehen muss. Dafür packt der Schütze für den Urlaub in Süditalien drei dicke Wollpullover ein, die er dann – ihrer überdrüssig – einfach verschenkt. Sollten Sie also in einem heißen kalabresischen Dorf ein besonders hohes Aufkommen an dicken Schafwollpullis bemerken, können Sie davon ausgehen, dass hier vor kurzem Schützen Urlaub gemacht haben. Schützen gehen mit ihrer Gesundheit so um, als hätten sie noch eine in Reserve zu Hause liegen. Später bereuen sie dann diesen sorglosen Umgang, aber im Grunde hilft ihnen ihr optimistisches Wesen sogar über ihre Venenprobleme hinweg.

DER SCHÜTZE UND DIE LIEBE

Der Schütze ist ständig auf der Pirsch und beherrscht alle Regeln des Spiels. Er ist neugierig und an allem interessiert, inklusive neuen Liebespartnern. Auch in dieser Beziehung ist er allerdings sehr ehrlich und wenn er das Interesse an einem Gespielen verliert, sagt er ihm das auch ganz offen. Um sich dann ganz offen dem nächsten Objekt der Begierde zuzuwenden.

Ebenso problemlos reagiert er auf Umstellungen des Lebensplans. Er ist der Letzte, der paralysiert ist vor Schreck, wenn er erfährt, dass ein Kind erwartet wird, dass die Schwiegereltern für zwei Wochen kommen oder dass man dringend umziehen muss in ein Land, dessen Sprache dem Schützen völlig unbekannt ist. Der Schütze wird zustimmen und sich vorsichtshalber erst einmal freuen. Und dann anfangen, diese Sprache zu lernen. Und mit dieser Einstellung gelingt es ihm auch fast immer, dass wirklich alles schön, gut und erfolgreich wird, eine Kunst, um die ihn die anderen, weniger optimistischen Vertreter des Tierkreises oft beneiden.

Ebensogut kommt der Schütze auch damit zurecht, wenn ihn der geliebte Partner verlässt – zumindest nach außen. Natürlich ist er gekränkt, aber schon bald sieht er diesen Verlust als Chance, ein neues Glück zu treffen. In der Tat beneidenswert!

Das Einzige, was dem Schützen wirklich die Laune vermiesen kann, ist, wenn ihn jemand anketten oder einsperren will.

Gerät Herr oder Frau Schütze an einen Partner, der glaubt, das Alleinseligmachende ist fürderhin ein Leben ausschließlich zu zweit ohne irgendwelche anderen sozialen Kontakte, dann verdrießt das den kommunikativen Schützen zutiefst. Wenn er dann auch noch über jeden Schritt, den er tut, Rechenschaft ablegen muss, verärgert ihn das vollends, denn er vertraut ja auch dem anderen, und dieses Vertrauen verlangt er auch für sich.

Für die meisten Menschen ist es aber die reine Freude, mit einem Schützen zusammenleben. Ein Leben, das niemals langweilig ist, sondern voller Überraschungen steckt, in dem es manchmal ein wenig laut wird, aber meistens nicht im Streit, sondern weil so herzlich gelacht wird.

DER SCHÜTZE UND SEINE PARTNER

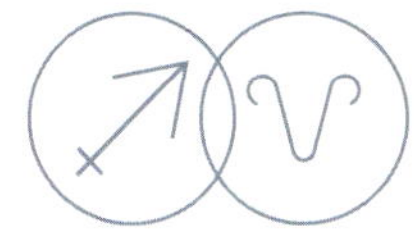

Schütze und Widder

Eine gelungene Kombination. Beide verbindet ihr reger Geist und ihr leidenschaftliches Naturell. Egal ob in der Sexualität oder im täglichen Zusammenleben: Hier sprühen die Funken nur so. Kein Tag ohne geistige und körperliche Herausforderung, keine Nacht ohne herzerfrischenden Sex. Widder und Schütze sind einander kongeniale Partner und das wissen sie auch. Deshalb wird auch keiner der beiden versuchen, die Macht an sich reißen zu wollen. Sie respektieren und bewundern einander, und wenn es einmal zu einer Krise kommt, dann kann sie schnell und fair gemeistert werden, denn sogar im Streit werden Widder und Schütze freundschaftlich und voll Respekt miteinander umgehen. Eine Beziehung, die man sich nur vom ganzen Herzen wünschen kann und die auch Dauer haben wird.

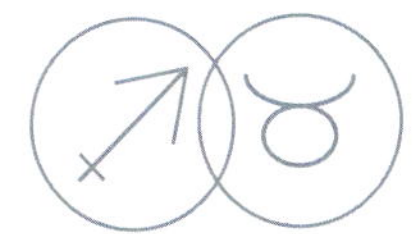

Schütze und Stier

Eigentlich eine sehr vielversprechende Kombination, denn der Stier bietet dem Schützen, was er selbst nicht hat: einen Flecken, auf den er sich zurückziehen kann, wenn er von der großen weiten Welt genug hat. Und der Schütze bietet dem Stier seine Hand und nimmt ihn mit in Welten, die der Stier allein niemals erforscht hätte. Schützen tun den Stieren gut, denn der doch etwas enge Stier-Horizont wird durch den Schützen auffallend erweitert. Möglicherweise gibt es anfangs Differenzen, denn natürlich sträubt sich der Stier zunächst gegen die Reiselust des Schützen. Eigentlich hatte er es sich ja schon so gemütlich gemacht, und dann kommt dieser Schütze und will ihn weiß Gott wohin mitschleppen. Aber wenn er auf den Geschmack kommt, weiß er, dass er beim Schützen immer die Geborgenheit findet, die er mit seinem Häuschen verlassen hat. Und der Schütze? Er liebt es, sein müdes Haupt in den umsorgenden Stierschoß zu betten.

Eine harmonische Beziehung, in der ein sehr ausgewogenes Geben und Nehmen im Vordergrund steht.

Schütze und Zwillinge

Hier herrscht Faszination auf den ersten Blick. Die Zwillinge sind vom Schützen beeindruckt, denn der hat den Tiefgang gepachtet, der den Zwillingen in der Regel fehlt. Und der Schütze bewundert die Leichtigkeit, mit der Zwillinge ihr Leben und auftauchende Konflikte meistern. Doch mit der Zeit, wenn die erste Begeisterung abflaut, kann die Sache ein wenig schal werden. Irgendwie kommt da nichts mehr nach und auch die Innigkeit, die liebende Paare so gerne auch nach außen demonstrieren, bleibt weg. Da kommt man in getrennten Autos zu Partys, unterhält sich dort mit allen anderen, nur nicht mit dem eigenen Partner, und verlässt das Fest zu unterschiedlichen Zeiten. Oft kommen Zwillinge und Schütze nach einiger Zeit der nicht unangenehmen, aber auch nicht befriedigenden Liebesbeziehung darauf, dass sie ihre gemeinsamen Interessen genauso gut als Freunde ausleben können. Und Paare, die trotz Scheidung oder Trennung die besten Kumpel sind und weiterhin einen Teil ihrer Freizeit miteinander verbringen, sind oft Zwillinge und Schützen.

Schütze und Krebs

Zwei Welten prallen aufeinander: der häusliche Krebs, der am liebsten im Kreis der Familie in der heimischen Wohnstatt sitzt, und der Schütze, der liebend gerne die Welt kennenlernen und immer Neues erleben möchte. Der Schütze fühlt sich vom Krebs gehemmt und blockiert, der Krebs leidet unter dem rebellischen Temperament des Schützen und fühlt sich in seinem Sicherheitsdenken bedroht. Wie bei vielen anderen Konstellationen zwischen zwei eklatant unterschiedlichen Charakteren gilt auch hier: Natürlich kann es geschehen, dass die Liebe zueinander so groß ist, dass beide Partner bereit sind, ihr Naturell ein wenig zu zähmen – das heißt, der Krebs geht ein bisschen aus sich heraus und jammert nicht ständig über jede noch so kleine Veränderung, und der Schütze wird etwas häuslicher – dann kann die Partnerschaft sehr schön werden, weil man einander ergänzt und neue Horizonte eröffnet. Sehr wahrscheinlich ist das allerdings nicht.

Die Wahrscheinlichkeit, dass diese Beziehung Krisen überdauert, ist nicht sehr groß, denn man reibt einander zu sehr auf.

Schütze und Löwe

Beide, Löwe und Schütze, gieren nach Macht, doch jeder tut es auf eine andere Art. Der Löwe will Respekt für seine Position, der Schütze reklamiert Bewunderung für seinen Geist, seinen Intellekt, seine Ideen. Das kann gutgehen, muss aber nicht. Viel wahrscheinlicher ist es, dass die beiden so sehr damit beschäftigt sind, selbst an die Spitze zu kommen, dass sie auf den anderen gar keine Rücksicht nehmen können. Und das schlägt sich natürlich auch in der Alltagsbewältigung nieder. Die Sache kann klappen, solange alles eitel Sonnenschein ist, aber wehe, einer der beiden hat Sorgen, verliert seinen Job, erkrankt. Dann ist es sehr unwahrscheinlich, dass ihm der Partner – egal ob Löwe oder Schütze – hilfreich und voll Optimismus zur Seite steht, viel eher wird der Partner – wenn auch unbewusst – die Schwäche des anderen nützen, um die eigene Machtposition zu stärken.

Viele andere Tierkreiszeichen können sowohl aus dem Löwen als auch aus dem Schützen das Beste herausholen, gegenseitig sind sie dafür nicht begabt.

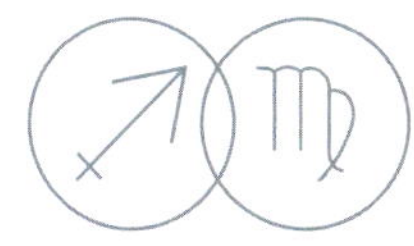

Schütze und Jungfrau

Zwei Paralleluniversen prallen aufeinander: Da ist auf der einen Seite die Jungfrau, die ängstlich bemüht ist, alles zu bewahren, konservative Werte zu schützen und keinerlei Neuerungen zuzulassen, und da ist auf der anderen Seite der Schütze, der sich keiner Tradition verschreibt, sondern ständig auf der Suche nach neuen Herausforderungen ist. Keine sehr zukunftsträchtige Geschichte. Der Schütze leidet darunter, dass die Jungfrau so penibel ist. Er fühlt sich in ihrer Bürgerlichkeit gefangen, schätzt aber auf der anderen Seite – was er nie zugeben würde – die Geborgenheit, die diese kleinkarierte Welt ihm bietet. Die Jungfrau leidet darunter, dass der Schütze großzügig, oder, wie sie meint, verschwenderisch ist und ihr in vielen weltanschaulichen Dingen in den Rücken fällt. Es ist ein Risiko, wenn sich Jungfrau und Schütze miteinander einlassen, und es wird sicher nicht reibungslos funktionieren, doch es kann auch sehr befriedigend und schön sein. Auf jeden Fall ist diese Kombination einen Versuch wert.

Eine viel bessere Form der Beziehung zwischen Jungfrau und Schütze wäre eine klassische Freundschaft, doch sobald Sexualität und Besitzansprüche dazukommen, wird es kompliziert.

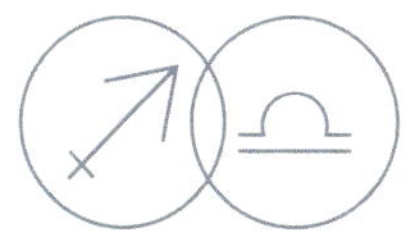

Schütze und Waage

Eine unterhaltsame Sache: Zwei Tierkreiszeichen mit dem gleichen Lebenshunger und dem gleichen Optimismus treffen aufeinander. Dass sie sich ineinander verlieben, liegt auf der Hand. Endlich einmal jemand, der genau so gern genießt, lebt und liebt. Man wird sich also zusammentun und ein amüsantes, lustvolles Leben führen, in dem Sorgen und Depressionen keinen Platz haben. Waagen und Schützen werden ihre Freunde vor allem damit verblüffen, wie viele Feste, Partys, Veranstaltungen, Vernissagen sie innerhalb einer kurzen Woche schaffen. Ob da noch Zeit für ein Gespräch zu zweit bleibt? Eher nicht. Aber das stört keinen, denn es gibt ja keine Probleme zu bereden. Oder vielleicht doch? Natürlich gibt es die, aber sowohl Waage als auch Schütze legen keinen gesteigerten Wert darauf, negative Aspekte ihrer Liebe anzusprechen. Doch um die Sache wirklich haltbar zu gestalten, muss der Schütze schon ein guter Dompteur sein, denn die Waage neigt sehr dazu, irgendwann einmal dorthin zu verschwinden, wo es auch lustig, aber neu ist.

Hat der Schütze die Begabung, die Waage fasziniert zu halten und möglichst wenig zu kritisieren, dann kann die Beziehung halten und vor allem sehr amüsant sein.

Schütze und Skorpion

Zwei Idealisten begegnen einander, verstehen sich zunächst einmal gut, um dann festzustellen, dass ihre idealistischen Ansätze eigentlich gar nicht wirklich verbindend sind. Da ist einmal der Skorpion, der seine Grundsätze eisern verfolgt und sich durch nichts vom Weg abbringen lässt, der keinerlei Wert auf die Meinung anderer legt, der stur und unbeirrbar seine Maximen lebt. Und dann ist da der Schütze, der ebenfalls seine Ziele verfolgt, allerdings dabei immer bestrebt ist, dazuzulernen und neue Welten zu entdecken. Und ein ganz entscheidender Punkt: Schützen – egal ob Männer oder Frauen – lieben ihre Freiheit über alles und wollen sich nicht an die goldene Leine legen lassen. Und Skorpione – egal ob Männer oder Frauen – sind besitzergreifend und eifersüchtig und wollen, dass ihr Partner ihnen über jeden Schritt Rechenschaft ablegt. Den Schützen wird diese Art der Kontrolle bald verdrießen und er wird seiner Freiheit nachweinen.

Das wiederum bringt den Skorpion zur Weißglut, denn tut er nicht alles, um dem Schützen den Himmel auf Erden zu bereiten? Wie auch immer, man wird sich rasch einig, wenn auch nur für kurze Zeit. Und zwar im Bett, denn da ist alles eitel Wonne.

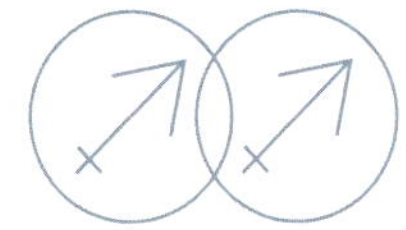

Schütze und Schütze

Eine herrliche Beziehung, die sich vor allem darin ausdrückt, dass die beiden Beteiligten einander ständig versichern, wie wunderbar und großartig sie eigentlich sind. Schütze und Schütze haben eindeutig die gleiche Wellenlänge, sie haben endlos viel Spaß aneinander, und es gibt eigentlich nichts, was die beiden auseinanderbringen könnte, sieht man von kleineren Reibereien ab, die entstehen, weil Schützen ja bekanntlich sehr freiheitsliebend sind und ihnen sogar die Zweierbeziehung zu einem Gleichgesinnten von Zeit zu Zeit zu einengend erscheint. Aber solche Anfälle von Freiheitsdrang werden sich bald wieder legen und im Grunde genießen die beiden Schützen das Leben miteinander. Sie unternehmen viel zu zweit, noch mehr mit anderen, lachen viel und sind sehr genießerisch. Ihre Arroganz, die sie Vertretern anderer Tierkreiszeichen oft und gerne angedeihen lassen, ersparen sie einander: In dieser Welt, die die beiden Schützen bewohnen, ist es nicht notwendig, sich drüberzustellen. Man hat endlich einen Partner, der einen versteht und der ebenso entflammt ist wie man selbst. Eine heiße Liebesgeschichte, die andauern kann, obwohl sie ein wenig oberflächlich ist in ihrer gegenseitigen Selbstverliebtheit.

Schütze und Steinbock

Keine großen Chancen, kein Jackpot der Liebe. Immerhin gibt es einige Eigenschaften des Steinbocks, die der Schütze sehr schätzt: Da wäre sein Ehrgeiz und sein fester Wille, den er meistens durchsetzt. Da ist seine Konsequenz, mit der er seine Ziele verfolgt, und da ist seine erdige, ungekünstelte Sexualität. Doch seine besitzergreifende Art, seine Sturheit und seine Verweigerung einem lustigen sozialen Leben gegenüber verhindern, dass der Schütze so richtig glücklich mit ihm werden kann. Auch vermisst der Schütze den Schwung und die Frische beim Steinbock. Alles, was dieser tut, ist starr und langsam, und der Schütze liebt doch gerade das Lockere, Spontane, Überraschende. Umgekehrt kann auch der Steinbock mit dem Schützen nicht richtig warm werden, denn ihm erscheint der Schütze manchmal wie ein kleines Kind, das mit offenem Mund den Seifenblasen zusieht, wie sie in den Himmel fliegen, ehe sie zerplatzen.

Der Schütze fühlt sich eingeengt vom Steinbock, der Steinbock hält den Schützen für verschwenderisch, übermütig, realitätsfern.

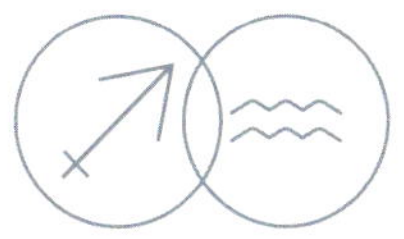

Schütze und Wassermann

Eine abwechslungsreiche Beziehung und eine prächtige Freundschaft erwarten Schütze und Wassermann, sofern sie einige Spielregeln berücksichtigen: Die beglückende geistige Befruchtung, die die beiden einander geben können, hängt davon ab, ob sie einander positiv und liebevoll gegenüberstehen und eine gleichberechtigte Partnerschaft führen. Tun sie das nicht, ist also einer von beiden eindeutig der Dominierende, dann kann die Liebe ins Gegenteil ausschlagen: Dann ist dort, wo eigentlich Harmonie und Fröhlichkeit sein sollte, Schwermut und Depression. Das ist eigentlich für beide Zeichen ganz ungewöhnlich, aber in dieser Konstellation durchaus möglich. Respektieren Schütze und Wassermann einander und sind beide tolerant gegenüber den Idealen und Spleens des anderen, dann steht einer beglückenden Liebe nichts im Weg.

Schütze und Fische

Eigentlich keine Kombination, zu der man raten sollte. Der Schütze, dem vergnüglichen Leben zugewandt und voller Tatendrang, neben den Fischen, die ängstlich und introvertiert vor allem zurückschrecken. Also eigentlich schlechte Karten für die Kombination Schütze–Fische. Doch gibt es etwas, das unter Umständen stark genug sein kann, um allen Erwartungen zum Trotz die Konstellation doch zu einer beglückenden Liebe zu bringen: Der Schütze nämlich ist trotz seiner Liebe zur Freiheit und seinem Drang zum Vergnügen in seinem Innersten stets auf der Suche nach einer Heimat, einem Zuhause, das ihn beschützend aufnimmt. Und das findet er bei den Fischen. Sie wecken in ihm genau diese Sehnsucht. Wenn die Fische ihm so viel Freiheit lassen, dass der Schütze sich auch anderswo vergnügen kann, dann mag es durchaus sein, dass der Schütze nach seinen Abenteuern immer wieder zu seinem Fisch nach Hause zurückkehrt und sich dort seine Wunden lecken lässt, die die böse Welt ihm gelegentlich schlägt.

Der Schütze findet die Fische langweilig und kleinkariert, die Fische schrecken vor der Kühnheit und der Neugier des Schützen zurück.

GLÜCKSSTEIN DES SCHÜTZEN

Der Saphir ist der Stein des Schützen. Ob um den Hals getragen oder in einem Ring versteckt, passt er zum Schützen und schmückt ihn.

BERUF

Lehrer, Therapeut, Reiseleiter, Priester, Seminarleiter, Philosoph, Jurist, Arzt, Botaniker

GASTGESCHENK

Über einen Strauß Pusteblumen, einen Reiseführer zu den Kochtöpfen der Welt, eine Flasche Portwein oder eine Schachtel feine Minzschokolade sollte sich ein Schütze eigentlich freuen.

BERÜHMTE SCHÜTZEN

Hector Berlioz, Ludwig van Beethoven, Woody Allen, Jonathan Swift, Heinrich Heine, Rainer Maria Rilke, Mark Twain, Gustave Flaubert, Nero, Gustav Adolf von Schweden, Maria Stuart, Joseph Stalin, Leonid Breschnew, Winston Churchill, Willy Brandt, Robert Koch, Carl Benz, Walt Disney, Paul Klee, Friedensreich Hundertwasser, Edith Piaf, Tina Turner, Jimi Hendrix, Frank Sinatra, Frank Zappa, Kirk Douglas, Sammy Davis jr., Curd Jürgens, Reinhard Mey, Rudi Carrell, Maria Callas, Nostradamus, Alice Schwarzer, J. Paul Getty, Papst Johannes XXIII.

REIFE UND EHRLICHKEIT – VERLÄSSLICHER SCHWEIGER

Der Steinbock ist ein ruhiger, gefestigter, ernster und zuverlässiger Typ. Er wirkt weise, nie spricht er, bevor er sich nicht genau überlegt hat, was er sagen wird. Schon Steinbockkinder wirken ihren Altersgenossen gegenüber erwachsener, besonnener, ernsthafter. Das heißt aber nicht, dass Steinböcke humorlos sind, ganz im Gegenteil. Sie sind nur keine typischen Lachsäcke, die minutenlang vor sich hinkichern, bis ihnen die Tränen in den Augen stehen (was man von Waagen und Schützen ohne Weiteres haben kann), sondern verfügen über einen trockenen, oft sehr britisch anmutenden Humor, der treffend und sarkastisch, genau abgewogen und zielsicher ist.

Steinböcke sind eher zurückgezogen und ruhig, bei Steinbockmännern kann das besonders auffallend sein. Wenn Sie zwei Männer in einer Bar sehen, die stundenlang in ihr Bier sehen und vielleicht drei Sätze miteinander wechseln, dann aber behaupten, es war ein wunderbarer, interessanter Abend, dann haben Sie es vermutlich mit zwei Steinböcken zu tun. Niemand schweigt so beharrlich wie der Steinbock, was – je nach Naturell – auf die anderen beruhigend und angenehm wirkt, andere wieder zur Verzweiflung bringt. Der Steinbock lässt sich nicht täuschen. Er unterzieht alles einem langen, prüfenden Blick, und es wird nie passieren, dass er sich überstürzt für etwas begeistert oder vorschnell gegen etwas ausspricht.

Sätze wie „Erst die Arbeit, dann das Vergnügen“ oder „Vorsicht ist die Mutter der Porzellankiste“ beschreiben einige Lebensmaximen des Steinbocks.

Steinböcke verfügen über ein ausgeprägtes Sicherheitsdenken, das heißt, dass sie in erster Linie einmal einen Beruf haben wollen, der ihnen regelmäßig ein gutes Einkommen sichert. Selten nur sind Steinböcke wirkliche Versager im Beruf, dazu legen sie viel zu viel Wert auf ihre Sicherheit. Zur Not sammeln Sie Berufsausbildungen wie andere Menschen Briefmarken. Man kann ja nie wissen. Steinböcke sind Lebenspraktiker und Realisten und es fällt ihnen nicht ganz leicht, sich in ihrem Job ganz nach oben zu arbeiten, aber zäh und ehrgeizig schaffen sie es.

DER STEINBOCK UND SEINE MITMENSCHEN

Der Steinbock ist ein kühler Rechner, er ist sparsam und weiß ein günstiges Angebot zu erkennen. Dabei liebt er es gar nicht, über Geld zu reden, wie ihm überhaupt Gespräche, die sich zu sehr mit intimen Details beschäftigen, höchst zuwider sind.

Anders als andere Menschen, die mit nicht einmal ganz engen Freunden praktisch alles besprechen, hält sich der Steinbock bedeckt. Oft wissen nicht einmal seine engsten Mitarbeiter auch nur irgend etwas von seinem Privatleben und seine Familie erfährt nur sehr selten etwas aus seiner Berufswelt. Dafür ist der Steinbock aber auch als Vertrauensperson sehr geschätzt. Noch viel weniger als seine eigenen Geheimnisse wird er die eines anderen ausplaudern und der typische Kantinentratsch ist etwas, worüber sich der Steinbock nur wundern kann. Dafür sind Steinböcke in der Wirtschaft und Politik oft sehr lange Zeit sehr erfolgreich, weil sie eben nicht jeder Schmeichelei auf den Leim gehen, sondern absolut integer, ehrlich, verschwiegen und nicht korrumpierbar sind.

Niemals würde er, nur um einen Lacher zu haben oder sich in den Mittelpunkt zu rücken, irgendwelche Halbwahrheiten und Gerüchte verbreiten, nein, er interessiert sich nicht einmal dafür, wenn andere das tun.

Erlebt er etwas Schönes, behält er seine typische Zurückhaltung bei. Der Steinbock, der angesichts einer liebevoll ausgeklügelten Überraschung in helles Jubelgeschrei ausbricht und mit Tränen der Rührung in den Augen dem Schenker um den Hals fällt, muss erst erfunden werden. Er wird sich räuspern und etwas Ähnliches wie „sehr schön“ sagen, aber mehr eher nicht. Wer also auf Impulsivität und spontane Liebeskundgebungen Wert legt, sollte Steinböcke meiden.

Ein weiteres Merkmal der Steinböcke ist ihr Elefantengedächtnis: Steinböcke merken sich Dinge über Jahre hinweg und im Wortlaut. Fünfzehn Jahre später bekommt man noch Bosheiten vorgeworfen, die man im Überschwang der Gefühle und ohne nachzudenken einmal gesagt hat. Das Verzeihen ist auch so eine Sache. Es hat den Anschein, als würde der Steinbock, während er nichts sagt, alles, was andere sagen und tun, wie ein Computer speichern. Wenn ihn etwas verletzt hat, und das passiert ganz leicht, kaut er ewig daran. Und der, der ihn gekränkt hat, wird das noch bereuen.

DER STEINBOCK UND SEINE GESUNDHEIT

Die wunden Punkte des Steinbocks sind seine Gelenke. Der Meniskus ist es besonders oft, aber auch Versteifungen in den Fingern und Zehen, die auf Ablagerungen beruhen, sind für ihn typisch. Eine weitere Gefahr lauert darin, dass der Steinbock – wiewohl sonst sehr sparsam – besonders gerne nascht. Viele Steinböcke machen es sich zur Gewohnheit, obwohl sie sonst beim Essen eher puristisch sind, vor dem Schlafengehen oder einfach am Nachmittag eine Tafel Schokolade oder eine Schachtel Bonbons zu essen.

Auch Nieren- und Gallenprobleme bis hin zu Koliken und Nieren- oder Gallensteinen sind Krankheiten, die Steinböcke vermehrt heimsuchen.

Das kann natürlich, vor allem dann, wenn der Steinbock einer hauptsächlich sitzenden Beschäftigung nachgeht, zu Gewichtproblemen führen, aber auch seiner Leber zu schaffen machen. Steinböcken ist zu raten, dass sie für den kleinen Snack zwischendurch lieber einmal zu einem Stück Obst greifen und das Süße besser lassen sollten, denn Vitamine sind im Ernährungsplan des Steinbocks eher dürftig vertreten.

DER STEINBOCK UND DIE LIEBE

Für ihre Lieben sind Steinböcke zu allem bereit, sie beschützen ihre Familie und gehen für sie durchs Feuer, wenn es sein muss. Fremden oder flüchtigen Bekanntschaften gegenüber wirken sie dagegen sehr verschlossen und kaltherzig, was aber einfach mit dem anfänglichen Misstrauen zusammenhängt, das sie allem gegenüber empfinden. Hat der Steinbock einmal geprüft und für gut befunden, ist er ein loyaler und liebevoller Freund und Partner, auf den man sich jederzeit verlassen kann.

Wenn ein Steinbock einmal ein Versprechen gegeben oder eine Zusage gemacht hat, dann steht er auch dazu.

Darum ist der Steinbock ein herzensguter und absolut integrer Freund, der auch um vier Uhr früh als Beichtvater zur Verfügung steht. Dabei legt er keinen Wert auf Eintagsfliegen unter den Freunden: Der Steinbock pflegt oft ein Leben lang Freundschaften, die er schon in der Schule geschlossen hat, seinen Lieben hält er über viele Jahre hinweg die Treue.

Spröde wie im sonstigen Leben ist der Steinbock auch in der Liebe. Es dauert wahrhaft lange, bis man einen Steinbock knackt, und unkompliziert wird diese Partnerschaft nicht. Der Steinbock ergreift keine Inititative, er verhält sich abwartend und schaut sich an, was man tut, um ihn zu gewinnen. Der Steinbock verstellt sich nicht, er bemüht sich keinen Deut, interessanter und unterhaltsamer zu erscheinen, als er in Wirklichkeit ist. Geht man mit ihnen aus, so geben Steinbockmänner oder -frauen zwar brav Antwort, denken aber nicht im Traum daran, das Steuerruder für den Abend in die Hand zu nehmen.

Fatalerweise sind Steinböcke oft sehr gutaussehend und so glauben potenzielle Partner, dass hinter dieser Schweigsamkeit und Ernsthaftigkeit irgendein großes, dramatisches Geheimnis steckt. Besonders die Rosamunde-Pilcher-Leserinnen sind sehr gefährdet, denn in ihrer überschäumenden Phantasie dichten sie oft tragische Schicksale in einen Menschen, der schlicht und einfach nicht amüsant ist. Das bedeutet natürlich nicht, dass Steinböcke langweilig sind, sie können, wenn sie auftauen, durchaus akzeptable Unterhalter sein, aber eben nur, wenn sie selbst wollen, und nicht, weil die Situation es verlangt.

Hat man dann dieses Exemplar im Bett, geht es ähnlich weiter: Der Steinbock macht zwar bei allem bereitwillig mit, ist aber auch hier nicht rasend initiativ. Dabei ist er durchaus dominierend, doch lässt er andere lieber aktiv werden. Er lehnt sich zurück und beobachtet und erst nach einiger Zeit fällt seinem abgekämpften Gegenüber auf, dass natürlich nur das passiert, was der Steinbock will. Es wird keine besonderen Höhen geben, aber auch keine eklatanten Tiefen.

Hat er sich nach einer langen und ausdauernden Prüfungszeit für einen Partner entschieden, ist er ein ruhiger, beständiger Liebhaber.

Seine Einstellung zu Partnerschaft und Familie ist eher konservativ. Der Steinbock schätzt eine harmonische und gut funktionierende Familie, in die er sich zurückziehen kann, und er verlangt von den Mitgliedern seiner Familie absolute Ehrlichkeit und Aufrichtigkeit. Merkt er, dass ihn jemand verrät oder belügt, zieht er sich mehr als je zuvor zurück.

DER STEINBOCK UND SEINE PARTNER

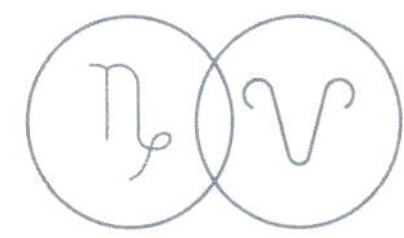

Steinbock und Widder

Eine Menge Hörner haben wir bei dieser Kombination, doch nur der Widder wird die seinen einsetzen. Immer wieder rennt er mit dem Kopf gegen die Gesetzmäßigkeiten und Traditionen des Steinbocks an, der sich keinen Millimeter zur Seite bewegt, sondern stur, starr und schweigend stehen bleibt. Der Widder ist voll Bewegung und Beschleunigung, der Steinbock steht stoisch und unbewegt. In den wenigsten Fällen kann das gutgehen. Der Steinbock kann dem jugendlich-draufgängerischen Verhalten des Widders nicht viel abgewinnen. Vielleicht zu Beginn einer Liaison zieht ihn dieses für ihn beinahe exotische Verhalten noch an, doch bald verliert er allen Respekt vor diesem albern herumhüpfenden, unreifen Kasper. Lieber zieht er sich in seine Welt zurück, wo eherne Steinbock-Gesetze herrschen, wo man gesetzt und reif beobachtet, ohne sich allzuviel einzumischen. Dem Widder erscheint der Steinbock zu spießig, er wird es bald leid, ihn ständig motivieren zu wollen und nur ein mildtätiges Lächeln zu ernten, wo Jubelgeschrei nach der Meinung des Widders viel angebrachter wäre.

Eine Chance hat die Beziehung dann, wenn der Widder ein sehr viel älterer und der Steinbock ein sehr viel jüngerer Partner ist. Unter diesen Umständen könnte der Altersunterschied ausgleichend auf das Naturell wirken.

Steinbock und Stier

Bei dieser Kombination treffen zwei durch und durch erdverbundene Vertreter des Tierkreises aufeinander, denen Besitz sehr viel bedeutet, die ähnliche Vorstellungen von sicheren Geldanlagen haben und die vieles tun, um ihre Grenzen zu sichern und ihren Reichtum zu mehren. Der Stier strebt nach Besitz und Eigentum, es gibt ihm Sicherheit und stärkt ihm den Rücken. Der Steinbock hat ein ausgeprägtes Sicherheitsdenken, dem diese Ziele des Stiers entgegenkommen, außerdem ist er ehrgeizig und will höher hinaus. Für die Liebe des Stiers zu schönen Dingen und seinen Hang zu leiblichen Genüssen hat der Steinbock wenig Verständnis und was Leidenschaft und erotische Phantasie betrifft, brauchen beide einen Anstoß – den sie einander nicht geben. Also stehen sie eben in der Gegend herum, schenken sich bestenfalls ein Gläschen ein und zählen wahlweise die Münzen im Geldspeicher oder die Kartoffeln im Beet. Hände weg!

In dieser gemeinsamen Suche nach Erfolg oder Besitz können sich Stier und Steinbock unterstützen. Doch damit ist diese Beziehung auch schon definiert.

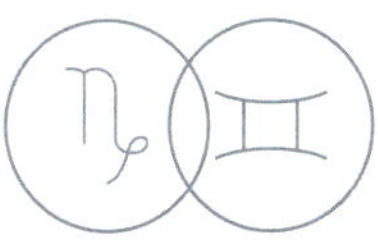

Steinbock und Zwillinge

Auch diese Beziehung steht gefühlsmäßig unter keinem guten Stern. Die Zwillinge tänzeln luftig um den Steinbock herum, der seine Grundsätze und Prinzipien durch ihre Leichtfüßigkeit verraten sieht. Man findet auch durchaus Gefallen aneinander, denn jeder hat genau die Eigenschaften, die einem selbst fehlen: Der Steinbock hat die ruhige, gelassene Ernsthaftigkeit, und die Zwillinge besitzen die lebensfrohe Sorglosigkeit, die der Steinbock nur vom Hörensagen kennt. Das ist attraktiv, keine Frage.

Doch ob die Sache klappt, hängt jetzt sehr von der Toleranz und der Kompromissbereitschaft der beiden Liebenden ab. Sind sie nicht bereit, sich auch nur einen Deut zu ändern, wird die Beziehung früher oder später schiefgehen. Zu groß sind die Unterschiede, als dass man ein Leben gemeinsam meistern könnte. Sind aber beide so sehr an einem Gelingen interessiert, dass sie über ihre Schatten springen können, ergänzen Steinbock und Zwillinge einander durchaus fruchtbar und harmonisch, obwohl auch hier für enthemmte Leidenschaft und romantische Gefühlsduseleien nur wenig Platz ist.

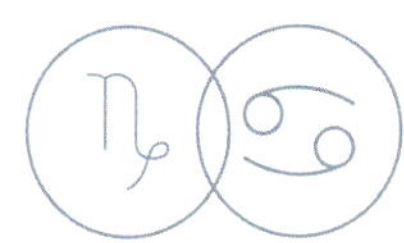

Steinbock und Krebs

Das kann – trotz größter lebensanschaulicher Unterschiede – eine sehr konstruktive und zukunftsträchtige Liebe werden. Der Krebs mit seiner Häuslichkeit erfüllt ein Grundbedürfnis des Steinbocks, das dieser sehr gern hinter seiner ruppigen Schale verbirgt: Eigentlich liebt der Steinbock einen sicheren Ort, an dem er wieder neue Energien sammeln und Pläne schmieden kann. Und diese Ruhe und Beschaulichkeit, die er für seine – ohnehin nur sehr knapp bemessenen – Pausen braucht, kann ihm der Krebs geben. Der Krebs wiederum, der sehr von seinen Stimmungen und Gefühlen abhängt, genießt es, dass der Steinbock stabil und standhaft jeder Situation trotzt. Er weiß: Was auch immer passiert, der Steinbock wird das Richtige tun, oder zumindest irgend etwas, ohne sich jemals heulend und jammernd fallen zu lassen. Friede und Rückzugsmöglichkeit für einen Kämpfer auf der einen Seite, ein unerschütterlicher Fels in der Brandung auf der anderen Seite – das sind die Geschenke, die Krebs und Steinbock einander bei diesem gefährlichen Unternehmen namens Liebe mitgeben können. Ein Versuch lohnt sich.

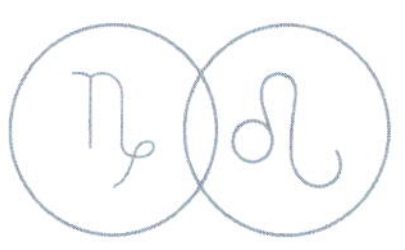

Steinbock und Löwe

Hier gibt es natürlich einiges, das verbindet, beispielsweise die Zielstrebigkeit oder die absolute Ignoranz anderen Meinungen gegenüber. Doch viel mehr Unterschiede verhindern das glückliche Zusammenleben von Löwe und Steinbock. Für den Steinbock ist der Löwe ein typischer Dampfplauderer, der viel Wind um nichts macht. Der Löwe macht sich in den Augen des Steinbocks viel zu wichtig und erreicht viel zu wenig. Umgekehrt ist der Steinbock dem Löwen zu bedächtig, zu misstrauisch, zu distanziert. Er schätzt zwar zielstrebige Menschen, aber sie sollen doch bitte ein kleines bisschen kommunikativer oder zumindest durchschaubarer sein! Also werden Löwe und Steinbock vielleicht ein paar Tage oder Wochen oder sogar Monate gemeinsam durch die Gegend ziehen, doch dann werden sie einander ohne Gram und ohne Bedauern auch wieder verlassen. Zu wenig ist da, das dieses tiefe Gefühl der Verbundenheit auslösen kann, zu wenig, das am anderen fasziniert. Eine schnelle Bettgeschichte möglicherweise, und dann kommt das unvermeidliche: „Lass uns Freunde bleiben." Und das ist auch besser so.

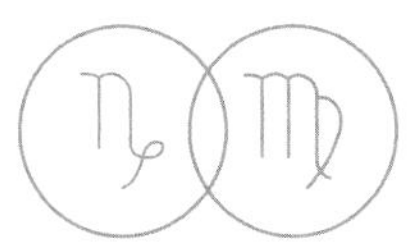

Steinbock und Jungfrau

Der steife Steinbock, der doch sonst mit nicht allzu vielen Tierkreiszeichen zurechtkommt, trifft hier endlich auf einen Menschen, der ihm einerseits weltanschaulich und in seinem Machtanspruch nicht im Weg steht, auf der anderen Seite aber in vielen Dingen – nämlich der Liebe zu Ordnung und Zweckmäßigkeit – überraschenderweise ähnlich ist. Beide sprudeln nicht unbedingt vor Emotionalität – und beide sind dafür dankbar, dass sie in dieser Hinsicht vom anderen auch nicht überfordert werden. In kameradschaftlicher, zurückhaltender Zuneigung, die keine andauernde Bestätigung braucht, lieben einander diese beiden Erdzeichen auf eine unspektakuläre Art und Weise. Die Jungfrau gibt der großen Ordnung, die der Steinbock für sich aufgestellt hat, ein funktionierendes Untersystem und der Steinock fühlt sich – wider Erwarten – verstanden und wohl. Eine stille, unauffällige Beziehung, die nach außen hin vielleicht ein bisschen langweilig wirken mag, aber Jungfrau und Steinbock können auf ihre kühle und distanzierte Art sehr glücklich miteinander werden.

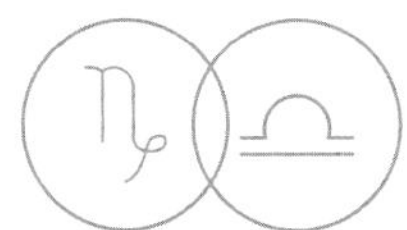

Steinbock und Waage

Erst ist der Steinbock fasziniert von der sinnlichen Waage, die optimistisch und fröhlich ist und jeden mit ihrem Esprit mitreißt. Doch bald muss er bemerken, dass die Welt der Waage doch eine ganz andere ist als die seine, und dass er sich in ihrer eigentlich nicht wirklich zurechtfindet. Er will nach seinen Gesetzen leben, nicht nach einer momentanen Laune wie die Waage, und ihre spontanen Einfälle verwirren ihn und stören seine Regeln. Die Waage ihrerseits wird es spannend finden, dass jemand so stur ist und sich so wenig von ihren Reizen beeindruckt zeigt wie der Steinbock. Das ist eine Herausforderung für sie, dieser Steinbock muss doch auch zu knacken sein! Natürlich ist er es, es dauert nur – wie bei allem, was den Steinbock betrifft – etwas länger. Hat die Waage dann auch in ihm ein williges Opfer, das sie bewundert, verliert sie schnell das Interesse an ihm und seiner durchreglementierten Welt. Die Chancen für eine glückvolle Verbindung dieser beiden Tierkreiszeichen sind eher schlecht.

Steinbock und Skorpion

Eine merkwürdige Sache. Ein Skorpion trifft auf einen Steinbock – und ist zunächst einmal begeistert. Endlich ein zuverlässiger Mensch, der seinen Prinzipien treu ist, endlich einmal ein Typ mit Rückgrat, der nicht sein Fähnchen nach dem Wind hängt. Wunderbar, nichts wie hin. Doch schon nach einiger Zeit wird ein ziemlich großes Problem auftauchen: Sowohl der Skorpion als auch der Steinbock haben ein sehr fest gefügtes Weltbild. Und jeder von ihnen ist davon überzeugt, dass seines das einzig Richtige ist. Und da ist dann plötzlich noch einer, mit einem anderen Weltbild, aber dem gleichen Dickschädel. Da wird diskutiert und gestritten und da wird vor allem keinen Millimeter nachgegeben. Auf keiner Seite. Beziehungen zwischen Skorpion und Steinbock gehen meistens sehr schnell in die Brüche, wobei sich später kaum jemand erinnern kann, was der Grund des endgültigen Streits war. Man weiß nur noch, dass der andere damals nicht bereit war, sich wieder zu versöhnen.

Beide sind streitlustig und unnachgiebig und keiner sieht ein, warum ausgerechnet er den ersten Schritt zur Versöhnung machen sollte.

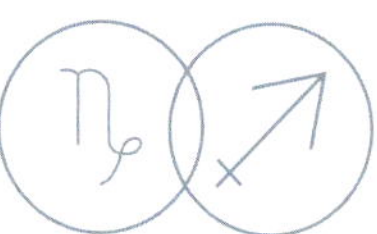

Steinbock und Schütze

Keine großen Chancen, kein Jackpot der Liebe. Der Schütze fühlt sich eingeengt vom Steinbock, der Steinbock hält den Schützen für verschwenderisch, übermütig, realitätsfern. Immerhin gibt es einige Eigenschaften des Steinbocks, die der Schütze sehr schätzt: Da wäre sein Ehrgeiz und sein fester Wille, den er meistens durchsetzt. Da ist seine Konsequenz, mit der er seine Ziele verfolgt, und da ist seine erdige, ungekünstelte Sexualität. Doch seine besitzergreifende Art, seine Sturheit und seine Verweigerung einem lustigen sozialen Leben gegenüber verhindern, dass der Schütze so richtig glücklich mit ihm werden kann. Auch vermisst der Schütze den Schwung und die Frische beim Steinbock. Alles, was er tut, ist starr und langsam, und der Schütze liebt doch gerade das Lockere, Spontane, Überraschende. Umgekehrt kann auch der Steinbock mit dem Schützen nicht richtig warm werden, denn ihm erscheint der Schütze manchmal wie ein kleines Kind, das mit offenem Mund den Seifenblasen zusieht, wie sie in den Himmel fliegen, ehe sie zerplatzen.

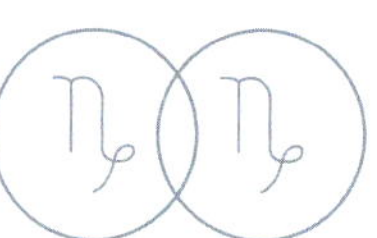

Steinbock und Steinbock

Zwischen zwei Steinböcken ist kein Nebenei nander möglich. Die Beziehung ist ein ständiger Kampf um den höheren Rang in der Hierarchie. Das heißt nicht, dass eine Kombination zwischen zwei Steinböcken abzulehnen ist, denn für manche Menschen, besonders für den starrköpfigen Steinbock, kann diese Art des Sich-ständig-aneinander-Reibens eine Herausforderung sein, die ihn motiviert und ansporntt. Wenn ihnen das gelingt, kann die Konstellation sehr gut werden. Sobald die beiden Steinböcke ein gemeinsames Ziel verfolgen, werden sie gemeinsam ihre Vorstellungen noch schneller durchsetzen können als jeder für sich. Aber muss man dafür eine Liebesbeziehung eingehen? Umgekehrt ist die Beziehung sofort zu Ende, sobald die Partner nicht mehr an einem Strang ziehen.

Wichtig ist, dass die Steinböcke einander viel Toleranz entgegenbringen und etwaige Probleme auch mit Humor nehmen können.

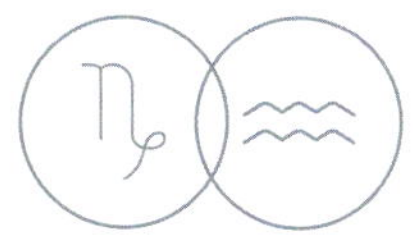

Steinbock und Wassermann

Eine Beziehung zwischen Steinbock und Wassermann lässt auf den ersten Blick nicht gerade auf ein glückliches Leben hoffen: Der Wassermann versucht andauernd, mit Zwängen und Traditionen zu brechen, und der Steinbock scheint im Leben keine andere Aufgabe zu haben, als eben diese Zwänge für den Wassermann zu erdenken. Der Steinbock hat einen festen Lebensplan, den er streng einzuhalten gedenkt, während die größte Freude des Wassermanns ist, das Leben so zu nehmen, wie es eben kommt. So weit, so gut. Die Sterne scheinen also ungünstig für diese Konstellation zu sein. Und doch gibt es überraschenderweise etliche Beispiele für Steinbock-Wassermann-Beziehungen, die funktionieren. Natürlich nur dann, wenn beide aufeinander Rücksicht nehmen, wenn der Steinbock sich bemüht, nicht ganz so introvertiert und bestimmend zu sein, wie er es üblicherweise ist, und wenn der Wassermann akzeptiert, dass der Steinbock ein wenig Ordnung in sein Chaos bringt.

Dann haben die beiden gute Chancen, eine glückliche, erfrischende Liebe zu erleben, getragen von einer großen Leidenschaft füreinander und viel Respekt.

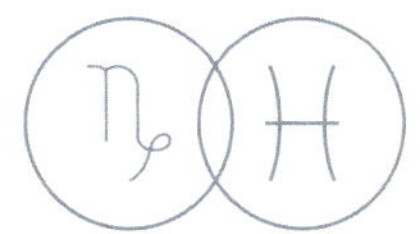

Steinbock und Fische

Der Steinbock ist ebenso realitätsverbunden wie die Fische Träumer sind. Wo sich der Steinbock durchsetzt, zögern die Fische. Wo der Steinbock seine Meinung fest behauptet, versuchen die Fische ängstlich, sich den Erwartungen des anderen anzupassen – eigentlich nicht gerade die Idealvorstellung einer Liebesbeziehung. Und doch können die beiden sehr gut miteinander glücklich werden. Denn der Steinbock kann in der Verbindung mit den Fischen seine Rolle als Chef eindeutig übernehmen, ohne sich diesen Platz erkämpfen zu müssen, und möglicherweise bringen ihn die furchtsamen Fische auch dazu, dass er ihnen gegenüber ganz ungewöhnlich zärtliche Gefühle entwickelt. Die Fische hingegen genießen die Stärke des Steinbocks, seine Konsequenz und seine Furchtlosigkeit. Sie fühlen sich an seiner Seite wohl und beschützt und zum Dank für diese Geborgenheit lassen sie auch keinerlei Zweifel daran aufkommen, wer in dieser Beziehung das Sagen hat.

GLÜCKSSTEIN DES STEINBOCKS

Der Bernstein ist der Glücksstein des Steinbocks und die Farbe des Bernsteins findet man auch in den meisten Steinbock-Domizilen und Garderoben. Der Bernstein ist wie der Steinbock: zurückhaltend und bescheiden, aber doch voll Tiefe.

BERUF

Totengräber, Bettler, Einsiedler, Zauberer, Richter, Polizist, Beamter, Architekt, Bildhauer, Geologe, Landwirt, Nationalökonom

GASTGESCHENK

Über eine Lotosblüte, eine Efeupflanze, eine Flasche Enzian, eine Schachtel Bitterorangen-Pralinen oder ein Kochbuch über preisgünstige Bioküche sollte sich ein Steinbock eigentlich freuen.

BERÜHMTE STEINBÖCKE

Papst Alexander VI. Borgia, Richard Nixon, Gamal Abd el Nasser, Martin Luther King, Hermann Göring, Wilhelm Canaris, Helmut Schmidt, Mao Tse-Tung, Konrad Adenauer, Benjamin Franklin, Albert Schweizer, Heinrich Schliemann, Molière, Michelangelo, Gustave Doré, Edgar Allan Poe, Friedrich Dürrenmatt, Paul Cézanne, Matisse, Rudyard Kipling, Jack London, Maria Schell, Gary Grant, Marlene Dietrich, Hildegard Knef, Elvis Presley, Cassius Clay, Gustav Gründgens, Charles Goodyear

ABWECHSLUNG UND CHAOS – CHARMANTER BESSERWISSER

Der Wassermann ist intelligent und vielseitig interessiert. Sein Standardsatz lautet „Ich weiß". Einem Wassermann etwas Neues beizubringen, kann daher mühsam sein, vor allem, wenn er dabei spürt, dass er eben noch nicht alles weiß, was es zu diesem Neuen zu wissen gibt. Wenn man aber warten kann, bis er fragt, erlebt man jemanden, der die Antwort erstaunlich schnell integriert.

Der Wassermann ist immer gerne bereit, sein Wissen zu erweitern, am liebsten spielerisch, und mit Begeisterung eine neue Sache in Angriff zu nehmen – oft ohne andere Projekte zu Ende geführt zu haben. Dabei überschätzen sich Herr und Frau Wassermann oft grenzenlos, denn so schnell sie sich für eine Aufgabe interessieren können, so schnell verlässt sie auch ihr Enthusiasmus wieder.

Zähigkeit ist keine typische Wassermann-Stärke. Als typisches Luftzeichen ist der Wassermann in der Lage, seine Stimmungen und Ansichten schnell und gründlich zu verändern, was ihn einerseits sehr flexibel macht, andererseits aber auch recht wankelmütig wirken lässt.

Dabei verblüffen Wassermänner ihre Umgebung immer damit, dass sie prinzipiell furchtbar im Stress sind, keine Zeit haben oder wahnsinnig viel zu tun. Bei näherem Nachfragen erfährt man dann aber, dass das Arbeitspensum des Wassermanns gar kein so großes ist, sondern dass der übermächtige Stress eher daher rührt, dass der Wassermann sich einfach nicht organisieren kann. Er schiebt Aufgaben vor sich hin, bis es beinahe zu spät ist, und wenn er dann im letzten Augenblick alles auf einmal erledigen möchte, wird ihm die Zeit zu knapp.

Der Wassermann-Herrscher Saturn, dem auch der Steinbock untersteht, bei dem er fest auf dem Boden der Tatsachen steht und für dessen unverrückbares Regelsystem sorgt, steht im Wassermann Kopf. Die Ordnung ist ausgesetzt, wie beim antiken Fest der Saturnalien, die in die Zeit fallen, in der die Sonne im Wassermann steht: Sklaven herrschen dann vorübergehend über ihre Herren. Kein Wunder, dass Wassermänner mit der Selbstorganisation

Schwierigkeiten haben. Auch der zweite Wassermann-Herrscher unter den Planeten, Uranus, verrät uns viel über den Wassermann: Sein Bild ist der Narr und so haben Wassermänner oft etwas von einem Hofnarren: Sie dürfen ihrem Herrscher die Wahrheit sagen, weil sie sie so verpacken, dass andere sie für witzig halten. So werden sie zu wertvollen, weil in der Regel selbstlosen Ratgebern.

DER WASSERMANN UND SEINE MITMENSCHEN

Der Wassermann sagt bei hundert Dingen begeistert zu, kommt dann drauf, dass er eigentlich für nichts davon Zeit hat und schafft es oft nicht einmal, rechtzeitig abzusagen. Das führt zu enttäuschten Freunden und Geschäftspartnern und zu einem schlechten Ruf als unzuverlässiger Mensch. Es ist also nicht ganz leicht mit den Wassermännern, doch sie sind dennoch liebenswert in ihrer Zerstreutheit und ihrer Begeisterungsfähigkeit.

Wassermänner wirken selten emotional und auch ihre weichen Seiten sind meistens rational gesteuert. Wenn ihr Partner, etwa nach einer Operation, Unterstützung braucht, können sie überraschend hilfsbereit und aufmerksam werden – weil sie (ein)sehen, dass es sein muss. Gern lassen sich Wassermänner auf Unternehmungen und Spekulationen ein, die von anderen nur als waghalsig und riskant eingestuft werden. Da sie oft genug das Risiko abschätzen können, kann das sogar gut gehen und der Wassermann seine Rente durch überlegtes, gezieltes Agieren an der Börse auf mittlere Sicht verdoppeln.

Als Freund ist der Wassermann unterhaltsam und liebenswürdig, herzlich und kommunikativ, aber verlassen kann man sich auf ihn nur in den seltensten Fällen.

Das Zusammensein mit dem Wassermann ist nie langweilig, er hat immer spannende Dinge zu erzählen und liebt lange Diskussionen, in denen er oft und gerne seine Meinung ändert.

Auch für Veranstaltungen aller Art ist der Wassermann immer zu haben. Egal, ob es in die Berge gehen soll oder zur Theatermatinee, der Wassermann ist dabei. Er ist immer auf der Suche nach neuen Abenteuern und lässt sich von Freunden gerne zu unterhaltsamen Aktionen mitreißen.

Wo allerdings Freundschaft in anhaltender, konsequenter Form gefragt ist, wo ständige Hilfe und längerfristiger Beistand gefordert werden, da sieht es schlechter aus um den Wassermann. Saturn steht im Wassermann eben Kopf, und da sind Verlässlichkeit und Konsequenz ausgesetzt.

DER WASSERMANN UND SEINE GESUNDHEIT

Wassermänner neigen dazu, ihre Gesundheit und Meldungen ihres Körpers zu ignorieren, bis es zu spät ist. Da er ständig in Bewegung ist, ständig etwas Neues ausprobieren muss, hält er Pausen für überflüssige Zeitverschwendung. Wer ihm klar machen kann, dass sie im Gegenteil Fitness bringen, hat etwas für die Gesundheit des Wassermannes geleistet. So aber ist der Wassermann, der mit einem Blinddarmdurchbruch ins Krankenhaus eingeliefert wird, kein Einzelfall.

Neuartige Heilmethoden wie Meridianaktivierung und Kinesiologie gefallen dem Wassermann, auch Klangschalenmassagen probiert er gern aus. Dafür fährt er auch weit, weil er irgendwann gelernt hat, dass er einfach mal Auszeiten in räumlichem Abstand zu seiner normalen Umgebung braucht.

Seine allgemeine Unorganisiertheit bewirkt natürlich auch, dass sich Herr und Frau Wassermann sehr unregelmäßig und sehr ungesund ernähren. Wohl ist der Wassermann dazu bereit, irgendwelche Diäten zu beginnen oder sich mit Begeisterung einer neuen Ernährungsschule zuzuwenden, doch da ihm auch hier die Konsequenz fehlt, kehrt er nach spätestens drei Tagen wieder zu den alten Gewohnheiten zurück. Konsequenz legt er nur dann an den Tag, wenn er Tabletten einnehmen muss – hier wird er mit einem Male zuverlässig.

Dem Wassermann sind auf der analogen Ebene die Venen zugeordnet und die Unterschenkel. Aquajogging wäre für ihn daher die gesunde Lieblingssportart schlechthin.

DER WASSERMANN UND DIE LIEBE

Der Wassermann ist, anders als sein Name vermuten lässt, ein Luftzeichen, kein Wasserzeichen. Sein Leben und sein Lieben spielen sich im Kopf ab. Gefühle hat er zwar irgendwo, aber sie sind gut verstaut und er zeigt sie selten. Trotzdem: Wassermänner können lieben. Sie sind sogar sehr treu. Auch wenn sie ohne Ehering unterwegs sind, kämen sie gar nicht auf die Idee, eine glückliche Beziehung durch ein Abenteuer zu gefährden. „Ich bin doch nicht blöd!“, ist in diesem Zusammenhang ein Standardsatz des Wassermannes.

Dabei ist der Wassermann tolerant und nimmt auch Veränderungen beim Partner in Kauf, ohne sich zu beklagen. Im Gegenteil, da er Überraschungen liebt, schätzt er es sehr, wenn sein Partner, seine Partnerin mit einem neuen Hobby, einer neuen Sportart, einer neuen Haarfarbe kommt. Begegnet man ihm mit einigermaßen einleuchtenden Argumenten, dann lässt sich der Wassermann auch bereitwillig überzeugen, dass er sich in diesem Punkt doch geirrt hat. Er ist auch bereit, über alle anstehenden Probleme in einer Partnerschaft zu sprechen und darüber zu diskutieren. Auf stundenlanges Liebesgeflüster wird man bei Wassermännern vergeblich warten. Sie lieben im Kopf und wenn sie ihrer Angebeteten einmal gesagt haben, dass sie sie lieben, muss das für ein Leben reichen. Wassermann-Frauen halten nichts von ausgeklügelten Inszenierungen in schwarzer Wäsche im Hotelzimmer, wo sie den Geliebten mit einem Champagnerglas überraschen. Da liegt sie eher noch im alten T-Shirt im vertrauten Ehebett und ist einfach sehr sie selbst. Wie Wassermänner überhaupt Verstellungen und Rollenspiele eher verabscheuen.

Wassermänner sind auf eine gewissen Art sinnlich, die nicht zu viel Aufwand erfordern darf.

Auch vom Wassermann-Mann sollte man keine romantischen kleinen Überraschungen erwarten. Man muss ihn so nehmen, wie er ist, denn auch in der größten Zuneigung und der innigsten Leidenschaft wird er keine süßen Liebesschwüre von sich geben und nicht mit einer erotischen Liebesreise im Schlafwagen nach Paris aufwarten – auf solche Ideen kommt er einfach nicht, und wenn man ihm so etwas vorschlägt, ist er höchst irritiert, denn man hat doch ohnehin ein gemütliches Schlafzimmer, nicht wahr? Trotz dieser eher unromantischen

Ader ist der Wassermann aber meist ein guter Liebhaber, denn er ist verständnisvoll und einfühlsam, interessiert sich für die Wünsche des anderen. Für das große Feuer der Leidenschaft ist der Wassermann nicht wirklich gemacht, aber er hält ein kleines, beständig loderndes Flämmchen für seinen Partner am Kochen.

Vom anderen erwartet der Wassermann dafür dauernde Verfügbarkeit – getrennte Betten kommen für ihn nicht in Frage – und Loyalität. Denn der Wassermann ist zwar sehr tolerant, was alle möglichen Freizeitvergnügungen oder Hobbys betrifft, bemerkt er aber, dass ein Konkurrent im Spiel ist, kann er sehr ungemütlich werden und dann kann seine spitze Zunge mehr als nur verletzen.

Das ist nur eine der vielen Widersprüchlichkeiten im Wesen des Wassermanns, doch diese Vielseitigkeit und Undurchschaubarkeit garantiert, dass der Partner, der sich auf dieses turbulente und nicht planbare Leben einlässt, sich mit seinem Wassermann auch nie langweilen wird.

DER WASSERMANN UND SEINE PARTNER

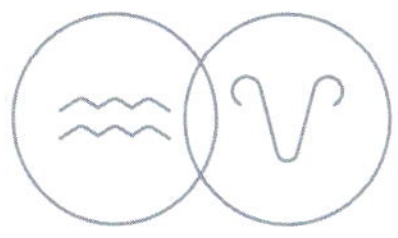

Wassermann und Widder

Eine Konstellation, die einfach klappen muss! Der Wassermann sprüht vor Ideen, die der Widder begeistert aufnimmt und umsetzt und damit wieder den Wassermann zu neuen Projekten befruchtet. Ein nicht enden wollender Energiekreislauf, von dem beide zehren können, eine glückliche Symbiose zwischen zwei Batterien, die sich ständig gegenseitig aufladen. Üblicherweise merkt man auch sofort, wenn man einem Widder-Wassermann-Paar gegenübersteht. Diese Verbindung scheint jeden Dritten auszuschließen, es gibt Codewörter und kleine Zeichen, die das spürbare Band der beiden noch sichtbarer und fühlbarer machen. Es hat auch kaum ein anderer eine Chance, in so eine Beziehung einzudringen, zu eng ist die Bindung zwischen Widder und Wassermann, zu viele Aspekte stimmen in dieser Partnerschaft, als dass ein anderer sich dazwischenstellen kann. Allerdings: Durch das ständige temperamentvolle Hoch in dieser Partnerschaft kann es passieren, dass einer der beiden Partner, nämlich der mit der schwächeren Konstitution, einfach erschöpft ist und nicht mehr weiter kann.

Hier muss der andere sein Naturell soweit zurückstellen, dass er dem ausgepowerten Liebsten die nötige Erholung zukommen lässt und auch ein bisschen leiser tritt.

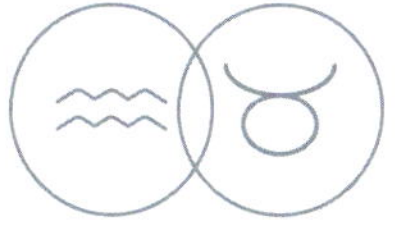

Wassermann und Stier

Schön wäre diese Kombination schon, denn man findet schnell Gefallen aneinander, aber der Wassermann fühlt sich vom häuslichen Stier eingeengt, und der Stier muss ständig in der Angst leben, dass sein Wassermann von einem seiner ständigen Höhenflüge nicht mehr zurückkehrt.

Außerdem haben Wassermann und Stier auch Kommuniktaionsprobleme. Paare, die sich miteinander unterhalten, ohne auch nur im Ansatz einmal das gleiche Thema zu streifen, sind eine typische Stier-Wassermann-Kombination. In der körperlichen Liebe mag alles gut klappen und wunderbare Erlebnisse mit sich bringen, doch der Alltag ist für Wassermann und Stier so gut wie nicht bewältigbar. Vorsicht bei dieser Konstellation, sie macht beide auf die Dauer ziemlich unglücklich! Ausnahmen bestätigen selbstverständlich die Regel.

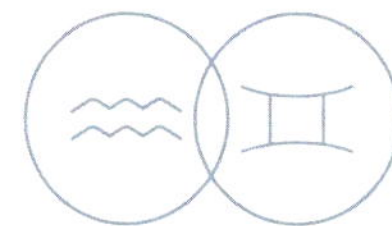

Wassermann und Zwillinge

Eine vielversprechende Kombination: Der Wassermann gebiert die Ideen und entwirft Luftschlösser, die die Zwillinge mit Leben füllen. Wo bei anderen oft die Gefahr liegt, dass Menschen, die einander zu ähnlich sind, einander früher oder später langweilen, sind diese beiden Luftzeichen davor gefeit. Ihre Originalität und ihre Lebenslust lassen keine Langeweile aufkommen. Das Paar Zwillinge-Wassermann wird, in welcher Mann-Frau-Kombination auch immer, auch bei Freunden und Nachbarn beliebt sein. Sie sind die, die man zu jeder Party einlädt, denn sie sind immer gut aufgelegt und immer, auch wenn man sie aus dem Schlaf reißt, bereit für Späße und Feiern.

Beide haben kein Problem mit Veränderungen in ihrem gemeinsamen Leben, sind tolerant und unternehmungslustig. Die besten Chancen für eine abwechslungsreiche, kurzweilige und gut funktionierende Liebesbeziehung.

Verbunden durch ihre Geistigkeit schätzen Zwillinge und Wassermann die Ungebundenheit und Unabhängigkeit des anderen, denn das kennt man ja selbst allzu gut. Wenn etwas im Leben der beiden schiefgeht, können Wassermann und Zwillinge einander auch Kraft und Unterstützung geben, ohne einander zu bevormunden. Eine gute Verbindung, die sehr zu begrüßen ist!

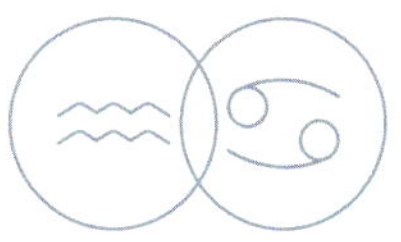

Wassermann und Krebs

Der Wassermann ist ein Schwärmer. Er braucht seine Freiheit, er will täglich etwas Neues entdecken, er möchte Menschen, fremde Länder und Ungewöhnliches kennenlernen. Der Krebs will seine Sicherheit, seine Geborgenheit, ein Heim, das nach seinem Geschmack hergerichtet ist und in das er sich zurückziehen kann.

Nun treffen diese beiden Pole aufeinander, und schon ist die Katastrophe vorgezeichnet: Ist der Krebs der Stärkere, wird er den Wassermann so lange an die Leine nehmen, bis der resigniert und verkümmert. Vielleicht wird er sich den Wünschen seines Krebs-Partners fügen, aber es wird auch etwas von seinem bezaubernden Temperament und seiner liebenswürdigen chaotischen Künstlerseele zerbrechen – und wer weiß, ob der Krebs ihn dann noch so anziehend findet! Dominiert der Wassermann die Beziehung, so ist es sehr wahrscheinlich, dass er weiter durch die Welt zieht, ohne Vorankündigung monatelang in einem fremden Land verbringt oder sein gewohntes Leben grundlos völlig verändert. Der Krebs leidet grässlich unter diesen Wassermann-Allüren und kann mit so einem Partner gar nicht glücklich werden.

Die erotische Anziehung mag sehr stark sein, und man hat einander im Bett sicher einiges zu bieten. Doch letztendlich hat der Wassermann das Gefühl, einen Strick um den Hals zu haben, der jede spontane Bewegung verhindert und ihm nach und nach die Luft zum Atmen nimmt.

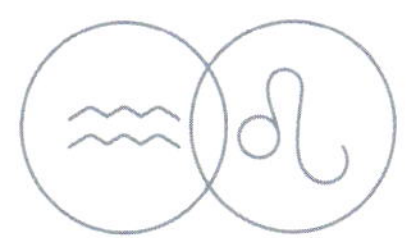

Wassermann und Löwe

Eine sehr interessante Kombination: Von der Logik her betrachtet sieht die Sache nicht gut aus, zu verschieden sind die Protagonisten. Doch überraschenderweise gibt es etliche Löwe-Wassermann-Beziehungen, die sehr harmonisch, beglückend und befruchtend sind. Das liegt vielleicht daran, dass die Lebensauffassungen der beiden Tierkreiszeichen so unterschiedlich sind, dass man sich einfach nicht in die Quere kommt. Der Wassermann in seinem originellen Chaos ist für den Löwen, der zuverlässig die Herrscherrolle übernimmt, so etwas wie der Hofnarr, der herumalbern kann und als Einziger ungestraft die Wahrheit verkünden darf. Für den Wassermann ist der Löwe ein Bollwerk, ein verlässlicher Fels in der Brandung, der immer weiß, was zu tun ist, auch wenn der Wassermann schon längst den Überblick verloren hat. Diese Beziehung kann sehr erfolgreich sein, die beiden werden sich lieben und begehren, möglicherweise ein Leben lang.

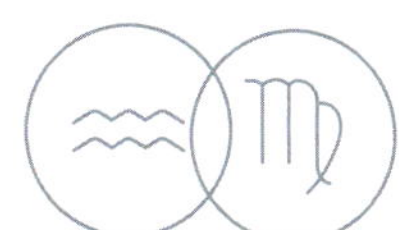

Wassermann und Jungfrau

Das kann nicht gut ausgehen. Die Jungfrau bemüht sich ständig, nirgends anzuecken, unauffällig und angepasst zu sein, und dann kommt da dieser Wassermann daher, dessen Hauptziel es zu sein scheint, durch exzentrisches Gebaren und exaltiertes Verhalten aufzufallen. Natürlich kann der Wassermann die Jungfrau zunächst einmal sehr beeindrucken, wenn er wie ein Wesen aus einer anderen Welt ihre Ordnung durcheinanderwirbelt, sie überraschend zu Mitternachtssnacks nach Venedig entführt – um dort festzustellen, dass er leider seine Kreditkarte vergessen hat. Doch ihre Freude hält sich in Grenzen, wenn er mit einer riesigen Jukebox nach Hause kommt, nur, weil sie so günstig war, und er gleich darauf eine Party für zwanzig Leute improvisiert, weil ihm eben danach ist. Ums Buffet kümmert sich der Wassermann dabei natürlich nicht, denn wenn etwas Essbares da ist, ist es gut, wenn nicht, würde ihm das nicht einmal besonders auffallen. Verfliegt die erste Faszination des Exotischen, wird die Jungfrau bald wieder Sehnsucht bekommen nach ihrer Ordnung, nach ihrem beschaulichen Leben, in dem Regeln befolgt und nicht gebrochen werden. Und der Wassermann fragt sich, was er jemals an dieser pedantischen Gouvernante finden konnte.

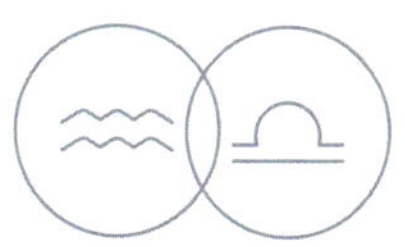

Wassermann und Waage

Eine ideale Konstellation: Die Waage und der Wassermann haben eine Menge Gemeinsamkeiten und Berührungspunkte. Gemeinsam werden sie Luftschlösser bauen und Pläne schmieden, sie werden reisen, feiern, gut essen, sie werden einander in kameradschaftlicher und zärtlicher Liebe verbunden sein und es wird zwischen ihnen immer wieder, auch noch nach Jahren, knistern. Eine fruchtbare und kreative Liebe, eine phantasievolle und abenteuerliche Beziehung, ein Leben voll Spannung und Zuneigung erwartet Waage und Wassermann.

> Ihre Begegnung wird wie ein Feuerwerk stattfinden: sprühend, farbenprächtig, faszinierend.

Einziges Konfliktpotenzial kann die Unorganisiertheit des Wassermanns darstellen, die nichts mit der Spontaniät der Waage zu tun hat. Aber die positiven Aspekte dieser Beziehung überwiegen so sehr, dass die Waage über diesen Fehler großzügig hinwegsehen kann. Apropos hinwegsehen: Ein besonderer Vorteil dieser Konstellation ist auch der, dass der Wassermann viel zu großzügig und weltoffen ist, um der Waage wegen ihrer ständigen Flirtbereitschaft Vorwürfe zu machen. Eine ideale Kombination, ein flirrendes, köstliches Abenteuer.

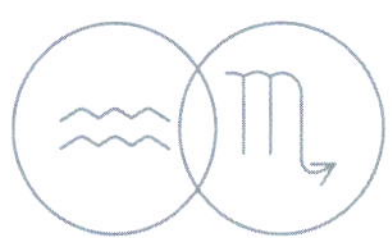

Wassermann und Skorpion

Der Wassermann schätzt am Skorpion grundsätzlich, dass er – anders als er selbst – einen soliden Bezug zur Realität hat. Der Skorpion findet die unkonventionelle Art des Wassermanns aufregend – bis er bemerkt, dass dessen anfängliche, sehr angenehme Widerspruchslosigkeit nicht echt war. Sobald es um fundamentale Themen geht, wird der Wassermann keineswegs alles schlucken, was er da so vorgesetzt bekommt am Tablett des gemeinsamen Lebens. Ein zweiter wunder Punkt ist auch der mangelnde Ordnungssinn des Wassermanns: Der Skorpion ist zwar nicht penibel, aber er liebt eine gewisse Funktionalität, er schätzt es, wenn alles dort ist, wo er es braucht. Und beim Wassermann ist alles prinzipiell dort, wo er es am wenigsten vermutet und daher auch niemals sucht. Diese Vorstellung ist für den Skorpion so etwas Ähnliches wie eine Vorhölle. Da nützt auch der gemeinsame Spaß an der Erotik nichts, da hilft nur eines: Eine tüchtige Haushaltshilfe muss her! Ansonsten haben die beiden durchaus Spaß miteinander.

Beide sind sinnliche, phantasievolle Menschen, die gerne ihren Idealen nachhängen und Luftschlösser bauen.

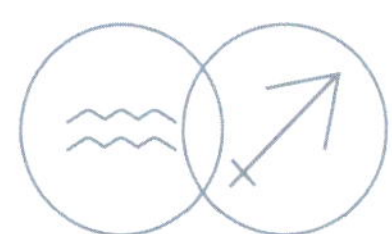

Wassermann und Schütze

Eine abwechslungsreiche Beziehung und eine prächtige Freundschaft erwarten Schütze und Wassermann, sofern sie einige Spielregeln berücksichtigen: Die geistige Befruchtung, die die beiden einander geben können, hängt davon ab, ob sie einander positiv und liebevoll gegenüberstehen und eine gleichberechtigte Partnerschaft führen. Tun sie das nicht, ist einer von beiden eindeutig der Dominierende, dann kann die Liebe ins Gegenteil ausschlagen: Dann ist dort, wo eigentlich Harmonie und Fröhlichkeit sein sollte, Schwermut und Depression, eigentlich für beide Zeichen ganz ungewöhnlich, aber in dieser Konstellation durchaus möglich. Respektieren Schütze und Wassermann einander und sind tolerant gegenüber den Idealen und Spleens des anderen, dann steht einer beglückenden Liebe nichts im Weg.

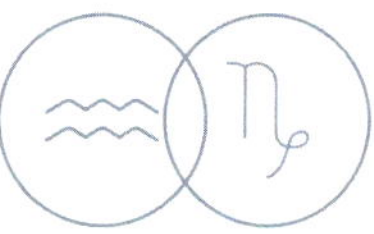

Wassermann und Steinbock

Eine Beziehung zwischen Steinbock und Wassermann lässt auf den ersten Blick nicht viel Hoffnung auf ein glückliches Leben zu: Der Wassermann versucht andauernd, mit Zwängen zu brechen, und der Steinbock scheint im Leben keine andere Aufgabe zu haben, als eben diese Zwänge zu erdenken. Der Steinbock hat einen festen Lebensplan, den er streng einzuhalten gedenkt, während die größte Freude des Wassermanns ist, das Leben so zu nehmen, wie es eben kommt. Und doch gibt es etliche Beispiele für Steinbock-Wassermann-Beziehungen, die funktionieren. Natürlich nur dann, wenn beide aufeinander Rücksicht nehmen. Wenn der Steinbock sich bemüht, nicht ganz so introvertiert und bestimmend zu sein, wie er es üblicherweise ist, und wenn der Wassermann akzeptiert, dass der Steinbock ein wenig Ordnung in sein Chaos bringt. Dann haben die beiden gute Chancen, eine glückliche, erfrischende Liebe zu erleben, bei der beide füreinander eine große Leidenschaft und viel Respekt haben.

Die Sterne scheinen ungünstig für diese Konstellation zu sein.

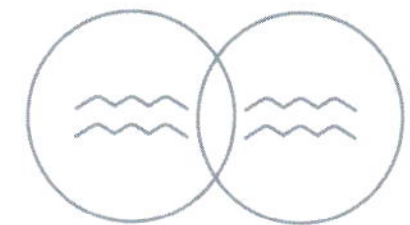

Wassermann und Wassermann

Sie werden sich von Beginn an sympathisch finden, denn sie haben die gleiche unkonventionelle Einstellung zum Leben, zu Konventionen und zur Ordnung.

Eine sehr partnerschaftliche Beziehung steht zwei Wassermännern ins Haus, wenn sie sich miteinander einlassen. Sie werden gemeinsam ein beschauliches Chaos begründen, in dem sie wohlig, glücklich und sorglos ihre Traumschlösser bauen. Beide sind vielseitig interessiert und neigen andauernd dazu, sich zu verzetteln. Da nun jemand fehlt, der den Wassermann ein bisschen in die Realität zurückführt statt ihn in seinen Illusionen noch zu bestärken, kann es leicht sein, dass die beiden in ihrer Scheinwelt den Kontakt zur Außenwelt verlieren.

Eine zweite Gefahr, die auf zwei Wassermänner in einer Beziehung lauert: Ihre Sexualität, die doch eine gewisse Zielgerichtetheit verlangt, kann einer wunderschönen, aber asexuellen Freundschaft weichen. Traurig daran ist: Sie werden es gar nicht bemerken.

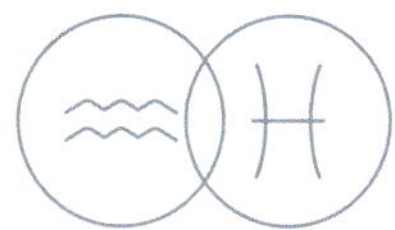

Wassermann und Fische

Die Fische werden zunächst einmal den Wassermann reizen, denn er ist neugierig auf ein Wesen, das ihm so fremd sind. Dabei: So fremd dann auch wieder nicht, denn in der träumerischen Veranlagung ähneln die beiden einander dann doch wieder. Zwei Traumtänzer in einer abgehobenen Umarmung, bei der der eine sich ängstlich festklammert, während der andere versucht, die Sterne zu erreichen. Zärtlichkeit, Behutsamkeit, Wärme und Nähe – alles Dinge, die dem Wassermann behagen und die die Fische reichlich zu geben haben. Was aber, wenn dem Wassermann der Sinn dann doch wieder nach einem stärkeren Partner steht? Und das ist sehr wahrscheinlich, denn in seinem Chaos braucht er ja dringend einen Menschen, der ihn ein wenig leiten kann.

Die Fische ihrerseits werden möglicherweise auch unter dem Wassermann leiden, der so gar nicht berchenbar und zuverlässig ist, und das ist ihnen doch sehr wichtig.

GLÜCKSSTEIN DES WASSERMANNS

Der Smaragd ist der Glücksstein des Wassermanns, seine bevorzugten Farben sind grün. Wassermann-Frauen tragen gerne Schmuck, dabei mischen sie oft Echtes mit Unechtem. Auch in der Kleidung sind Wassermänner übrigens sehr unkonventionell. Sowohl in den Farben als auch in den Stilen mixen sie wild und ungewöhnlich.

BERUF

Utopist, Träumer, Nostalgiker, Pilot, Psychiater, Computer-Freak, Astrologe, Alchemist, Psychoanalytiker, Wissenschaftler

GASTGESCHENK

Über einen Strauß Origami-Blüten, ein Kochbuch über Action-Cooking, eine Flasche Kokos-Likör oder ein Glas Waldhonig sollte sich ein Wassermann eigentlich freuen.

BERÜHMTE WASSERMÄNNER

Wolfgang Amadeus Mozart, Franz Schubert, Wilhelm Furtwängler, Lord Byron, Jules Verne, Edouard Manet, J. K. Huysmans, Hedwig Courths-Mahler, E.T.A. Hoffmann, Colette, Thomas A. Edison, Charles Darwin, Friedrich II., Abraham Lincoln, Franklin D. Roosevelt, Theodor Heuss, Ludwig Ehrhard, Hans-Jochen Vogel, Jack Lemmon, Georg Thomalla, Mario Lanza, Heidi Brühl, Juliette Greco, Kim Novak, Jeanne Moreau, Clark Gable, Pierre Brice.

SPIRITUALITÄT UND IDEALISMUS – SENSIBLER TRÄUMER

Fische leben in einer Traumwelt. Nie sind sie wirklich ganz auf dem Boden der Realität anzutreffen. Meist ist es eine ideale Welt, aus der sie auch die Maximen ihres Handelns gewinnen. Das Ideal der Hilfsbereitschaft, das Ideal der Leichtigkeit, das Ideal der Zurückhaltung, das Ideal des heilen Autos, des gebildeten Kindes, der eingehaltenen Gesetze – die Welt der Ideale ist es, an der sich Fische orientieren und nach denen sie ihr weltliches Leben ausrichten.

Fische sind überdurchschnittlich einfühlsam, sie erfassen Zusammenhänge rasch, finden allerdings oft keinen Weg, ihre Erkenntnisse, Ideen und Ideale Wirklichkeit werden zu lassen. Es mangelt ihnen an Selbstvertrauen und auch an Akzeptanz von den anderen, und nach einem Fehlschlag haben sie meist nicht den Mut und den Optimismus, das Ganze noch einmal zu versuchen. Dabei wäre es für die Fische durchaus wichtig, im Beruf erfolgreich zu sein. Nicht, weil ihnen so viel an einer Karriere liegt, sondern weil ihr Verlangen nach Sicherheit überdurchschnittlich ausgeprägt ist.

Fische werden oft unterschätzt. Sie wirken nicht allzu willensstark und beherrschen auch nicht die Kunst, sich ins rechte Licht zu rücken. Fische verkaufen sich fast immer unter ihrem Wert und oft werden sie aufgrund ihrer Gutmütigkeit ausgenutzt. Ihre Hilfsbereitschaft spricht sich schnell herum und es gibt genügend Menschen, die davon zu profitieren versuchen, ohne je etwas dafür zurückzugeben. Hier sind die Fische hilflos und können sich kaum wehren.

Den Fischen ist ihre Ruhe wichtig, sie lieben es, wenn rund um sie alles in sich ruht und überschaubar ist, wenn nichts Unerwartetes oder Veränderndes passiert. Sie umgeben sich gern mit ausgesuchten, alten Dingen, die für sie spürbar die Aura ihrer Vorbesitzer tragen. In dieser Hinsicht sind sie empfindsam und konsequent: Ein Teil, das sich „falsch anfühlt", kommt nicht in ihre Wohnung.

Was ihr Auftreten angeht, so gehören Fische zu jenen Menschen, denen es sehr wichtig ist, gepflegt und sauber zu erscheinen. Dies als

Eitelkeit zu interpretieren, heißt, den Kern der Sache zu verkennen. Nicht um der Anerkennung durch andere willen, sondern weil es ihrem eigenen Ideal von sich selbst entspricht, wollen sie stets wie aus dem Ei gepellt erscheinen. Das schließt übrigens nicht aus, dass sie in Berufen arbeiten, die mit Öl und Schmutz zu tun haben.

DIE FISCHE UND IHRE MITMENSCHEN

Fische fühlen sich oft von anderen Menschen nicht verstanden und sind daher sehr zurückhaltend. Fische zum Freund zu gewinnen, ist nicht leicht.

Erschütterungen aller Art treffen Fische besonders hart. Egal ob es sich um eine Trennung oder den Verlust eines geliebten Menschen handelt oder um eine Krise oder Kündigung im Arbeitsleben: Fische stürzen in tiefste Depressionen, aus denen sie von allein nur schwer wieder herausfinden. Eine Scheidung kann dazu führen, dass sie im Beruf gänzlich versagen, das kann wiederum mit sich bringen, dass sie auch ihren Job verlieren oder sich aus ihrem sozialen Umfeld zurückziehen – kurz: Fische sind die typischen Opfer, die aus einer Lebenskrise in die nächste schlittern.

Streitereien in der Familie oder im Freundeskreis können dazu führen, dass die Fische davon tatsächlich krank werden oder zumindest nur die halbe Leistung bringen können.

Die Energie und die Leistungsfähigkeit der Fische hängt überhaupt sehr von der Anerkennung der Umgebung ab. Egal ob im Beruf oder im Privatleben: Fische sind nicht selbstbewusst genug, um sich zu stärken. Sie sind auf den Zuspruch von anderen angewiesen, um in Schwung zu kommen. Fische neigen auch dazu, sich der Realität zu verschließen. Oft hängen sie Träumen, Ideen oder längst verflossenen Lieben entgegen jeder Rationalität nach und sie verteidigen auch gerne versponnene Projekte, die für jeden anderen unrealisierbar sind. Möglicherweise hat die Tatsache, dass sich im Zeichen der Fische besonders viele Künstler finden, damit zu tun.

Ein großes Problem der Fische-Geborenen ist ihr Selbstmitleid. Anstatt nach einem Fehlschlag zu analysieren, was schiefgegangen ist, und es neuerlich zu versuchen, trieft der Fisch vor Selbstmitleid. Diese Fische-Eigenschaft wirkt auf manche Menschen geradezu bezaubernd: Für dominante Naturen, die gerne andere an der Hand nehmen, sie trösten und ihnen die Welt erklären, sind Fische wunderbare Medien.

DIE FISCHE UND IHRE GESUNDHEIT

Die Fische haben oft einen sehr niedrigen Blutdruck, der sie morgens nur schlecht in die Gänge kommen lässt.

Sie sind unglaublich sensibel. Daher sind sie leicht zu kränken. Wenn sie sich nicht verstanden fühlen, schlägt sich das auf ihre Befindlichkeit nieder. Besonders im Bereich der Nerven sind Fische gefährdet. Aber auch Krankheiten, die eigentlich keine sind – ein ständiges Hüsteln ohne wirklichen Grund, leichte Ausschläge, die plötzlich auftauchen, unerklärliche Fieberschübe –, sind typisch für Fische, ebenso Krankheiten, die keineswegs lebensbedrohend sind, aber trotzdem die Aufmerksamkeit und die Fürsorge der Umgebung auf sich ziehen. Bei keinem anderen Tierkreiszeichen ist so eine enge Verbindung zwischen „kränkeln“ und „krank“ zu erkennen wie bei den Fischen.

Auch der Magen ist ein sehr empfindliches Organ der Fische. Oft leiden Fische unter Magenverstimmungen und im Allgemeinen müssen sie sehr mit dem Essen achtgeben, weil sie vieles nicht vertragen. Lebensmittelallergien scheinen für den Fische-Menschen erfunden worden zu sein. Fische sind die geborenen Vegetarier und Veganer.

Neben den Nerven und dem Magen sind auch die Atemwege des Fischs gefährdet. Oft kommt es aber auch hier zu keiner richtigen Erkrankung, sondern ein leichtes, chronisches Leiden legitimiert den Fische-Anspruch auf Liebe und Zuwendung, Besorgnis und Trost.

FISCHE UND DIE LIEBE

Wer beruflich viel unterwegs ist, für den sind Fische die richtigen Partner. Die Anforderungen an einen realen Beziehungsalltag schrecken sie ab, ist ihnen doch ihr Alltag oft schon zu viel. Aber der Herzenspartner am anderen Ende der Welt, der etwa eine Weberei im Südsudan aufbaut, als Sozialarbeiter in Bolivien mit Straßenkindern arbeitet oder als Arzt in einem Katastrophengebiet hilft und sich damit für eines der Ideale einsetzt, die ihnen wichtig sind – so ein Mensch ist für die Fische der ideale Partner.

Wer einen starken, durchsetzungsfähigen und stabilen Partner sucht, wer sich gerne selbst ein bisschen führen lässt und nicht gern initiativ ist, wer manchmal verzagt ist und dann jemanden braucht, der ihm voll Optimismus Mut zuspricht, sollte um Fische einen großen Bogen machen. Für Menschen aber, die gerne über andere bestimmen und genug Kraft für zwei haben, die ihr soziales Engagement auch gern auf ihr Privatleben ausdehnen, kann eine Zweierbeziehung zu Fischen sehr befriedigend sein.

Fische können sehr romantisch sein, sie träumen vor sich hin und können in ihrem Elfenbeinturm ihre Liebespartner durchaus bezaubern. Mit Fischen wird man nur selten eine richtige Kumpel-Beziehung haben können. Fische wirken meist eher wie einem Roman der Brontë-Schwestern entstiegen: ein bisschen Pathos, viel Romantik, wenig Sinn für Praktisches.

> Fische sind phantasievoll und schwärmerisch, niemals pragmatisch oder berechnend, obwohl sie sehr auf ihre Sicherheit bedacht sind.

Störend kann es sich in einer Liebesbeziehung auswirken, wenn die schwärmerische Schwermut der Fische zur depressiven Phase wird. Wobei man sich da aber nicht erschrecken lassen darf: Nur weil Fische oft und gerne weinen, gilt das noch nicht als depressiv. Fische weinen nämlich häufig, egal ob sie im Kino einen kitschigen Film sehen, ob sie einen Bericht über einen jungen Zwerghasen im Fernsehen verfolgen oder zufällig bei dem Begräbnis eines völlig Fremden anwesend sind. Sie sind sehr mitfühlend und sensibel und von solchen Szenen leicht angerührt. Das ist aber nichts Beunruhigendes, wichtig ist nur, den leidenden Fisch zu trösten. „Stell dich nicht so an!", ist allerdings kein Trost.

Wer sich in Fische verliebt, braucht vor allem eines: Geduld. Alle Bemühungen, Fische an die Angel zu bekommen, führen früher oder später dazu, dass diese wieder abtauchen. Ganz etwas anderes ist es, wenn Fische selbst den Partner aussuchen. Haben sich Fische nämlich erst einmal entschlossen, in einer Ehe oder einer eheähnlichen Partnerschaft leben zu wollen, dann sind sie liebevoll, aufmerksam und zelebrieren den gemeinsamen Alltag mit hinreißenden kleinen Ritualen.

Und noch eines sind die Fische: absolut treu. Und das verlangen sie auch von ihrem Partner. Freie und offene Beziehungen, in denen Seitensprünge toleriert werden, sind nicht Sache der Fische.

Die romantische Phantasie der Fische macht sich auf jeden Fall aber in der Intimsphäre bezahlt. Fische sind schwärmerische Liebhaber, die es schaffen, in den grauen Alltag eine abgehobene, erotische Atmosphäre zu zaubern, mit der sie ihren Partner verführen und beglücken können.

DIE FISCHE UND IHRE PARTNER

Fische und Widder

Was den Widder am den Fischen fasziniert, ist erklärbar mit dem alten Pygmalion-Thema: Da kommt ein kraftstrotzender Widder des Weges, selbstsicher und voll Optimismus, und trifft auf ein Wesen, das unsicher ist, kraftlos, antriebslos und hilflos. Na, denkt er sich, das wäre doch gelacht, wenn ich daraus nicht etwas machen könnte! Er beginnt also, die Fische zu formen. Was sich auf diese katastrophal auswirkt, denn sie selbst sehen es ja nicht so, dass sie mit ihrem Leben nicht zufrieden sind. Sie möchten natürlich so bleiben, wie sie sind, und überhaupt hassen sie Veränderungen, und der Widder mit seiner lauten und beweglichen Art geht ihnen ziemlich auf die Nerven. Die Fische können nicht damit umgehen, dass der Widder dauernd alles in die Hände nehmen will, obwohl ihn doch das Fischeleben überhaupt nichts angeht, und der Widder findet es unerträglich, dass der Fisch immer nur stillhält. Nach der ersten Beschnupperung also, die für beide ohnehin sehr unbefriedigend ist, wird wieder jeder seines Weges ziehen.

Fische und Stier

Zwei eher passive Wesen stoßen aufeinander und bei Gefallen bleiben sie. So einfach kann die Liebe sein. Andere Tierkreiszeichen, die es lieber voll Leidenschaft und Temperament haben, mögen die ruhige, unauffällige Fische-Stier-Liebe ein bisschen herablassend belächeln, aber sie hat schon einiges für sich. So ruhig und erdverbunden die beiden sind, haben sie die Kraft und die Ausdauer, ein Leben lang miteinander zu leben und dieses Zusammensein ein Leben lang zu genießen.

Diese Beziehung kann sehr harmonisch sein, obwohl sie vermutlich keine besonderen Höhen zulässt. Aber sie ist beständig und relativ konfliktfrei.

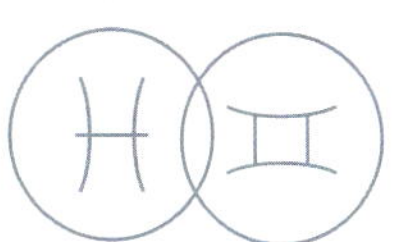

Fische und Zwillinge

Hier gibt es Ähnlichkeiten in der Anpassungsfähigkeit, in der Zurückhaltung und der Unaufdringlichkeit. Die Zwillinge schaffen es, mit ihrer lebensbejahenden Art die Fische aus ihrem larmoyanten Dasein herauszuholen und zu motivieren. Die Fische wiederum schaffen es, die Zwillinge zu philosophischen Überlegungen zu inspirieren, die in ihrer ein wenig oberflächlichen Gedankenwelt sonst nicht vorkommen. Doch was die Zwillinge kurz nach dem Kennenlernen noch besonders nett fanden, nämlich die fischige Lebensangst, die nach einem Beschützer schreit, geht ihnen nach einigen Wochen fürchterlich auf die Nerven.

Und die Fische, die sich zu Beginn noch mit den Zwillingen wie in einem Abenteuerurlaub gefühlt haben, sehnen sich nach ihrer vertrauten Ruhe und Geborgenheit, die sie beim Zwilling nicht finden. Auch in der Kommunikation können gröbere Schwierigkeiten auftreten, Zwillinge und Fische sind eindeutig gefährdet, im wahrsten Sinn des Wortes aneinander vorbeizureden. Die Zwillinge müssen alles Erlebte und Wahrgenommene in Worte kleiden und lechzen nach verbalem Feedback, die Fische meinen auch in Gesten und kleinen Zeichen genug zur Unterhaltung beizutragen. Keine sehr vielversprechende Kombination!

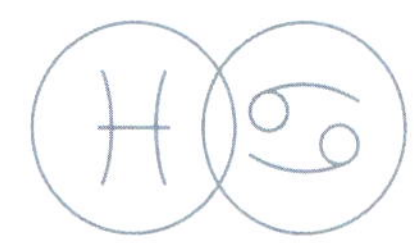

Fische und Krebs

Menschen, die einander an den Händen halten und dabei zügig gegen den nächsten Laternenmast laufen, sind typische Vertreter dieser Verbindung.

Zwei Träumer treffen aufeinander, sprechen dieselbe Sprache und werden sofort und auf der Stelle ins Reich der ewigen Liebe abtauchen. Krebs-und-Fische-Konstellationen erkennt man vor allem daran, dass keiner der beiden Partner auch nur einen Blick für die Umwelt hat. Natürlich kann eine Beziehung, die im wahrsten Sinne des Wortes im siebten Himmel spielt, ihre Gefahren in sich bergen: Denn Krebs und Fische sind dermaßen in sich gekehrt und verträumt, dass es ihnen leicht passieren kann, den Bezug zur Realität aus den Augen zu verlieren.

Der Krebs ist in dieser Verbindung eindeutig der Wachere und Stärkere, er wird das Haus hüten und schauen, dass Lebensmittel im Kühlschrank und Geld in der Kasse sind. Die Fische hingegen lassen sich völlig sinken in die plüschige Liebe des Krebses und möchten am liebsten die Augen nie mehr aufmachen, sondern nur mehr der Liebe frönen. Doch von Luft und Liebe allein kann man nicht leben. Und das wiederum kann für den Krebs ein Problem werden, denn er braucht seine Sicherheit, auch im wirtschaftlichen Bereich. Er möchte sich auf jemand verlassen können und das gelingt ihm beim Fisch nicht wirklich. Also: Eine wunderschöne, romantische und zärtliche Liebe, aber für den rauen Alltag nicht geschaffen.

Fische und Löwe

Ein spannendes Experiment: Der Löwe, der Meister der Selbstsicherheit, der stärkste Vertreter aller Tierkreiszeichen, der unerschütterliche Kämpfer um den vordersten Platz, trifft auf die Fische, unsicher und orientierungslos, ein wenig farblos und bestenfalls chamäleonartig, je nach Umgebung. Der Löwe will Raum, wo immer er sich anbietet. Die Fisch wollen sich am liebsten verkriechen, möchten möglichst unauffällig sein und ja nirgendwo anecken. Dass diese Geschichte schiefgeht, liegt auf der Hand. Glücklicherweise wird es in den seltensten Fällen zu diesem Experiment kommen, denn dass Fische und Löwe aneinander Gefallen finden, geschieht so gut wie nie. Wie denn auch? Für die Fische ist der Löwe wie von einem anderen Stern. Sie können nichts anfangen mit dieser Lautstärke, diesem ständigen Sich-in-Szene-Setzen, diesem herrischen Gehabe. Und der Löwe seinerseits wird die Fische nicht einmal bemerken, denn eine gewisse Mindestpräsenz erwartet der Löwe sogar von seinen Bewunderern. Diese Beziehung wird also kaum stattfinden, weil sie für keinen der Betroffenen auch nur im Ansatz interessant und erstrebenswert erscheint.

Und wenn sie doch aus unerklärlichen und seltsamen Gründen passiert, sollten Löwe und Fische gut daran tun, die Angelegenheit so rasch wie möglich zu beenden, denn: Besser eine Ende mit Schrecken als ein Schrecken ohne Ende.

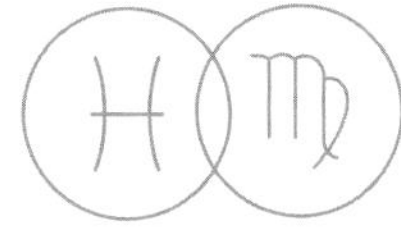

Fische und Jungfrau

Was die beiden verbindet, ist zunächst einmal ihre Einstellung zur Treue. Jungfrau und Fische können sich aufeinander verlassen. Und das ist auch schon so ziemlich alles, was sich an Positivem über diese Beziehung sagen lässt. Neben ihnen verkümmert die Jungfrau zu einem Bündel an Traditionen und Verpflichtungen, jedwede Phantasie, die ihr Intellekt durchaus gestatten würde, wird begraben. Und auch für die Fische birgt diese Konstellation keine besonderen Vorteile: Weder kreative Impulse noch geistige oder sexuelle Anregungen werden von der Jungfrau kommen. Wenn man also auch nur den geringsten Anspruch an Spannung in einer Beziehung stellt, sollte man von dieser Kombination die Finger lassen – solange man noch kann, denn hier besteht die ernsthafte Gefahr, dass man, sobald diese Konstellation wirksam wird, einfach einschläft.

Wo andere Tierkreiszeichen entweder das Positive aus der Jungfrau herausholen oder durch ihre Andersartigkeit in der Jungfrau einen süßen und begehrenswerten Ruhepol sehen, da bewirken die Fische nichts von alledem.

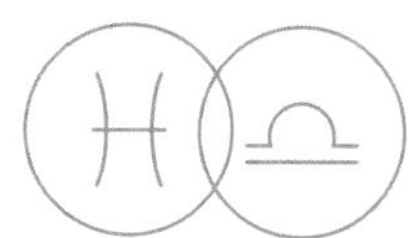

Fische und Waage

Wenn die Waage auf einen Fische-Geborenen trifft, wird sie zunächst einmal nicht Feuer fangen, zu bürgerlich erscheint ihr dieser zurückhaltende Mensch. Es sei denn, sie hat gerade eine Krise, da kommen ihr die verständnisvollen Fische, die sich selbst nicht in den Mittelpunkt stellen, sehr gelegen. Sie werden die Waage blind bewundern und sich um sie kümmern, sie werden versuchen, ihr nur jede erdenkliche Freude zu machen, und wie dankt es ihnen die Waage? Sie wird bei ihnen verweilen, wenn sie müde und erholungsbedürftig ist, doch sobald sie bei Kräften ist, werden ihr die Fische zu langweilig sein. Eigentlich traurig, denn die Waage wäre mit den Fischen gut beraten. Doch seit wann handeln Waagen vernünftig? Die Fische müssen schon sehr robust sein, um neben der Waage bestehen zu können. Immer vorausgesetzt, die Fische haben auch Lust, sich mit ihrer tiefen Sensibilität der Launenhaftigkeit und Oberflächlichkeit der Waage auszusetzen.

Schaffen sie es und kommen sie damit zurecht, dass die Waage mehr Bewunderer als nur einen Menschen braucht, dann kann die Sache auch klappen.

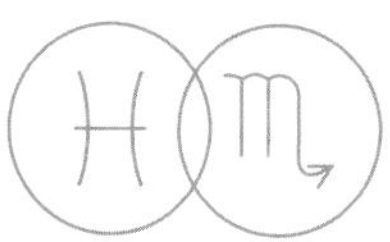

Fische und Skorpion

Eine nette Beziehung, der es an Erotik, an Temperament, an Herausforderung mangelt, die aber freundschaftlich, ruhig und unspektakulär ist. Was der Skorpion nur leider nicht sehr schätzt. Dennoch: Gute Chancen, denn die Fische unterwerfen sich mit größter Wahrscheinlichkeit dem Skorpion komplett und ohne Widerspruch. Glücklich, jemanden gefunden zu haben, der tapfer alle Schwierigkeiten des Lebens auf sich nimmt, der nicht nur vor dem Finanzamt und dem Elternsprechtag keine Angst hat, sondern sogar ein soziales Leben organisieren kann, sind die Fische tief beeindruckt und lassen sich, soweit möglich, noch mehr fallen. Der Skorpion erkennt seine Chance, das Alpha-Tier zu spielen, und nimmt die Zügel in die Hand. Das geht genau solange gut, wie der Skorpion noch Spaß daran hat, den Fischen seine Souveränität zu demonstrieren.

Sobald ihn das langweilt, wird es ihn nicht mehr lange in der Fische-Beziehung halten, denn eigentlich schwebt dem Skorpion an Partnerschaft auch etwas anderes vor: In Wahrheit mag er starke Menschen um sich, an denen er sich reiben kann, denn daraus bezieht er schließlich neue Energien.

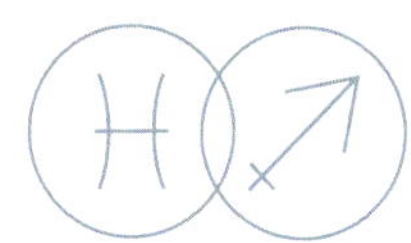

Fische und Schütze

Eigentlich keine Kombination, zu der man raten sollte: der Schütze, dem vergnüglichen Leben zugewandt und voll Tatendrang, neben den Fischen, die ängstlich und introvertiert vor allem zurückschrecken. Der Schütze findet die Fische zunächst langweilig und kleinkariert, die Fische schrecken vor der Kühnheit und Neugier des Schützen zurück. Also eigentlich schlechte Karten für die Kombination Schütze–Fische. Doch ist da etwas, das unter Umständen stark genug sein kann, um entgegen aller Wahrscheinlichkeit die Konstellation doch zu einer beglückenden Liebe zu bringen: Fische machen Sehnsucht. Der Schütze nämlich ist in seinem Innersten trotz seiner Liebe zur Freiheit und seinem Drang zum Vergnügen immer auf der Suche nach einer Heimat, einem Zuhause, das ihn beschützend aufnimmt. Und das findet er in den Fischen. Wenn die Fische ihm genug Freiheit lassen, sodass der Schütze sich auch anderswo austoben kann, dann mag es durchaus sein, dass der Schütze nach seinen Abenteuern immer wieder zu den Fischen nach Hause zurückkehrt und sich dort seine Wunden lecken lässt, die die böse Welt ihm gelegentlich schlägt.

Fische und Steinbock

Der Steinbock ist ebenso realitätsverbunden, wie die Fische Träumer sind. Wo der Steinbock sich durchsetzt, zögern die Fische. Wo der Steinbock seine Meinung fest behauptet, versuchen die Fische ängstlich, sich den Erwartungen der anderen anzupassen. Eigentlich nicht gerade die Idealvorstellung einer Liebe. Und doch können die beiden sehr gut miteinander. Denn der Steinbock kann in der Verbindung mit den Fischen seine Rolle als Chef eindeutig übernehmen, ohne sich diesen Platz erkämpfen zu müssen, und möglicherweise bringen ihn die furchtsamen Fische auch dazu, dass er ihnen gegenüber ganz ungewöhnlich zärtliche Gefühle entwickelt. Die Fische hingegen genießen die Stärke des Steinbocks, seine Konsequenz und seine Furchtlosigkeit.

> Sie fühlen sich wohl und beschützt und zum Dank für diese Geborgenheit lassen sie auch keinerlei Zweifel daran aufkommen, wer hier der Boss ist.

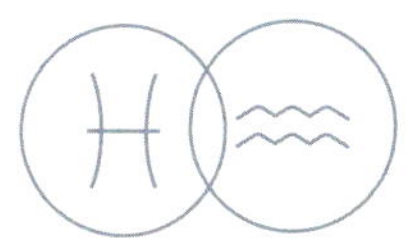

Fische und Wassermann

Die Fische werden zunächst einmal den Wassermann reizen, denn dieser ist neugierig auf Wesen, die ihm so sehr fremd sind. So fremd dann auch wieder nicht, denn in der träumerischen Veranlagung ähneln die beiden einander dann doch wieder: zwei Traumtänzer in einer abgehobenen Umarmung, bei der der eine sich ängstlich festklammert, während der andere versucht, die Sterne zu erreichen. Was aber, wenn dem Wassermann der Sinn dann doch wieder nach einem stärkeren Partner steht? Und das ist sehr wahrscheinlich, denn in seinem Chaos braucht er ja dringend einen Menschen um sich, der ihn ein wenig leiten kann. Die Fische ihrerseits werden möglicherweise auch unter dem Wassermann leiden, der so gar nicht berechenbar und zuverlässig ist, und das ist den Fischen doch sehr wichtig.

Zärtlichkeit, Behutsamkeit, Wärme und Nähe – alles Dinge, die dem Wassermann behagen und die die Fische reichlich zu geben haben.

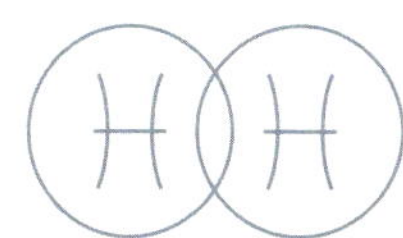

Fische und Fische

Zwar werden die beiden einander sofort als ebenbürtig erkennen, aber dass die Beziehung zwischen zwei Wesen, die so wenig Substanz haben wie zwei Fische, befriedigend sein kann, ist unwahrscheinlich. Denn eigentlich wünscht sich ja jeder der beiden einen starken Partner, an den man sich anlehnen kann und der die unangenehmen Aufgaben im Leben übernimmt, der den Steuerbescheid ausfüllt, ein fehlerhaftes Gerät ins Geschäft zurückträgt und das Geld zurückverlangt oder dem ärgerlichen Nachbarn sagt, dass es einem eigentlich egal ist, ob die Blätter des eigenen Baumes in seinen Garten fallen. Nun sind aber zwei Fische zusammen, und all diese Dinge bleiben ungetan. Das wäre eigentlich auch egal, aber die Fische wollen ja Ordnung in ihrem Leben haben, weil sie voller Sorge sind, dass das Schicksal sie sonst in irgendeiner Form bestraft.

Also werden sie beide vorsichtig und furchtsam durchs Leben gehen, ängstlich darauf bedacht, es allen recht zu machen. Und das kann für eine Liebesbeziehung nicht sehr befriedigend sein.

GLÜCKSSTEIN DER FISCHE

Der Aquamarin ist ein typischer Fische-Stein. Klar und unaufdringlich, unverwechselbar und zurückhaltend repräsentiert er alles, was auch den Fische-Geborenen charakterisiert.

BERUF

Musiker, Dichter, Senatoren, Ingenieure, Polizisten, Verwalter, Geschäftsführer, Pädagogen, Mystiker, Parapsychologen

GASTGESCHENK

Über einen Strauß Flieder, ein Kochbuch über fernöstliche Küche, eine Flasche Champagner, eine Platte mit altfranzösischen Chansons sollten sich die Fische eigentlich freuen.

BERÜHMTE FISCHE

Georg Friedrich Händel, Frédéric Chopin, Max Reger, Paul Gerhardt, Oskar Kokoschka, Victor Hugo, Gabriele d'Annunzio, Henrik Ibsen, Luis Buñuel, Erich Kästner, Karl May, Robert de Montesquieu, Nikolaus Kopernikus, Rudolf Steiner, Albert Einstein, Galileo Galilei, Arthur Schopenhauer, Carl Jaspers, Gottlieb Daimler, Hans-Dietrich Genscher, Marlon Brando, Zarah Leander, Karlheinz Böhm, Rex Harrison, Rudolf Nurejew, Enrico Caruso, Elizabeth Taylor, Jennifer Jones

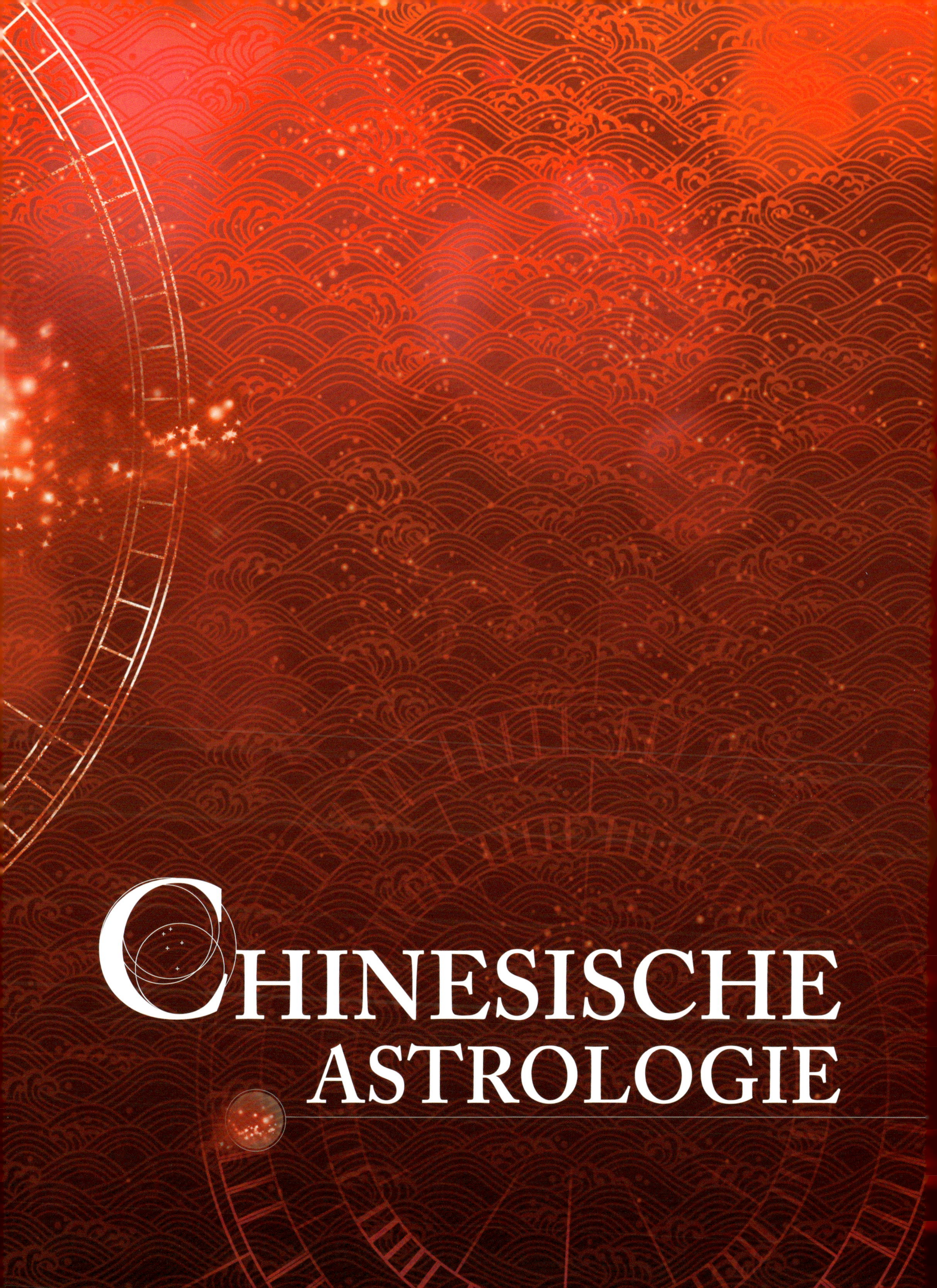
CHINESISCHE
ASTROLOGIE

DIE CHINESISCHE ASTROLOGIE

Am 6. Februar 2018 haben auch europäische Radiohörer erfahren, dass in China nun das Jahr des Hundes angebrochen ist. Die meisten werden mit dieser Information nicht viel verbunden haben. Doch prägt der Hund alle Menschen, die in „seinem" Jahr geboren sind – und das dauert bis zum 4. Februar 2019. Und ein Jahr des Hundes beeinflusst auch all die Menschen, die nicht in diesem Jahr geboren wurden. In welcher Form sich diese Einflüsse auswirken, hängt von dem Tier ab, das wiederum das Geburtsjahr dieser Menschen regiert hat. Dazu mehr bei den einzelnen chinesischen Tierkreiszeichen.

Die zwölf Tiere des chinesischen Tierkreises regieren jeweils ein ganzes Mondjahr. Der Jahreswechsel findet stets bei Neumond zwischen dem 20. Januar und dem 19. Februar statt, oder, genauer ausgedrückt: beim zweiten Neumond nach der Wintersonnenwende.

Mit genauer Planetenbeobachtung und daher Astrologie im westlichen Sinn hat die chinesische Astrologie weniger zu tun als vielmehr mit einem Studium der langfristigen Rhythmen des Mondes, der Sonne und der Natur. Die chinesische Astrologie ist fest in den wechselnden Mustern des irdischen Lebens verankert.

Sie basiert auf taoistischer Lehre, die das Universum als ständige Ebbe und Flut zwischen den beiden Prinzipien des Männlichen und Weiblichen, zwischen Yin und Yang auffasst. Diese Prinzipien werden durch Sonne (Yin) und Mond (Yang) dargestellt und prägen immer abwechselnd ein Jahr.

Die verbleibenden fünf den alten Chinesen bekannten Planeten – hier kommt nun doch die Sternenkunde zum Tragen – bilden eine Grundlage des chinesischen Tierkreises. Jedem dieser Planeten ist ein Element zugeordnet:

PLANET	ELEMENT
Merkur	Wasser
Venus	Metall
Mars	Feuer
Jupiter	Holz
Saturn	Erde

Diese fünf Elemente begleiten in einem zweijährigen Wechsel die Abfolge der Jahre und üben im Rahmen der Yin-Yang-Polarität ein Jahr lang einen aufbauenden, im zweiten einen abbauenden Einfluss aus.

Einer Sage nach wurden die fünf Elemente verdoppelt zu zehn Elementenmüttern und diese gebaren zwölf Kinder, die zwölf Tiere des chinesischen Tierkreises: Ratte, Büffel, Tiger, Hase, Drache, Schlange, Pferd, Ziege, Affe, Hahn, Hund und Schwein.

Einer anderen Sage nach gehen diese zwölf Tiere auf Buddha zurück, der sich von allen Lebewesen verabschieden wollte, ehe er die Erde verließ. Doch es kamen nur zwölf Tiere, und um deren Treue zu belohnen, übergab er jedem von ihnen die Herrschaft über jeweils ein Mondjahr.

Die Reihenfolge, in der die Tiere herrschen, ist stets die gleiche. Der nachfolgenden Übersicht über den chinesischen Kalender können Sie leicht entnehmen, im Zeichen von welchem Tier Sie geboren worden sind und welches Element Sie bestimmt.

Natürlich heißt das nicht, dass alle Menschen, die im selben Jahr geboren sind, den gleichen Charakter besitzen. Doch Lehrer wissen: Jeder Jahrgang ist anders. Und dennoch würde kein Lehrer sagen, alle Schüler eines Jahrgangs seien gleich.

CHINESISCHE JAHRESREGENTEN BIS 2020

31.01.1900–18.02.1901	Ratte	Metall
19.02.1901–07.02.1902	Büffel	Metall
08.02.1902–28.01.1903	Tiger	Wasser
29.01.1903–15.02.1904	Hase	Wasser
16.02.1904–03.02.1905	Drache	Holz
04.02.1905–24.01.1906	Schlange	Holz
25.01.1906–12.02.1907	Pferd	Feuer
13.02.1907–01.02.1908	Ziege	Feuer
02.02.1908–21.01.1909	Affe	Erde
22.01.1909–09.02.1910	Hahn	Erde
10.02.1910–29.01.1911	Hund	Metall
30.01.1911–17.02.1912	Schwein	Metall
18.02.1912–05.02.1913	Ratte	Wasser
06.02.1913–25.01.1914	Büffel	Wasser
26.01.1914–13.02.1915	Tiger	Holz
14.02.1915–02.02.1916	Hase	Holz
03.02.1916–22.01.1917	Drache	Feuer
23.01.1917–10.02.1918	Schlange	Feuer
11.02.1918–31.01.1919	Pferd	Erde
01.02.1919–19.02.1920	Ziege	Erde
20.02.1920–07.02.1921	Affe	Metall
08.02.1921–27.01.1922	Hahn	Metall
28.01.1922–15.02.1923	Hund	Wasser
16.02.1923–04.02.1924	Schwein	Wasser
05.02.1924–24.01.1925	Ratte	Holz
25.01.1925–12.02.1926	Büffel	Holz
13.02.1926–01.02.1927	Tiger	Feuer
02.02.1927–22.01.1928	Hase	Feuer
23.01.1928–09.02.1929	Drache	Erde
10.02.1929–29.01.1930	Schlange	Erde
30.01.1930–16.02.1931	Pferd	Metall
17.02.1931–05.02.1932	Ziege	Metall
06.02.1932–25.01.1933	Affe	Wasser
26.01.1933–13.02.1934	Hahn	Wasser
14.02.1934–03.02.1935	Hund	Holz
04.02.1935–23.01.1936	Schwein	Holz
24.01.1936–10.02.1937	Ratte	Feuer
11.02.1937–30.01.1938	Büffel	Feuer
31.01.1938–18.02.1939	Tiger	Erde
19.02.1939–07.02.1940	Hase	Erde
08.02.1940–26.01.1941	Drache	Metall
27.01.1941–14.02.1942	Schlange	Metall
15.02.1942–04.02.1943	Pferd	Wasser
05.02.1943–24.01.1944	Ziege	Wasser
25.01.1944–12.02.1945	Affe	Holz
13.02.1945–01.02.1946	Hahn	Holz
02.02.1946–21.01.1947	Hund	Feuer
22.01.1947–09.02.1948	Schwein	Feuer
10.02.1948–28.01.1949	Ratte	Erde
29.01.1949–16.02.1950	Büffel	Erde
17.02.1950–05.02.1951	Tiger	Metall
06.02.1951–26.02.1952	Hase	Metall
27.02.1952–13.02.1953	Drache	Wasser
14.02.1953–02.02.1954	Schlange	Wasser
03.02.1954–23.01.1955	Pferd	Holz
24.01.1955–11.02.1956	Ziege	Holz
12.02.1956–30.01.1957	Affe	Feuer
31.01.1957–17.02.1958	Hahn	Feuer

18.02.1958–07.02.1959	Hund	Erde
08.02.1959–27.01.1960	Schwein	Erde
28.01.1960–14.02.1961	Ratte	Metall
15.02.1961–04.02.1962	Büffel	Metall
05.02.1962–24.01.1963	Tiger	Wasser
25.01.1963–12.02.1964	Hase	Wasser
13.02.1964–01.02.1965	Drache	Holz
02.02.1965–20.01.1966	Schlange	Holz
21.01.1966–08.02.1967	Pferd	Feuer
09.02.1967–29.01.1968	Ziege	Feuer
30.01.1968–16.02.1969	Affe	Erde
17.02.1969–05.02.1970	Hahn	Erde
06.02.1970–26.01.1971	Hund	Metall
27.01.1971–15.02.1972	Schwein	Metall
16.02.1972–02.02.1973	Ratte	Wasser
03.02.1973–22.01.1974	Büffel	Wasser
23.01.1974–10.02.1975	Tiger	Holz
11.02.1975–30.01.1976	Hase	Holz
31.01.1976–17.02.1977	Drache	Feuer
18.02.1977–06.02.1978	Schlange	Feuer
07.02.1978–27.01.1979	Pferd	Erde
28.01.1979–15.02.1980	Ziege	Erde
16.02.1980–04.02.1981	Affe	Metall
05.02.1981–24.01.1982	Hahn	Metall
25.01.1982–12.02.1983	Hund	Wasser
13.02.1983–01.02.1984	Schwein	Wasser
02.02.1984–19.02.1985	Ratte	Holz
20.02.1985–08.02.1986	Büffel	Holz
09.02.1986–28.01.1987	Tiger	Feuer
29.01.1987–16.02.1988	Hase	Feuer
17.02.1988–05.02.1989	Drache	Erde

06.02.1989–26.01.1990	Schlange	Erde
27.01.1990–15.02.1991	Pferd	Metall
16.02.1991–03.02.1992	Ziege	Metall
04.02.1992–22.01.1993	Affe	Wasser
23.01.1993–09.02.1994	Hahn	Wasser
10.02.1994–30.01.1995	Hund	Holz
31.01.1995–18.02.1996	Schwein	Holz
19.02.1996–06.02.1997	Ratte	Feuer
07.02.1997–27.01.1998	Büffel	Feuer
28.01.1998–15.02.1999	Tiger	Erde
16.02.1999–04.02.2000	Hase	Erde
05.02.2000–23.01.2001	Drache	Metall
24.01.2001–11.02.2002	Schlange	Metall
12.02.2002–31.01.2003	Pferd	Wasser
01.02.2003–21.01.2004	Ziege	Wasser
22.01.2004–08.02.2005	Affe	Holz
09.02.2005–28.01.2006	Hahn	Holz
29.01.2006–17.02.2007	Hund	Feuer
18.02.2007–06.02.2008	Schwein	Feuer
07.02.2008–25.01.2009	Ratte	Erde
26.01.2009–13.02.2010	Büffel	Erde
14.02.2010–02.02.2011	Tiger	Metall
03.02.2011–22.01.2012	Hase	Metall
23.01.2012–09.02.2013	Drache	Wasser
10.02.2013–30.01.2014	Schlange	Wasser
31.01.2014–18.02.2015	Pferd	Holz
19.02.2015–07.02.2016	Ziege	Holz
08.02.2016–27.02.2017	Affe	Feuer
28.10.2017–15.02.2018	Hahn	Feuer
16.02.2018–04.02.2019	Hund	Erde
05.02.2019–24.01.2020	Schwein	Erde

DER JAHRESREGENT RATTE – DIE ANLAGEN UND MÖGLICHKEITEN

Wenn hier die chinesischen Tierkreiszeichen und ihre Aussagen über unsere Stärken und Schwächen, unseren Charakter und unser Wesen ausführlicher vorgestellt werden, so geschieht dies mit gutem Grund. Es hat sich gezeigt, dass die chinesischen Horoskope, die auf langfristiger Mondbeobachtung beruhen, eine wirksame Ergänzung zu unseren Planetenhoroskopen bilden, in denen manchmal ein paar Minuten über den Aszendenten entscheiden können, was vielen Kritikern als zu kurzfristig erscheint, da ja auch der genaue Zeitpunkt der Geburt nur auf fünf Minuten genau festgehalten wird. Sollten Sie also das Gefühl haben, dass Sie in „Ihr" Tierkreiszeichen nicht so recht hineinpassen, so könnte es sein, dass Sie sich in der Charakteristik „Ihres" chinesischen Tierkreiszeichens besser wiedererkennen.

Nur bei Neujahrsbabys ist die genaue Uhrzeit der Geburt in der Regel bekannt.

PRINZIP	aktiv, Yang
FARBE	Blau
GLÜCKSZAHL	5
SYMBOL FÜR	Weisheit
WESEN DES RATTE-JAHRES	Kraft und Fortschritt in der Erkenntnis

Ehrgeizig und einfühlsam, liebenswürdig und ein geborener Familienmensch, das ist die typische Ratte, der boshafte Zungen auch eine gewisse Oberflächlichkeit nachsagen. Weisheit und Vollkommenheit sind das Ziel, nach dem viele Ratten streben. Eigenschaften wie Zielstrebigkeit und Durchhaltevermögen helfen ihnen, dieses Ziel zu erreichen. Im Extremfall kann das Streben nach Vollkommenheit zu Perfektionismus oder zu Ersatzhandlungen

führen: Anstatt das Wichtigste in Angriff zu nehmen, investiert die Ratte ihre Energie auf Nebenschauplätzen, sei es, weil sie das eigentliche Ziel nicht erkannt hat, sei es, weil Umstände sie daran hindern, es weiter zu verfolgen.

Die eigenen Grenzen sind für die Ratte kein Thema, wenn es um eine wichtige Sache geht. Ehrgeiz und Erfolgsstreben treffen auf die nötige Angriffslust, mit der Ziele angepackt und verfolgt werden, und kaum jemanden wird es verwundern, dass die Ratte dazu neigt, sich zu überarbeiten. Von anderen Menschen werden Ratten meist geachtet. Das liegt einerseits an ihrer Unbestechlichkeit, andererseits an ihrer liebenswürdigen und höflichen Art, mit anderen Menschen umzugehen.

Guter Geschmack, Sinn für Schönheit und Eleganz ist vielen Ratten selbstverständlich. Einfallsreichtum und Ausdrucksstärke runden dieses Bild ab. Im Extremfall kann die Ratte ein speichelleckender, Äußerlichkeiten nachjagender, starrsinniger Perfektionist sein. Solange die Ratte jedoch ihre Ziele reflektiert und über den Sinn ihres Tuns nachdenkt, wird sie ihr Streben nach Vollkommenheit im Sinne einer Sache einsetzen, die dies wert ist, und mit ihrer Liebenswürdigkeit andere Menschen zur Mitarbeit begeistern.

Ihr Streben nach Vollkommenheit erstreckt sich auch auf den Bereich der Ästhetik.

Das Ergebnis wird vielleicht nie perfekt sein, sich aber jedenfalls nicht dem Vorwurf der Schlamperei aussetzen müssen.

BERUF

Berufe, die für Ratten ideal sind, sind solche, in denen sie ihren Ehrgeiz und Perfektionsdrang ausleben können. Wo die eigene Persönlichkeit als Führungselement gefordert ist, treten leicht ihre negativen Eigenschaften in den Vordergrund: Ehrgeiz und durchschaubare Schmeichlerei. Künstlerische Berufe bieten ihnen die Chance, ihr ästhetisches Empfinden mit Zielstrebigkeit und Fleiß zu verbinden; allerdings dürfte es ihnen an der nötigen Intuition mangeln. Deshalb ist es für eine Ratte meist empfehlenswert, sich mit einem Partner zusammen zu tun – Hasen oder Drachen bilden ideale Ergänzungen.

Führung aufgrund von Sachkompetenz und dem Vorbild des eigenen persönlichen Einsatzes fällt den eleganten Ratten leicht.

Geld ist für eine Ratte kein Problem: Solange sie verliebt ist, ist sie großzügig, sobald sie ein Ziel hat, spart sie dafür und sobald sie ihr Ziel aus den Augen verliert, wird sie zum Geizhals.

Wieder gilt der Rat, den Sinn und Zweck des eigenen Tuns hin und wieder zu hinterfragen.

GESUNDHEIT

Gesundheit ist für die typische Ratte kein Thema. Signale, die ihr Körper aussendet, nimmt sie am liebsten gar nicht zur Kenntnis, dabei sollte sie sich unbedingt mit Entspannungstechniken befassen. Denn wenn sie mit ihrer Gesundheit Probleme bekommt, dann ist es meist der Magen oder zu hoher Blutdruck, der ihr zu schaffen macht. Kaffee, Schnäpse und fettes Fleisch sind daher von Ratten besonders zu meiden.

ALLGEMEIN

Grundsätzlich aber wird die Ratte von einer Kraft begleitet, die ihr hilft, ihre Ziele zu erreichen. In Jahren, die im Zeichen des Büffels oder des Hundes stehen, wird diese Kraft auf natürliche Weise unterstützt, ähnlich auch in Jahren des Tigers und des Schweines. In Pferd- und Schlange-Jahren dagegen wird die eigene Energie der Ratte eher gebremst – diese Jahre sollten als Zeit für Besinnung und Entwicklung nach innen genutzt werden.

In Jahren der Ratte können sich Ratten natürlich am besten entfalten, müssen aber auch besonders darauf achten, nicht in ihre typischen Fehler zu verfallen.

WER PASST ZUR RATTE?

Die Ratte und die Liebe – dabei steht das Streben nach Vollkommenheit in besonders problematischer Weise im Vordergrund. Das heißt nicht, dass Ratten zur Partnerschaft unfähig sind, aber sie sind erst dann in der Lage, mit einem Partner glücklich zu werden, wenn sie ihm das Recht eingestehen, unvollkommen zu sein – besonders auf Gebieten, in denen sie selbst nahezu perfekt sind. „Nobody is perfect" sollte bei der Beurteilung anderer Menschen gerade in Beziehungsdingen für Ratten groß geschrieben werden, dann erleben sie weniger Enttäuschungen. Wer damit umgehen kann, findet in der Ratte einen anspruchsvollen, intelligenten Partner, der die Beziehung ernst nimmt.

BERÜHMTE RATTEN

William Shakespeare, Doris Day, Joan Collins und Marlon Brando gehören zu den Ratten. Eine andere ehrgeizige Ratte ist Ivan Lendl. Wolfgang Amadeus Mozart wurde ebenfalls in einem Jahr der Ratte geboren. Das Gleiche gilt für Richard Nixon, der auch in einem Jahr der Ratte geboren wurde. Auch der englische Thronfolger Prinz Charles gehört zu diesen Nagetieren.

Der englische Thronfolger Prinz Charles hat das chinesische Sternzeichen Ratte.

DIE RATTE UND DIE WESTLICHEN TIERKREISZEICHEN

Widder-Ratten sind dynamisch, entschlossen und gewohnt, sich durchzusetzen – die geborenen Manager. Entscheidungsfreudig und energisch gehen sie die Aufgaben des Lebens an, mit Freude ernten sie ihre Erfolge. Meist dem anderen Geschlecht sehr zugetan, verstricken sie sich in vielen Abenteuern, obgleich sie sich eigentlich nach einer dauerhaften Beziehung sehnen.

Stier-Ratten haben ein ausgeprägtes Gefühl für angenehme, schöne Dinge des Lebens: Wohnung, Familie, Sex. Sie sind liebenswürdig und großartige Partner. Im Geschäftsleben dominiert eine zielgerichtete Haltung dem Geld gegenüber, das als Mittel zum Erreichen des häuslichen Luxus betrachtet wird.

Zwillinge-Ratten sind Ratten in ihrem Element. Zwillingen und Ratten sind viele Dinge gemeinsam. Beide sind Meister in der Pflege sozialer Beziehungen und weitgestreuter

Freundschaften und so ist Einsamkeit ein Fremdwort. Auch in der Liebe haben diese Ratten meist Erfolg.

Krebs-Ratten sind empfindlich und leicht eingeschnappt und können mit Kritik nicht gut umgehen. Ihre tiefgehenden Emotionen lassen sie jedoch nach einer Partnerschaft fürs Leben suchen und ihr Sachverstand sorgt dafür, dass ihre wirtschaftliche Grundlage nicht ganz verloren geht.

Löwe-Ratten sind großartige Liebhaber und Freunde. Zwar tragen sie den Kopf etwas hoch und gelten leicht als arrogant, doch gibt die Kraft des Löwen der Ratte den Mut, auf der Gefühlsebene aufzumachen.

Jungfrau-Ratten sind mutig, halten mit ihrer Meinung nicht hinter dem Berg und besitzen Qualitätsbewusstsein und Fürsorglichkeit ihrer Familie gegenüber. Mit Geld gehen sie sehr bewusst um, was bisweilen Probleme schafft.

Waage-Ratten sind keineswegs so ausgewogen, wie man meinen sollte: Sie sind sanfte Meister der Überredungskunst, lieben den Luxus und haben ein ausgeprägtes Bedürfnis nach körperlicher Nähe – und das macht sie zu umschwärmten Wesen, die mancher gern als Partner hätte.

Skorpion-Ratten haben einen ausgeprägten Sinn für Wahrheit, sind temperamentvoll und neigen zu stürmischen romantischen Liebschaften. Möglicherweise verzetteln sie sich, weil sie in alle Richtungen gleichzeitig schießen wollen, und ihr eigenes Ich nehmen sie überaus wichtig.

Schütze-Ratten ist die Tendenz der Ratten zu Idealismus und Experimenten in besonders starkem Maße eigen. Stillsitzen ist für diese Menschen ein Problem, sie sollten sich einen abwechslungsreichen Beruf ohne langfristige Bindungen suchen. Ihre Versprechungen gehen manchmal mit ihnen durch und sie können nicht alles einhalten, was sie sich vornehmen.

Steinbock-Ratten sind wählerisch und kritisch, aber beständig. Ihr Verantwortungsbewusstsein ist ausgeprägt, besonders der Familie gegenüber. Vor Sorge verfinstert sich manchmal ihr Blick und Sicherheit ist ihnen wichtig. Sie fühlen sich leicht ausgeschlossen.

Wassermann-Ratten sind kluge, wenn auch unruhige Geister, die von einem Ziel zum nächsten streben. Schillernde, exzentrische Persönlichkeiten, denen das Leben ein Vergnügen ist, treten in dieser Kombination häufiger auf. Sie sind schwer einzuschätzen und ob man sie liebt oder hasst, liegt nicht in ihrer eigenen Macht. Eines ist sicher: Mit einer solchen Ratte ist das Leben nie langweilig.

Fische-Ratten sind nervös, leicht ängstlich, aber auch kreativ und liebevoll. Sie suchen beharrlich nach dem Glück, verlieben sich wenn, dann gründlich, und fühlen sich in schöpferischen Berufen am wohlsten.

DER JAHRESREGENT BÜFFEL – DIE ANLAGEN UND MÖGLICHKEITEN

Ruhig und geduldig verfolgt der typische Büffel langsam und unbeirrbar seine einmal als richtig erkannten Ziele. Der Büffel ist ein guter Zuhörer, der geduldig auf andere eingeht und auch gern von anderen Menschen als Ratgeber herangezogen wird. Seine Sanftheit und Geduld ist sprichwörtlich und, sofern sie nicht in Trägheit umschlägt, auch seine größte Stärke. Hektische Betriebsamkeit ist dem Büffel fremd und am sichersten kommt er vorwärts, wenn er ruhig und gelassen kleine Schritte macht. Die kraftvolle Überlegtheit, mit der er dann seine Sache vertritt, macht ihn zu einem gefährlichen Gegner, der nicht zu unterschätzen ist – und ein rotes Tuch zeigt man dem Büffel besser nicht.

Der Büffel strebt nach Sicherheit für sich und seine Familie und kann, sobald diese ernsthaft bedroht ist, großen Mut entwickeln.

Zum großen Revolutionär eignet sich ein Büffel dagegen eher nicht. Er prüft Neuerungen erst sorgfältig auf ihre sinnvolle Verwendbarkeit, ehe er sie übernimmt. Im Extremfall kann das zu Starrsinn umschlagen, besonders alte Büffel müssen sich oft den Vorwurf der Sturheit gefallen lassen. Wenn er aber selbst mit einer Idee nach außen tritt, dann ist diese in aller Regel gut durchdacht und kann durchaus kreativ sein.

PRINZIP	aktiv, Yin
FARBE	Rot
GLÜCKSZAHL	2
SYMBOL FÜR	Ruhe und Beständigkeit
WESEN DES BÜFFEL-JAHRES	Fortschritt in der inneren Entwicklung

Im Extremfall kann der Büffel ein starrsinniger, träger Pessimist sein. Wenn er sich aber davor hütet, dem Pessimismus und der Trägheit zu verfallen, kommen seine positiven Eigenschaften zum Tragen und machen ihn zu einem geduldigen, ruhigen, beständigen Menschen,

bei dem viel von dem, was er sagt und denkt, Hand und Fuß hat. Geradlinigkeit und die Unfähigkeit zu Intrigen runden dieses Bild ab. An der richtigen Stelle eingesetzt, ist der Büffel für eine Firma ein Garant für langfristige Ordnung, Stabilität und Korrektheit. Bedächtig prüft er vorhandene Strukturen, geduldig macht er sich an ihre Verbesserung, wo dies notwendig erscheint. Veränderungen, die er einführt, sind selten plakativ, dafür meist dauerhaft. Selbständiges Denken und Zuverlässigkeit gehören zu den Stärken der Büffel, rasche Flexibilität hingegen wird man bei einem Büffel meist vergeblich suchen.

Im Team fühlt sich der Büffel nur dann wohl, wenn er gleichzeitig eine klar abgegrenzte, eigenverantwortliche Tätigkeit ausüben kann.

BERUF

Wo sich der Büffel zum Künstler berufen fühlt, wird er selten zum raschen Aufsteiger einer modischen Avantgarde oder zur In-Figur, sondern meist jahrelang unterschätzt oder verkannt. Die Bedeutung seines Werks wird oft erst nach seinem Tode offenkundig, wirkt aber dafür umso länger nach.

Die positiven Eigenschaften des Büffels machen ihn zu einem idealen Finanzverwalter und Treuhänder. Aktienspekulationen liegen ihm fern, daher ist ein Vermögen bei ihm in besten Händen: Er wird es langfristig bewahren und langsam mehren. Schulden beunruhigen den Büffel und machen ihn nervös, er setzt alles daran, sie so bald wie möglich wieder loszuwerden, denn Sicherheit ist ihm wichtig. Wer mit einem Büffel zusammenlebt, muss damit rechnen, dass auch die Haushaltskasse durchstrukturiert und verantwortlich geführt werden muss. Spontankäufe liegen ihm fern, dafür ist meist genug Geld für wichtige Anschaffungen vorhanden, und geizig ist der Büffel nicht.

GESUNDHEIT

Der Typus des Buchhalters mit Hang zum Pessimismus, der den Tag über seine Bücher gebeugt verbringt, hat überdurchschnittlich oft Probleme mit der Atmung. Büffel neigen zu Erkältungen, Schnupfen und Asthma. Häufig tief und frei durchatmen ist für sie daher besonders wichtig. Ansonsten sind Büffel von guter Gesundheit, wählen ihre Nahrung bedächtig aus, kauen sie gründlich und haben daher kaum Probleme mit Magen und Verdauung.

ALLGEMEIN

Wenn es dem Büffel gelingt, die Grenze zwischen Geduld und Trägheit nicht zu überschreiten und vor lauter Umsicht nicht in Pessimismus zu verfallen, kann ihm nicht viel passieren. Andere Menschen fühlen sich gerade von seiner Ruhe und Überlegtheit angezogen, sodass der Büffel eigentlich auch keinen Grund zu Minderwertigkeitskomplexen zu haben braucht – obwohl ihm diese in hinderlicher Weise im Wege stehen: Er hat große Angst vor Einsamkeit.

Jahre des Tigers, des Hundes und des Schweines sind für Büffel gute Jahre, in denen bei ihnen beruflich, gesundheitlich und auch in der Liebe meist alles stimmt. Mühsame Jahre sind für Büffel solche der Schlange, des Pferdes oder besonders der Ziege, und danach bietet ein ruhiges, friedliches Jahr des Affen dem Büffel eine gute Gelegenheit, wieder einmal an die eigene seelische Entwicklung zu denken.

WER PASST ZUM BÜFFEL?

Der Büffel sehnt sich nach ruhiger Zweisamkeit, nach Zärtlichkeit und lässt sich gern verwöhnen. Das kann zur Folge haben, dass er erst spät heiratet, dann aber überstürzt – und oftmals prompt den falschen Partner – oder dass er Single bleibt. Dank seiner Geduld wird er auch aus einer weniger idealen Verbindung im Laufe der Jahre das Beste machen, zumal eine rasche Scheidung für ihn nicht in Frage kommt. Damit er auch den Bereich der Liebe mit seiner üblichen Besonnenheit angehen kann, muss er „nur" seine große Angst vor Einsamkeit überwinden, dann sollte es ihm auch gelingen, seinen Traumpartner zu finden.

Den wahren Bedürfnissen des Büffels entsprechen romantische Liebe und tiefe Freundschaft. Doch ist er in Liebesdingen eher mutlos.

BERÜHMTE BÜFFEL

Platon, Johann Sebastian Bach, Walt Disney, Auguste Renoir, Vincent van Gogh und Hermann Hesse sind berühmte Büffel, ebenso Charlie Chaplin und Peter Sellers. Politiker mit „büffelmäßigem" Weitblick waren Richard Löwenherz, Erzbischof Makarios und Willi Brandt. Harmloser scheinen die Büffel Robert Redford und Marlene Dietrich, hartnäckig Margaret Thatcher und Prinzessin Diana, allerdings auch Fidel Castro und Adolf Hitler.

DER BÜFFEL UND DIE WESTLICHEN TIERKREISZEICHEN

Widder-Büffel haben es in sich. Wo die Energie des Widders mit der ruhigen Kraft des Büffels zusammenkommt, ist ein starker Charakter entstanden, der direkt und ohne langes Herumfackeln auf seine Ziele losgeht, sei es nun eine Aufgabe oder eine Beziehung. Nichts für Romantiker, aber auch nicht langweilig.

Stier-Büffel sind möglicherweise zu viel des Guten. Häuslich und ruhig, kraftvoll und gelassen, bauen sie ihre Karriere und ihr Familienleben auf einem breiten, sicheren Fundament. Und auch wenn es eine Weile dauern mag, bis sie sich für jemanden begeistern: Beständigkeit ist bei ihnen garantiert.

Zwillinge-Büffel sind die gesprächigen unter den Büffeln. Humorvoll und tolerant, haben sie zu vielem eine Begabung und können auch in einem kreativen Beruf Großes leisten. Geduld ist nicht unbedingt ihre Stärke, sie sehen die Resultate ihrer Arbeit gern etwas früher als andere Büffel.

Walter Elias „Walt" Disney war ein US-amerikanischer Trickfilmzeichner und Filmproduzent und hatte das chinesische Sternzeichen Büffel.

Krebs-Büffel sind sehr empfindsam, verstecken das aber hinter passivem Widerstand. Wem es nichts ausmacht, wochenlang zu warten, bis er erfährt, womit er seinen Partner verletzt hat, der hat in ihm jemanden gefunden, der in einem gemütlichen Heim im Kreise seiner Lieben wirklich glücklich ist.

Löwe-Büffel sind scheinbar ein Widerspruch in sich. Stolz, Geltungsbedürfnis und das Bedürfnis des Löwen, zum Wohle aller zu herrschen, paart sich mit der kraftvollen Dominanz des Büffels zu einem häuslichen Despoten, der es nur gut meint. Zum Glück hat er viel Sinn für Spaß – sofern er nicht auf seine Kosten geht.

Jungfrau-Büffel neigen zu überkritischem Verhalten, auch sich selbst gegenüber. Minderwertigkeitskomplexe können die Folge sein, aber auch extreme Engstirnigkeit. Genauigkeit und Präzision sind ihre Stärke, als Partner sind sie überlegt und loyal.

Waage-Büffel sind liebenswert, hingebungsvoll und loyal, geduldig, diplomatisch und intelligent, wenn auch extrem langsam in ihren Entscheidungen, die sie sorgfältig abwägen. Man sollte aber niemals vergessen, dass sie auch Hörner besitzen!

Skorpion-Büffel sind die Sorte Büffel, die man besser nicht reizt. Von Natur aus unnachgiebig, legen sie ihr ganzes Ego in ihr Tun, und sie sind schlechte Verlierer. Wer ihr Vertrauen gewinnt, der hat einen empfindsamen, sexuell nicht uninteressanten Partner, der keineswegs so oberflächlich ist, wie er erscheinen mag.

Schütze-Büffel haben philosophische Anwandlungen und sind als Lehrer oder Schriftsteller recht gut geeignet. Zwar werden auch sie keine Expeditionen in Unbekannte unternehmen, aber doch gelegentlich einen Ausflug ins Nachbardorf. Ihre Umgebung sollte sich ein etwas dickeres Fell zu legen, ihre Worte haben Hörner.

Steinbock-Büffel wirken durch und durch solide, erdverbunden, sicher und ernst. Sie nehmen sich Zeit für wichtige Dinge, auch für die Partnerwahl, und da sie Niederlagen hassen, stehen sie unerschütterlich zu ihrer Wahl. Wer einen Fels in der Brandung seines Lebens sucht: Hier ist er.

Wassermann-Büffel betrachten das Leben unter immer neuen, meist sehr individuellen Gesichtspunkten. Über Gefühle sprechen sie selten, doch es gelingt ihnen, ihre Ziele ohne große Streiterei zu erreichen. Wer Spaß an Unkonventionalität hat, hat in diesem Büffel vielleicht den idealen Partner gefunden.

Fische-Büffel sind liebevolle Seelen, die sich auf Bewährtes zurückziehen – und dabei sehr verschlossen wirken können. Finanzielle Ruhepolster sind ihnen sehr wichtig, Improvisation liegt ihnen gerade bei Geld sehr fern. Wer sie liebt, steht nicht im Regen, braucht aber einen langen Atem und emotionale Stabilität.

DER JAHRESREGENT TIGER – DIE ANLAGEN UND MÖGLICHKEITEN

Ein Glückspilz mit missionarischem Eifer und ansteckender Lebensfreude, das ist der typische Tiger. Er will die Welt zum Besseren bekehren und das mit Leib und Seele. Dabei schafft er es auch dank seiner warmherzigen, feinfühligen Art, andere Menschen zu rühren und zu überzeugen. Sein Traum: Alle Menschen leben als Brüder in einer besseren Welt – doch die Wirklichkeit ist meist anders. Wenn der Tiger dies erkennt und in seinem persönlichen kleinen Bereich Veränderungen bewirkt, kann er damit glücklich werden. Wo die Enttäuschung über die Welt zu groß ist, neigt der Tiger bisweilen dazu, sich von der Welt zurückzuziehen und ganz auf die Religion zu konzentrieren. Mystizismus ist sein Gebiet – auch wenn er dabei Gefahr läuft, auf Scharlatane hereinzufallen.

Seine Botschaften können religiös sein, moralisch-ethisch oder künstlerisch.

Eines wird der klassische Tiger nicht: bescheiden im Stillen wirken. Er braucht seine Bühne und ohne Publikum kommt er nicht aus. Dafür ist er viel zu eitel.

PRINZIP	aktiv, Yang
FARBE	Gelb
GLÜCKSZAHL	3
SYMBOL FÜR	sexuelle und spirituelle Energie
WESEN DES TIGER-JAHRES	ein Jahr der Höhen und Tiefen, in der inneren Entwicklung

Wo ein Tiger seine eigentliche Berufung verfehlt, läuft er Gefahr, zum Wirtshausrevoluzzer zu werden, zum Schwätzer ohne Hintergrund oder gar zum Scharlatan. Gelingt es ihm aber ab und zu, sich ruhig hinzusetzen und sich zu besinnen, vielleicht sogar auf andere zu hören, dann ist diese Gefahr meist gebannt. Wo der Tiger seine Ziele erkennt, verfolgt er sie

unbeirrt und mutig, wird dabei auch recht verwegen. Von Konventionen und gesellschaftlichen Zwängen lässt er sich dabei nicht leicht bremsen. Sieht er aber keine Fortschritte oder ist seine Bewegungsfreiheit eingeengt, so wird er ruhelos wie der sprichwörtliche Tiger im Käfig, wird nervös, gereizt und unberechenbar, obgleich er doch sonst ein warmherziges, feinfühliges Wesen besitzt. Seine Feinfühligkeit hilft ihm gewöhnlich auch dabei, die Grenze zwischen Sichhinwegsetzen über Konventionen und Zwänge einerseits und Brüskieren seiner Mitmenschen andererseits zu erkennen.

BERUF

Die gleiche Bewegungsfreiheit, die der Tiger im sonstigen Leben braucht, benötigt er auch im Beruf, um sich entfalten zu können. Das beginnt beim Friseur und endet beim Filmregisseur, beim Fernsehmoderator oder Politiker. Mit einer ausführenden, untergeordneten Position wird der Tiger nur dann fertig, wenn er er schafft, diese Tätigkeit als spirituelle Übung zu betrachten. Das Gleiche gilt für trockene Buchhalterarbeit. Als selbstständiger Unternehmer dagegen kann der Tiger seine Stärken voll einsetzen: Er kann gut mit Menschen umgehen, besitzt genug Intuition, um Marktentwicklungen zu erkennen, verfügt über die nötige Risikobereitschaft. Sein Wahlspruch könnte lauten: Das Glück ist mit dem Tüchtigen. Geld ist für den Tiger kein Thema. Das heißt, er interessiert sich nicht dafür, ist nicht besonders sparsam, sondern gibt es aus, wenn er es hat, und wenn in der Kasse gerade mal Ebbe herrscht, tritt der Tiger halt für einige Zeit kürzer. Er sieht deswegen aber nicht sein vordringliches Ziel darin, besonders viel Geld einzunehmen. Geiz und Geldgier gehören nicht zu seinen Eigenschaften. Oft hat er bei finanziellen Transaktionen Glück. Zum Spieler sollte er dennoch lieber nicht werden.

Wo Vorstellungskraft und Intuition, Charisma und Freude am Gestalten gefragt sind, ist der Tiger in seinem Element.

GESUNDHEIT

Auch seine Gesundheit ist nichts, worüber sich der Tiger große Sorgen macht. Er sollte jedoch vorsichtig sein, denn seine Gallenblase ist empfindlich, was sich in Verdauungsproblemen niederschlagen kann, und auch seine Gelenke und sein Rücken machen ihm bisweilen zu schaffen. Er neigt dazu, die ersten Anzeichen von Beschwerden zu ignorieren, sollte stattdessen aber etwas kürzer schalten und gute Wirbelsäulengymnastik in sein tägliches Programm aufnehmen. Für Tiger ist es besonders wichtig, dass sie genug trinken und viele Milchprodukte zu sich nehmen.

ALLGEMEIN

Wenn es dem Tiger gelingt, seine Spiritualität mit seinem Alltag zu vereinen und seine Kraft nicht an Nebensächlichkeiten oder gar seine eigene Eitelkeit zu verschwenden, wird er ein erfülltes Leben führen können. Dabei ist das Zuhören etwas, was viele Tiger leicht vergessen, was ihnen aber ungeheure Bereicherung bringen kann.

Für den Tiger sind Jahre des Schweines in beruflicher und finanzieller Hinsicht großartig, Jahre des Hahnes dagegen in spiritueller Hinsicht.

In solchen Jahren entdecken Tiger oft ihre wahre Berufung. Am glücklichsten aber sind für ihn Jahre des Hasen und der Ratte. Eher ruhig und bremsend verläuft für den Tiger ein Jahr des Affen.

WER PASST ZUM TIGER?

Der Tiger und die Liebe – das ist ein Schwanken zwischen Mönch und Casanova. Wenn sich der Tiger nicht dazu entscheidet, sein Leben vornehmlich der Spiritualität zu widmen, ist er ein großartiger Liebhaber. Immer wieder verletzt er seine Partner mit seiner Abenteuerlust, die auch ihm selbst bisweilen im Wege stehen kann. Lösen kann er die Diskrepanz zwischen seinem Wunsch, sich ganz auf den anderen einzulassen, und seinem Wandertrieb am ehesten, indem er seine spirituellen Bedürfnisse in die Beziehung zu einem anderen Menschen einbringt und so den Widerspruch zwischen Mönch und Casanova auflöst.

Sinnlich und zu tiefen Gefühlen fähig, scheint er nur einen Fehler zu haben: Treu zu sein fällt ihm maßlos schwer.

Ludwig van Beethoven, ein deutscher Komponist sowie Pianist, hatte das chinesische Sternzeichen Tiger.

BERÜHMTE TIGER

Tiger, die ihre Spiritualität und ihr Sendungsbewusstsein voll ausleben konnten, sind der Prophet Mohammed, der hl. Franziskus von Assisi oder auch die hl. Hildegard von Bingen. Tiger, die als Schauspieler berühmt wurden, sind Heinz Rühmann, Marylin Monroe, Sir Alec Guinness und als Sängerin Tina Turner. Auch der Schütze Ludwig van Beethoven ist in einem Tiger-Jahr geboren. Zu den Politikern unter den Tigern gehören Charles des Gaulle und die britische Königin Elisabeth II.

DER TIGER UND DIE WESTLICHEN TIERKREISZEICHEN

Widder-Tiger wirken wie eine feurige Kanonenkugel mit Krallen, die durch das Leben ihrer Mitmenschen tost. Verlassene Geliebte und verzweifelte Kollegen säumen ihren Weg und keiner, dem sie je mit ihrer unnachahmlichen Mischung aus Arroganz und Liebenswürdigkeit, aus Egoismus und Begeisterungsfähigkeit begegnet sind, kann sie je wieder vergessen – auch wenn er es noch so gern würde.

Stier-Tiger sind praktisch veranlagt, gehen die Dinge sorgfältig an und besitzen in finanziellen Angelegenheiten überraschenden Weitblick. Sie laufen Gefahr, sich mit aller Kraft und durchaus engstirnig für ihr Lieblingsthema einzusetzen, auch wenn sich dieses hinterher als Windei entpuppen sollte, doch bieten sie ihren Partnern für Tiger überraschend viel Stabilität.

Zwillinge-Tiger sind die wahren Partylöwen. Sie benötigen ständig Abwechslung intellektueller wie erotischer Natur, sind gute Kunden bei Reisebüros und Einrichtungshäusern, dabei aber fair und liebenswert. Sie schaffen es mühelos, andere für eine Idee oder ihre Person zu begeistern und fallen daher immer wieder auf die Füße. Nichts für Ruhebedürftige.

Krebs-Tiger halten sich zurück. Sie schleichen sich an, wollen dabei aber nicht gesehen werden, geben sich unabhängig und an ihrer Umgebung scheinbar völlig desinteressiert und sind jederzeit bereit, die Krallen auszufahren. Vorsicht, der Eindruck der großen Streichelkatze täuscht.

Löwe-Tiger stehen völlig natürlich im Zentrum der Aufmerksamkeit, umgeben von einem Kreis von Bewunderern. Sie stecken sich ihre Ziele hoch und sei es auch nur, um es den Zweiflern zu zeigen, die gerade gesagt haben, etwas sei unmöglich. Großzügig und weitherzig sind sie – sofern man sie nicht reizt, nicht ihren Stolz verletzt, ihnen nicht widerspricht und vor allem nicht vergisst, sie vorsichtig zu kraulen.

Jungfrau-Tiger verbinden Klarsicht und Energie mit Präzision und Idealismus – und mit der Fähigkeit, hart zu arbeiten. In Chefetagen sind sie zu Hause, an ihre Ziele glauben sie unerschütterlich, ohne deshalb verbohrt zu sein. Was sie machen, machen sie ganz, solange sie es machen.

Waage-Tiger schwanken zwischen Streitlust und Harmoniebedürfnis. In günstigen Fällen kommt ein ausgeprägtes Gefühl für Fairness dabei heraus. Sie sind teamfähig und haben das Bedürfnis, verstanden zu werden.

Kommunikation ist für sie sehr wichtig, auch in der Partnerschaft. Nichts für schweigsame Brummbären.

Skorpion-Tiger stellen an ihre Umgebung hohe Anforderungen. Gefühlsbetont und ausdrucksstark verfolgen sie ihren Weg, geistesgegenwärtig und willensstark und meist erfolgreich. Wer ihnen auf den Schwanz steigt – und der liegt praktisch immer im Wege herum – muss sich auf einiges gefasst machen. Eine Liebschaft mit diesem Tiger ist überwältigend und riskant zugleich.

Schütze-Tiger sind sehr freiheitsliebend, helfen aber jedem, der sie darum bittet – vorausgesetzt, sie werden dadurch nicht persönlich eingeengt. Solange es Abwechslung und Spaß verspricht, sind sie für jedes Abenteuer zu haben, freuen sich über eine neue Umgebung ebenso wie eine neue Beziehung, und das einzig Sichere, was sich über sie sagen lässt, ist: nichts ist sicher.

Steinbock-Tiger sind hartnäckige und zähe Kämpfer, auch für weltliche Statussymbole und Sicherheit. Berechnende Überlegung ist ihnen eigen und sie sind bereit, für ihre Ziele zu arbeiten. Bisweilen kommt eine depressive Stimmung auf, doch die wirkt sich im Nachhinein meist als kreative Pause aus.

Wassermann-Tiger betrachten sich als offene Weltbürger, sind umgänglich und verkünden ständig revolutionäre Ideen. Wenn sie nicht verkümmern sollen, brauchen sie einen Beruf, der ihnen ständige Veränderung und die Möglichkeit zu Kontakt mit vielen Menschen bietet. Sie müssen allerdings auf ihre Gesundheit achten!

Fische-Tiger sind die sensiblen und mitfühlenden Tiger, die leicht Freundschaften schließen und überhaupt beliebt sind. Liebevolle Zuwendung ist ihrer Familie und ihren Partnern sicher. Entscheidungskraft ist nicht ihre Stärke und sie neigen dazu, sich bei ihren vielen Interessen zu verzetteln.

DER JAHRESREGENT HASE – DIE ANLAGEN UND MÖGLICHKEITEN

Ein friedliebender und häuslicher, harmoniebedürftiger Glückspilz nicht ohne Ehrgeiz – das ist der typische Hase. Meist gelingt es ihm auch, in seiner Umgebung Harmonie zu erzeugen. Wo sich der Hase die Probleme der anderen nicht zu stark zu eigen macht, ist er ein ausgezeichneter Diplomat, der dank seiner sozialen Intelligenz tragfähige Kompromisse schaffen kann. Dabei läuft er Gefahr, sich selbst zu stark zurückzunehmen, so stark, dass er seine eigenen Bedürfnisse aus den Augen verliert und ungelöste Konflikte in seinem Inneren versteckt. Daher haben Hasen gern Menschen um sich und oft eine große Familie. Sie sind aber auch sehr naturverbunden, und das ganz ohne romantische Schwärmerei. Sehr viele Hasen sind künstlerisch begabt und kreativ tätig und schaffen sich so ein wirksames Ventil für ihr eigenes Innenleben, das sonst leicht zu kurz zu kommen droht. Im Extremfall wird der Hase so sehr er selbst, dass er in seinen guten Absichten unglaubwürdig wirkt, dass man ihm seine Aufmerksamkeit als „Er will mich kaufen" und seinen Familiensinn als übertriebenes Aufeinanderhocken auslegt.

Sein großes Herz und seine Intelligenz führen über das Verstehen der anderen hinaus zu einer großen Liebe zu den Menschen und zur Welt.

PRINZIP	weiblich, nährend, Yin
FARBE	Braun
GLÜCKSZAHL	6
SYMBOL FÜR	Glück
WESEN DES HASE-JAHRES	ein Jahr des Friedens und der Konfliktlösungen

Doch wenn er versucht, sich selbst nicht aus den Augen zu verlieren, nicht nur für andere da zu sein, sondern auch seine eigene Entwicklung wichtig zu nehmen, dann ist er ein glücklicher, angenehmer Zeitgenosse, frei von Vorurteilen,

ein guter Zuhörer, intelligenter Ratgeber und liebenswerter Freund.

BERUF

Als Kollege ist der Hase beliebt und da er dazu neigt, die Firma als seine Familie zu betrachten, schafft er auch dort ein angenehmes, harmonisches Klima. Teamfähigkeit ist eine seiner Stärken und kann er seine Kreativität einbringen, wird er Großes leisten. Wegen seiner Vorurteilslosigkeit und sozialen Intelligenz gibt ein Hase auch einen guten Anwalt oder Richter ab und viele Hasen sind in heilenden Berufen erfolgreich, wenn auch nicht primär im Bereich der westlichen Schulmedizin. Und seine Empfindsamkeit und Naturliebe befähigen ihn auch zu Berufen wie Gärtner, Förster oder Verhaltensforscher.

Zwang erträgt der Hase nicht, dann zieht er sich zurück.

Im Geschäftsleben ist der Hase gut beraten, wenn er einen etwas bissigeren, stärker auf Gelddinge bedachten Partner hinzuzieht. Denn er kann zwar einigermaßen mit Geld umgehen, doch er findet, dass es Wichtigeres gibt. So wird er ungern einem Kunden oder Patienten den Zeitaufwand für ein Beratungsgespräch in voller Höhe verrechnen, weil das Ergebnis des Gesprächs (und die beengte Finanzlage des Kunden?) ihm tendenziell mehr am Herzen liegen als sein eigenes Bankkonto. Sobald er für fremdes Geld verantwortlich ist, ist er allerdings zuverlässig und korrekt. Doch da ihm andere Dinge mehr und am Herzen liegen, ist er eigentlich als Finanzverwalter fehl am Platz. Bisweilen rettet ihn eine finanzielle Glückssträhne aus einer Phase, in der er knapp bei Kasse ist, doch zum Spieler eignet er sich nicht.

GESUNDHEIT

Hasen neigen zum Mit-Leiden. Sie nehmen sich rasch alles zu Herzen und belasten dadurch tatsächlich ihr eigenes Herz. Schlafprobleme, Herzklopfen oder Erschöpfungszustände sind die möglichen Folgen. Dagegen hilft ursächlich, sich nicht ausschließlich auf andere zu konzentrieren. Die Frage „Ist das wirklich mein Problem?" hilft den Hasen, sich etwas vor ihrer eigenen übergroßen Sensibilität zu schützen. Durch eine gesunde Ernährung kann dies verstärkt werden, insbesondere sollten Hasen darauf achten, abends nur noch leichte Kost zu sich zu nehmen – sonst geht es ihnen leicht wie Little Nemo, der abends oft und gern Welsh Rarebits aß und daraufhin von fürchterlichsten Alpträumen geplagt wurde.

ALLGEMEIN

Grundsätzlich sind Hasen mit Eigenschaften und Qualitäten gesegnet, die ihnen ein glückliches Leben möglich machen sollten: Sensibilität, Vorurteilslosigkeit, Phantasie und Liebe zur Umwelt um weitesten Sinne. So sie nicht den Fehler machen, vor lauter Sorge und Hingabe an andere ihr eigenes Selbst zu verlieren, können sie ihren Weg unbesorgt und beruhigt gehen.

In einem Jahr des Pferdes geht es mit den Hasen beruflich sehr rasch voran. Ihre seelische Entwicklung macht eher in Jahren des Hahns große Fortschritte, auch wenn diese in anderer Hinsicht anstrengend sind. Anders im Jahr der Ratte, in dem von vielen Hasen wichtige berufliche und private Ziele erreicht werden. Besondere Glücksjahre sind für den Hasen Jahre des Drachen, der Schlange und des Büffels, wirkliche Problemjahre gibt es für ihn nicht.

WER PASST ZUM HASEN?

Mit den meisten anderen Zeichen kommen Hasen gut aus – und die meisten anderen mit ihnen. Nur: In manchen Beziehungen muss der Hase sich selbst stark zurücknehmen, in anderen kann er sich leichter seelisch entfalten. Daher muss der Hase bei Beziehungen besonders daran denken, dass Harmonie und Ausgleich nicht um den Preis der Selbstaufgabe erreicht werden dürfen. Wenn man dem Hasen Untreue nachsagt, so trifft dies nur bedingt zu. Auf der geistig-seelischen Ebene ist er treu, und dagegen, dass er sexuellen Ausflügen nicht abgeneigt ist, kann der Partner ganz leicht etwas unternehmen: Er braucht seinen Kuschelhasen nur mit genug Liebe, Aufmerksamkeit und Abwechslung beim Sex zu verwöhnen.

Meist sind Hasen glücklich, wenn sie eine fröhliche Kinderschar um sich herum wissen, denn ihr Familiensinn ist ausgeprägt.

BERÜHMTE HASEN

Dichter, Erfinder, Maler, Musiker, Schauspieler – die Palette der berühmten Hasen ist breit gefächert und reicht von Queen Victoria über Albert Einstein bis zu Marie Curie, Friedrich Schiller, Albrecht Dürer und Clara Schumann, Cary Grant, Jody Foster und Gina Lollobrigida.

Albert Einstein war ein deutscher Physiker und hatte das chinesische Sternzeichen Hase.

DER HASE UND DIE WESTLICHEN TIERKREISZEICHEN

Widder-Hasen sind furchtloser und risikobereiter als andere Hasen. Sie sind ehrlich, auch auf emotioneller Ebene, und dadurch verletzlich. Gewinnen ist für sie sehr wichtig und ein Widder-Hase ist sich sicher, dass er im Recht ist, wenn er glaubt, im Recht zu sein. Lieber keinen unnötigen Streit.

Stier-Hasen neigen dazu, andere nach ihrem Besitz zu beurteilen, denn der ist ihnen selbst sehr wichtig. Ihr Traum ist ein gepflegtes, auf ihre Bedürfnisse zugeschnittenes Heim, in dem sie es sich wohlergehen lassen und ihre Qualitäten als ausgezeichnete Gastgeber und verlässliche Partner ausspielen können. Wer keine Probleme mit ihrer Sturheit hat, ist zu seinem Stier-Hasen zu beglückwünschen.

Zwillinge-Hasen sind phantasievolle, sensible Liebhaber, nicht ganz so häuslich wie andere Hasen, dafür aber einer angeregten Diskussion nie abgeneigt. Im Berufsleben setzen sie sich mit ihrer sanften, aber überzeugenden Art sehr gut durch – sie unterlaufen einfach die Strategie ihrer machtvollen Gegner.

Krebs-Hasen sind Hasen in ihrem Element. Hasen und Krebse haben sehr viel gemeinsam – Häuslichkeit, Familiensinn, Sensibilität – und ein Krebs-Hase wird meist für sein sanftes, liebenswürdiges Wesen geschätzt. Revolutionen sind ihnen unheimlich, sie bleiben lieber beim Althergebrachten.

Löwe-Hasen lassen gern einmal Dampf ab und machen sich auch gern wichtig, aber eigentlich geht es ihnen nur um das Wohl derer, die sie lieben. Großzügig und loyal ihren Freunden und Gästen gegenüber, haben sie nur ein Problem mit Jobs, in denen sture Zahlenkolonnen und persönliche Zurückhaltung gefragt sind.

Jungfrau-Hasen sind sensibel. Wenn es darum geht, Neuland zu betreten, sind sie eher übervorsichtig. Je nach Partner oder Beruf kann sich dies heilsam auswirken – von einem Jungfrau-Hasen bekommen Sie niemals voreilige Schlussfolgerungen zu hören.

Waage-Hasen sind angenehme Gesprächspartner, um eine Ausrede nie verlegen und können hart arbeiten, wenn sie ein materielles Ziel haben. Ein gewisser Hang zum Snobismus allerdings ist ihnen nicht abzusprechen – wer unter ihrem wachen Auge keine Gnade findet, auf den schauen sie gern herab.

Skorpion-Hasen sind fröhliche und erfolgreiche Sex-Partner und das ist auch gut so – denn bis sie den Partner fürs Leben gefunden haben, vergeht eine Weile. Was sie sich in den Kopf gesetzt haben, setzen sie durch, und so ist es besser, sich ihnen vorsichtig zu nähern. Unter dem weichen Hasenfell steckt ein giftiger Stachel!

Schütze-Hasen haben keine Angst vor Konfrontation, sind nicht schüchtern und schaffen es recht leicht, ihren Weg zu gehen. Wichtig ist ihnen ein sicherer Hafen, in den sie sich immer wieder zurückziehen können. Dazwischen allerdings sind sie geistig offen und kulturell interessiert – die nettere Art von Reiseteilnehmern.

Steinbock-Hasen gehen an das Leben mit Ernsthaftigkeit und Strenge heran, sind ziemlich erdverbunden und reagieren verstimmt, wenn sie oder ihre Bemühungen nicht ernst genommen werden. Wenn ihr Partner sie immer wieder liebevoll in den Arm nimmt, schaffen sie ihm den Himmel auf Erden.

Wassermann-Hasen sind ein wahrer Hans-Dampf-in-allen-Gassen. Ihnen ist ein heimeliges Zuhause längst nicht so wichtig wie Bekanntschaften mit interessanten Menschen. Daher halten sich diese Hasen immer ein Hintertürchen offen, durch das sie entschlüpfen können, wenn es ihnen zu eng wird.

Fische-Hasen schaffen es meisterlich, jegliches Problem elegant zu umschwimmen. Daher ist es fast unmöglich, sich mit ihnen zu streiten. Unsicherheit überspielen sie gern mit Förmlichkeit, und man muss sie schon sehr gut kennen, ehe sie zeigen, dass sie herzensgute Partner und zärtliche Liebhaber sein können.

DER JAHRESREGENT DRACHE – DIE ANLAGEN UND MÖGLICHKEITEN

PRINZIP	männlich, Yang
FARBE	Gold und Jade
GLÜCKSZAHL	7
SYMBOL FÜR	Glück und Macht
WESEN DES DRACHE-JAHRES	langfristig wirkende glückliche Veränderungen

Der Inbegriff der Macht und des Glücks schlechthin, das ist der Drache mit seiner schillernden, charismatischen Ausstrahlung, von der sich viele andere Menschen angezogen fühlen. Und das ist ihm auch recht so, sieht er sich doch zu gern im Zentrum des Interesses – wäre da nicht noch dieses Gefühl des Unverstandenseins, das ihn zur Zurückhaltung treibt, die leicht als Arroganz ausgelegt wird. Den Drachen einfach als Machtmenschen zu bezeichnen, wäre zu stark vereinfacht. Ihm ist vielmehr jenes natürliche Charisma zu eigen, das dazu führt, dass ihm andere Autorität zuschreiben.

Je nach den Umständen, unter denen sich der Drache entfalten muss, entwickelt sich sein Charisma unterschiedlich spät und wird mit zunehmendem Alter stärker.

Der Drache selbst hat oft das Bedürfnis, sich in seine Höhle zurückzuziehen und etwas Distanz zwischen sich und andere zu legen, denn er hat das unbestimmte Gefühl, anders als die meisten zu sein. Wenn er diese Tendenz übertreibt, läuft er Gefahr, zum Eigenbrötler zu werden. Doch dabei wird er nicht glücklich. Für den Drachen ist also eher seine Introvertiertheit eine Gefahr. Bewusstes Bemühen um Diplomatie und das Verständnis anderer kann ihn davor bewahren.

Grundsätzlich aber neigt er zum Glücklichsein und versprüht strahlend und schillernd sein Feuer, wenn er seinem Tatendrang nachgeben kann. Er braucht Aufgaben, bei denen er seine Energie sinnvoll einsetzen kann. Originalität und Vielseitigkeit befähigen ihn dabei ebenso zum Erfolg wie seine ausgeprägte Intuition. Diese treibt ihn auch oft, unkonventionelle Neuerungen einzuführen, mit denen er zunächst aneckt und auf Unverständnis bei seinen Mitmenschen stößt. Sein Durchsetzungsvermögen wird hier gefordert – und auf lange Sicht erweisen sich seine Neuerungen als segenbringend und sinnvoll.

BERUF

Auf Erfolg scheint der vielseitig begabte Drache auch im Beruf programmiert zu sein, ganz egal, in welchem Fachgebiet. Voraussetzung ist, dass man ihn lässt. Als Einzelkämpfer braucht er Distanz zu anderen, Bewegungsfreiheit und Ruhe. In Lehrberufen, also als Universitäts- oder Gymnasiallehrer, kann er sich entfalten, noch besser aber als Leiter eines kleinen Betriebes oder gleich als Selbstständiger. Glück, Risikobereitschaft, Mut und Charisma sind gute Voraussetzungen dafür, dass seine Unternehmungen florieren dürften.

Auch sein Verhältnis zu Geld ist glücklich und ungestört. Er ist finanziell erfolgreich und strahlt Vertrauenswürdigkeit aus. Er selbst nimmt Geld nicht sonderlich wichtig, es ist für ihn normalerweise nur ein (angenehmer) Nebeneffekt des geschäftlichen Erfolges. Sobald es aber zum Symbol der Macht wird, das der Drache um seiner selbst willen anhäuft, ohne dass die Tätigkeit, mit der es eingenommen wird, ihm etwas bedeutet oder hinterfragt wird, ist es um das Seelenleben des Drachen schlimm bestellt. Wenn er sich aber regelmäßig fragt, was ihm sein Geld und was ihm seine Arbeit bedeutet, ist er vor solchen Auswüchsen geschützt.

Andere vertrauen ihm gern ihr Geld an und müssen es nicht bereuen.

GESUNDHEIT

Drachen verfügen über eine großartige Gesundheit. An ihnen prallen die meisten Krankheitskeime ab und auch mit der Fortbewegung haben sie keine Probleme. Sie neigen dazu, hektisch und selten zu essen, was ihnen nicht gut tut aber wenn sie hierauf achten, drohen ihnen meist keine weiteren Probleme. In späteren Jahren bekommen Drachen bisweilen Schwierigkeiten mit ihren Sinnesorganen, und wenn sie sich zu stark von anderen distanzieren, riskieren sie geistige Probleme.

ALLGEMEIN

Sein Distanzbedürfnis kann für den Drachen zum Problem werden, zumal es Anlass zu vielfachen Missverständnissen bietet: Er wird leicht für hochnäsig gehalten. Im höheren Alter neigen Drachen dazu, sich abzukapseln. Für sie ist es daher sehr wichtig, sich nachhaltig mit Zuhören und Aufmerksamkeit um andere Menschen zu bemühen. Solch ein guter Freundeskreis hilft dem Drachen auch, den Pensionsschock zu überwinden, unter dem er oft leidet. Doch solange Drachen die zwischenmenschlichen Beziehungen nicht vergessen, können sie sich dank ihrer hervorragenden Anlagen und ihres Glücks meist sehr gut entfalten.

Ausgesprochen schlechte Jahre gibt es für den Drachen nicht, am ehesten ist es noch das Jahr des Schweines, in dem er Probleme hat. Für die Liebe sind Drache-Jahre am günstigsten, für den Beruf Affe-Jahre und seine seelische Entwicklung macht meist in Ziege-Jahren die größten Fortschritte. Besonders gut gelingen dem Drachen seine Vorhaben aber in Jahren des Tigers und vor allem des Hasen.

WER PASST ZUM DRACHEN?

Grundsätzlich sind Drachen liebevolle Familienmenschen, die natürlich in ihrer Familie das Oberhaupt bilden und bewundert werden wollen. Das sieht nicht jeder so. Außerdem neigen Drachen dazu, früh zu heiraten, wenn sie noch gar nicht die nötige Reife besitzen, sich und den anderen genau genug beurteilen zu können und zu erkennen, ob dieser Partner überhaupt zu ihnen passt. Gelingt es aber einem Drachen, die Frage der Partnerwahl ernst zu nehmen, kann er in einer harmonischen, fruchtbaren Beziehung glücklich werden.

Für ihre Familie wollen sie nur das Beste, wobei sie glauben, dass nur sie allein wissen, was dieses Beste für jedes einzelne Familienmitglied ist.

BERÜHMTE DRACHEN

Die schöpferische Originalität des Drachen verkörpern Novalis, George Bernhard Shaw oder Lewis Caroll. Friedrich Nietzsche ist ein Beispiel für einen Drachen, der sich zu stark der Einsamkeit verschrieb und darüber den Verstand verlor. Die langfristige Wirkung der Arbeiten von Charles Darwin und Sigmund Freud ist ebenso charakteristisch für Drachen wie der politische Weitblick von Abraham Lincoln und Martin Luther King. Auch Stars wie Cliff Richard und Shirley Temple sind in einem Jahr des Drachen geboren.

Der britische Naturforscher Charles Darwin hatte das chinesische Sternzeichen Drache.

DER DRACHE UND DIE WESTLICHEN TIERKREISZEICHEN

Widder-Drachen sind nichts für empfindliche Seelen, die ihre Ruhe und Geborgenheit brauchen. Schnurstracks stürmen sie auf ihre Ziele los und sind dabei so voll Energie und Daseinsfreude, dass ihre Umgebung vom bloßen Zusehen ganz atemlos wird. Wer das Tempo mithält, dem wird so schnell nicht langweilig werden, aber: kein Partner für Perfektionisten.

Stier-Drachen sind vielleicht die einzigen Drachen, die ihre zahlreichen Vorhaben nicht nur anfangen, sondern auch zu Ende bringen. Sie mögen nicht immer die umgänglichsten sein, dafür sind sie verlässlich und häuslich, und wer es schafft, sie zu zähmen, der hat einen feinen Partner gewonnen.

Zwillinge-Drachen sind rasiermesserscharfe Denker und Kritiker. Glücklicherweise können sie auch über sich selbst lachen, sodass Gefechte mit ihnen meist versöhnlich ausgehen. Festnageln lassen sie sich jedoch nicht, höchstens auf eine abwechslungsreiche Beziehung, in der Diskussionen nicht zu kurz kommen.

Krebs-Drachen sind die geborenen Hypochonder. Sie leben von der Energie ihrer Umgebung, sind in Beziehungen sehr fordernd und vergessen manchmal, dass auch Geben dazugehört. Sofern ihr Egoismus nicht mit ihnen durchgeht, sind sie aber sensible Menschen, die auch ihre beruflichen Erfolge vorsichtig, aber stetig aufbauen. Nichts für Schnellentschlossene und Rossnaturen.

Löwe-Drachen sind zum Herrschen geboren, strahlend und großartig dominieren sie im Kreise ihrer Lieben, ihrer Angestellten oder ihrer Kunden. Die Welt wäre ärmer ohne ihre schillernde Energie und ihren warmen Humor. Einschränken lässt sich dieser Drache nicht, aber wer ihm seine Freiheit und seine Führerrolle lässt, braucht es nicht zu bereuen.

Jungfrau-Drachen besitzen viel Organisationstalent und schaffen es daher immer wieder, ihre Projekte auch weiterzubringen. Ihre Herausforderungen liegen auf intellektueller Ebene und es mag so aussehen, als hätten sie zu allem und jedem eine Meinung. Die Welt als geistiges Puzzle – wer daran Freude hat, wird sich mit diesem Partner nie langweilen.

Waage-Drachen haben ein für Drachen ungewöhnliches Gespür für Diplomatie. Als Chefs sind sie wegen ihrer Fairness beliebt, sie schaffen es bisweilen sogar, in einem Team zu arbeiten, auch wenn ihr Führungsdrang immer wieder mit ihnen durchgeht. Extravaganz, Intelligenz und gut versteckte persönliche Unsicherheit runden das Bild dieses beliebten Drachen ab.

Skorpion-Drachen sind ein wahres Kraftwerk an Gefühlen und Sex. Wer mit ihnen in Berührung kommt, sollte Asbesthandschuhe anziehen, seine Seele gut polstern und sich auf einiges gefasst machen. Was immer Skorpion-Drachen auch machen, sie machen es ordentlich. Und das gilt nicht nur für das Entführen von Prinzessinnen.

Schütze-Drachen kann man nicht übersehen. Kontaktfreudig und belesen, haben sie zu vielen Themen etwas beizutragen, kennen interessante Menschen und Länder und sind auch romantischen Kuschelstunden nicht abgeneigt. Sie an die Kette zu legen ist noch schwerer als bei anderen Drachen. Herrlich ist es mitzunaschen, wenn sie gerade einmal wieder auf die Schokoladenseite des Lebens fallen.

Steinbock-Drachen verbergen hinter ihrem hartnäckigen Erfolgsstreben ein sensibles und mitfühlendes Gemüt, das sie zu hingebungsvollen Liebhabern macht. Weltliche Besitztümer sind ihnen als Beweis ihres Erfolges wichtig, sie arbeiten hart und entschlossen – sie sollten nur nicht vergessen, dass es Lebewesen sind, mit denen sie zu tun haben.

Wassermann-Drachen haben einen messerscharfen Verstand. Sie sind unruhige Geister, die es nirgends lange aushalten und auch bei vertrauten Freunden nicht stillsitzen können. In Beziehungen halten sie sich so weit zurück, dass sie flüchtige Geister zu sein scheinen, sorgen aber immer wieder dafür, dass es ihrem Partner gut geht.

Fische-Drachen sind schwer zu verstehen. Unglaublich empfindlich, verstecken sie ihre Motivationen gut. Wenn sie daran denken, können sie sehr liebevoll und charmant sein, meinen es auch meistens gut, doch oft vergessen sie, anderen das auch zu zeigen. Der Satz: „Das ist doch ganz klar!“ von einem Fische-Drachen kann andere nur zu verzweifeltem Hohnlachen animieren.

DER JAHRESREGENT SCHLANGE – DIE ANLAGEN UND MÖGLICHKEITEN

Der allumfassende Hinterfrager, der Unbegreifliches begreifen will und selbst ausgesprochen rätselhaft wirkt – das ist die typische Schlange. Im Extremfall ist sie ein hochnäsiges Mitglied eines elitären Zirkels, das hohe moralische Ansprüche stellt, die jedoch hauptsächlich für die anderen Mitglieder Gültigkeit besitzen. Doch meist ist es nur ihr Streben nach Tiefe und vollständigem Verstehen von Hintergründen und Zusammenhängen, das sie für andere Menschen schwer verständlich, schwer zugänglich erscheinen lässt.

Damit sie nicht missverstanden und für elitär gehalten wird, muss sie sich bisweilen regelrecht zwingen, sich anderen Menschen zu öffnen.

Aus der Hinterfragung der Dinge resultiert auch die Abneigung gegen die Worte Ja und Nein – die Schlange weiß viel zu gut, dass es in den meisten Fällen nicht so einfach ist. Natürlich ist die Gefahr groß, dass sich die Schlange in Fragen nach Ei und Henne verliert oder das Rad neu erfinden will.

Ihrer Neigung zu Tiefgang und Ernsthaftigkeit entspricht, dass die Schlange meist nach einer Bestimmung in ihrem Leben sucht. Wichtig für sie ist, dass sie diese ab und an kritisch in Frage stellt, damit sie nicht eines Tages aufwacht und merkt, dass sie einem Phantom nachgelaufen ist. Eine Stärke der Schlange ist ihre Fähigkeit, Schönes zu empfinden und aufzunehmen – auch wenn sich diese Empfänglichkeit im Extremfall in sinnloser Anhäufung von schönen, aber unnötigen

PRINZIP	passiv, Yin
FARBE	Türkis
GLÜCKSZAHL	9
SYMBOL FÜR	Klugheit
WESEN DES SCHLANGE-JAHRES	große Entdeckungen und wichtige Erfindungen

Dingen äußert. Eines der Hauptprobleme der Schlange besteht nämlich darin, Dinge, die sie für sich selbst erkannt hat, in praktisch gelebtes Leben umzusetzen. Wenn sie in irgendeiner Form künstlerisch tätig wird, hat sie einen Weg dazu gefunden. Ansonsten lebt sie möglicherweise als Messie in einem Berg schöner oder alter oder verstaubter, für sie jedenfalls symbolträchtiger Dinge, die ein vernünftiger Mensch längst entsorgt hätte.

BERUF

Im Arbeitsbereich tendiert die Schlange dazu, aus dem Beruf eine Berufung zu machen. Allerdings neigt sie bei der Berufswahl zu dem Fehler, einen Beruf zu wählen, von dem sie glaubt, dass sie damit viel Geld verdienen kann – und dann wird ihr irgendwann bewusst, dass dies eigentlich der falsche Beruf war, dem sie jahrelang nachgegangen ist, und sie läuft Gefahr, in tiefe Depressionen zu verfallen. Also ist die Schlange gut beraten, wenn sie auf ihre Intuition hört, die ihr unabhängig von materiellen Werten zum richtigen Beruf rät.

Handwerkliche Berufe, die mit Gestaltung und Ästhetik im weitesten Sinn zu tun haben, sind für Schlangen nicht schlecht, auch das Handeln mit Kunst oder eine Tätigkeit in der Werbebranche sind für sie gut. Am besten können Schlangen ihre Anlagen verwirklichen, wenn sie einen Beruf wählen, bei dem es primär um innere Werte geht, wie zum Beispiel den des Pastors. Auch als Psychologen eigenen sich Schlangen durchaus gut.

Geld ist für Schlangen sehr wichtig, denn sie lieben den Luxus und sind auch nicht bereit, von einmal angenommenen kostspieligen Gewohnheiten ohne Weiteres abzugehen. Um sich diesen leisten zu können, entwickeln Schlangen schon ein erstaunliches Gespür. Sie machen eine reiche Heirat, erben früh, spekulieren erfolgreich oder haben Glück im Spiel – etwas Halbseidenes steckt meist hinter den finanziellen Erfolgen einer Schlange. Erworbenes Geld wiederum wird von ihnen sorgfältig und umsichtig verwaltet, denn sie wissen genau, dass sie es zum Glücklichsein brauchen.

Sollten Geldschwierigkeiten am Horizont aufziehen, dann waren es einfach zu viele unwiderstehliche Sonderangebote von kostspieligen Luxusgütern, die der Schlange über den Weg liefen.

GESUNDHEIT

Schlangen haben meist eine robuste Gesundheit, lediglich Verspannungen vom vielen Den-Rücken-steif-Halten können ihnen zu schaffen machen. Allerdings müssen Schlangen gut darauf achten, dass sie genug trinken, denn sie neigen zu Nierenproblemen.

ALLGEMEIN

Die Schlange hat also die Wahl zwischen der Erfüllung materieller Wünsche und der Kraft, in sich Gutes zu schaffen. Eine immer noch aktuelle Pflichtlektüre für Schlangen ist „Haben oder Sein“ von Erich Fromm. Schlangen, die sich auf das Sein besinnen, werden ein erfülltes, zufriedenes Leben führen.

Für die Schlange sind Jahre des Schweines besonders problematisch, sie lassen aber auch wichtige Lernprozesse zu.

Jahre des Büffels und der Ratte verlaufen eher friedlich und ruhig, turbulenter wird es in Jahren des Tigers, des Hasen, aber auch des Drachen, der Schlange, des Pferdes und der Ziege. Jahre des Affen, des Huhns sowie Hundejahre gehören eher zu den mäßigen Jahren für Schlangen.

WER PASST ZUR SCHLANGE?

Wer sich in eine Schlange verliebt, muss ein Freund von Rätseln sein. Dieser verschlossene Charakter, der sich so gern mit dem Flair des Geheimnisvollen umgibt, macht es seinen Partnern nicht leicht, sich wirklich auf sie einzustellen. Mit ihm zu streiten, ist fast unmöglich, da sich die Schlange beharrlich davor drückt, offen eine feste Position zu beziehen, und sie selbst wechselt ständig die Standpunkte zu den verschiedensten Fragen. Doch eigentlich will sie auch nicht berechenbar sein und ihre Selbstkontrolle, die verhindert, dass sie sich eine Blöße gibt, ist fast unheimlich. Sobald aber eine Schlange für jemanden in Liebe entbrennt, ist sie eine leidenschaftliche, romantische und beständige Partnerin.

Für jeden, der sie versteht, bildet die Beziehung zu einer Schlange eine persönliche Bereicherung.

Johann Wolfgang von Goethe war ein deutscher Dichter und Naturforscher. Er hatte das chinesische Sternzeichen Drache.

BERÜHMTE SCHLANGEN

Unter den Schlangen befinden sich Dichtergrößen mit Tiefsinn wie Johann Wolfgang von Goethe, Dostojewski und Michael Ende. Pablo Picasso reiht sich ebenbürtig in diese Gruppe ein. Abraham Lincoln, Mahatma Gandhi, Mao Tse-Tung und John F. Kennedy gehören hierher ebenso wie Nobelpreisträger Bob Dylan und Placido Domingo.

DIE SCHLANGE UND DIE WESTLICHEN TIERKREISZEICHEN

Widder-Schlangen sind die Kämpfer unter den Schlangen. Eine spannende Mischung aus impulsiv und würdevoll, aus ehrlich und stilvoll-höflich, sind Widder-Schlangen immer für eine Überraschung gut. An Spaß und Sex haben sie ihre Freude, sofern immer für Abwechslung gesorgt ist.

Stier-Schlangen hypnotisieren alle mit der Aura von Luxus und Großzügigkeit, die sie um sich herum erzeugen. Das macht sie zu verführerischen Gastgebern ebenso wie zu überzeugenden Geschäftspartnern. Sie wollen stets einen guten Eindruck zu hinterlassen und dafür und für ihren luxuriösen Lebensstil arbeiten sie schwer.

Zwillinge-Schlangen denken messerscharf, besonders an ihren eigenen Vorteil. Hinter den Äußerungen anderer vermuten sie bisweilen Hinterlist und Tücke, doch damit tricksen sie nur sich selbst aus. Das Einzige, was man ihnen nicht nachsagen kann, ist unüberlegtes oder geistloses Handeln. Auf ihren Verstand sind sie stolz und unter ihresgleichen fühlen sie sich am wohlsten.

Krebs-Schlangen versuchen zunächst mit diskretem Charme, an ihr Ziel zu gelangen, wenn das nicht klappt, mit Halsstarrigkeit und Unnachgiebigkeit. Ihr Traum besteht darin, als Hofrat mit Pensionsberechtigung geboren zu werden. Leider müssen sie sich zumindest ausdenken, wie sie andere für sich arbeiten lassen – und da sie liebenswürdig genug sein können, wenn es darauf ankommt, gelingt es ihnen auch meist großartig, sich durchzulavieren.

Löwe-Schlangen sind die warmherzigsten unter den Schlangen. Ihre Offenheit gegenüber angenehmen Dingen des Lebens, ihre Vorliebe für extravagante Kleidung und ihr klarer Verstand sorgen dafür, dass sie immer wieder ihr Publikum haben. Doch trotz ihres selbstgerechten Auftretens sind sie liebenswerte Zeitgenossen.

Jungfrau-Schlangen sind die beängstigend Effizienten, die dennoch ihr Leben mit Stil leben und immer noch Zeit finden, sich um die Pflege von Freundschaften und alten Menschen zu kümmern. Sie verlieben sich nur mit großer Vorsicht, zu hoch sind ihre Ansprüche an sich selbst wie an andere. Dabei sind sie eindrucksvolle Vorbilder für jeden, der Unordnung mit Kreativität verwechselt.

Waage-Schlangen wollen vor allem eines: nicht allein durchs Leben gehen. Ihr Sinn für Diplomatie zeigt sich in einem starken Bedürfnis, mit anderen gemeinsam Dinge zu verwirklichen, die keiner allein geschafft hätte. Sie haben dabei ein ausgeprägtes Gefühl für gutes Benehmen und Stil. Doch wenn sie einmal gezwungen werden, ihr gutes Benehmen zu vergessen, ist ihr Biss giftig und schmerzhaft.

Skorpion-Schlangen gehen mit einem sehr eigenen Flair durchs Leben. Sie lassen gebrochene Herzen hinter sich, betrachten das Leben als Wettkampf und machen es sich damit täglich unnötig schwer. Da sie aber auch sich selbst sehr kritisch sehen und keine Probleme damit haben, ihre Fehler zuzugeben, kommen sie auch beruflich weiter: der ewige Kämpfer, dem man dabei aber noch nicht einmal böse sein kann.

Schütze-Schlangen sind offen und optimistisch. Wenn sie nicht so einen breiten Horizont hätten, würden sie Gefahr laufen, als selbstgerecht zu gelten. Im Verhältnis zu anderen Schlangen kümmern sie sich wenig um ein perfektes Outfit. Dadurch werden sie aber für andere erst zugänglich – und da sie wegen ihrer weiten Reisen als welterfahren gelten, suchen andere gern ihren Rat.

Steinbock-Schlangen sind knallharte Rechner. Materieller Besitz ist ihnen sehr wichtig und sie teilen ihn nur dann mit anderen, wenn sie dafür genug bekommen, sodass die Rechnung als ausgewogen gelten kann. Beruflich machen sie sich meist selbstständig, für das Bankwesen haben sie ein gutes Gespür. Sie streben ein friedliches Familienleben an, kümmern sich dann auch sehr ernsthaft um ihre Familie, und wer sie besser kennt, weiß ganz genau, dass sich hinter ihrer steinernen Schale eine einfühlsame Seele befindet.

Wassermann-Schlangen lieben es so sehr, neue Bekanntschaften zu schließen, dass es ihnen dabei völlig egal ist, wie sie selbst auf andere wirken. Mit Nähe und Distanz zu anderen Menschen haben sie ein besonderes Problem: Sie suchen die Mitarbeit in Gruppen und Zirkeln, bleiben dabei innerlich jedoch immer etwas außerhalb der Gemeinschaft, sodass es für sie schwierig sein kann, den Partner fürs Leben kennenzulernen.

Fische-Schlangen sind die idealistischen Träumer, die oft so weltfremd dahinschweben, dass sie kaum sagen können, was sie eigentlich wollen. Auch wenn die Welt sie bisweilen enttäuscht, bekommen Fische-Schlangen am Ende, was sie brauchen, denn ihre Angst vor Armut im Alter ist stärker als alle träumerische Unentschiedenheit.

2038
2026
2014
2004
1992
1980
1968
1954
1944
1922
1918
1906

Pferd

Der Jahresregent Pferd – die Anlagen und Möglichkeiten

Wenn Sie in einer Gesellschaft einen fröhlichen, unerschütterlichen Optimisten im Mittelpunkt des Geschehens finden, der in jede langweilige Runde eine gute Portion Schwung bringt, dann haben Sie es wahrscheinlich mit einem typischen Pferd zu tun. Sein Optimismus wirkt ansteckend, es hat das Herz am rechten Fleck und verbreitet eine positive Stimmung. Reiselustig, wie es ist, weiß es immer etwas Interessantes amüsant zu erzählen, und erzählen, das kann das Pferd. Als Redner an der Straßenecke wie im Parlament – die Rede eines Pferdes ist nie langweilig.

In einer Atmosphäre der gebührenden Aufmerksamkeit fühlt das Pferd sich wohl und mit seinem Selbstbewusstsein und seinem Optimismus setzt es sich über manche Hürden einfach hinweg, die anderen Kopfzerbrechen bereiten.

Natürlich hat dieser nette extrovertierte Springer auch seine Nachteile. Einer davon ist der, dass er eben immer im Mittelpunkt stehen muss, auch wenn er sich – was gar nicht so selten ist – für soziale Fragen engagiert, eine Hilfsorganisation ins Leben ruft oder der

PRINZIP	aktiv, Yang
FARBE	Schwarz
GLÜCKSZAHL	2
SYMBOL FÜR	Lebensfreude und Tapferkeit
WESEN DES PFERDE-JAHRES	Aufbruch zu geistigen und kriegerischen Eroberungen

Nachbarin täglich Milch und Zeitungen bringt. Diese Egozentrik des Pferdes macht es anderen bisweilen schwer, mit ihm auszukommen, und sie halten ihn einfach für oberflächlich. Nun, Philosophen unter den Pferden sind selten, und ehe sich ein Pferd auf die theoretische Lösung des Rätsels der Infinitesimalrechnung einlässt, wer denn nun den Wettlauf gewinnt – Achill

oder die Schildkröte –, rennt es lieber selbst mit beiden um die Wette.

Sein Organisationstalent ist ausgeprägt, sein Mut sprichwörtlich, seine Intuition nicht übel, und wenn es einem Pferd gelingt, seine Egozentrik ab und zu mit gesunden Selbstzweifeln zu hinterfragen, dann kann es Großes erreichen.

BERUF

Für das Berufsleben bringen Pferde ideale Voraussetzungen mit: Sie lieben Stress und Herausforderungen, gehen sie mit Freude an und bewältigen sie meist großartig – eine steile Karriere ist ihnen also in der Regel sicher. Wenn man sie nicht ab und zu etwas bremst, neigen sie sogar dazu, sich zu überarbeiten. Ideal sind für Pferde solche Berufe, in denen sie ihr Publikum haben, am besten gleich beim Fernsehen als Moderator, Showmaster oder als Pressesprecher eines Unternehmens. Als Teamleiter, dem Organisationsaufgaben anvertraut sind, als Koordinator von Zeitplänen mit Mitarbeitereinsätzen und in ähnlichen verantwortlichen Stellungen, in denen sie Aufgaben mit vielen Variablen zu bewältigen haben, vor denen andere schier verzweifeln, sind Pferde die ideale Besetzung. Geld ist für Pferde eine untergeordnete Sache, Menschen sind ihm wichtiger.

Allerdings ist das Pferd in der Lage, gut mit Geld umzugehen, und sein guter Riecher führt oft zum erfolgreichen Abschluss finanzieller Transaktionen. Im Übrigen lassen Pferde ihr Geld für sich arbeiten und freuen sich an dem Ertrag ihres Kapitals, ohne es überzubewerten. Wenn sie Lust dazu haben, kann es auch passieren, dass sie plötzlich großzügige Geschenke machen – allerdings niemals anonym.

Aber auch in der Position eines Sachbearbeiters kann sich ein Pferd wohlfühlen, vorausgesetzt, es hat genug Publikumsverkehr.

GESUNDHEIT

Ihre Gesundheit ist für Pferde meist kein Thema – sofern sie genug anderes zu tun haben und andere Möglichkeiten besitzen, sich in den Mittelpunkt zu stellen. Dann nämlich ignorieren sie die Anzeichen einer Erkrankung und wehren sich lange gegen die Einsicht, dass diese ernstzunehmen sein könnte. Sollte einem Pferd aber etwa langweilig sein, dann kann es zum unermüdlichen Berichterstatter über all seine eingebildeten und tatsächlichen Leiden werden, um sich wieder interessant zu machen.

ALLGEMEIN

Wenn es einem Pferd gelingt, seine Egozentrik in vernünftige, kreative Bahnen zu lenken, wenn es ihm gelingt, sich im Zuhören zu üben, wird es viel positives Echo ernten, dann wird man ihm auch nicht vorwerfen, dass es gern im Mittelpunkt steht. Sollte es die Angst vor sich selbst sein, die das Verhalten des Pferdes bis zur Oberflächlichkeit prägt? Diese Angst ist bei den überaus meisten Pferden ganz unbegründet.

Für Pferde sind Jahre des Hasen und des Hahnes von der Gefahr geprägt, sich in Äußerlichkeiten zu verlieren, gleichzeitig sind diese Jahre für sie aber berufliche Erfolgsjahre. In Drachen- und Ziege-Jahren werden Pferde oft etwas nachdenklich und selbstkritisch, was ihrer persönlichen Entwicklung nicht schaden kann und auch von anderen positiv aufgenommen wird. Echte Problemjahre gibt es für Pferde nicht, am ehesten sind dies noch die Jahre der Ratte.

WER PASST ZUM PFERD?

Wer erwartet, dass sich das Pferd in Liebesdingen zum sensiblen, einfühlsamen Liebhaber mausert, der hat sich getäuscht: Es bleibt sich treu. Fröhlich und unbekümmert ver- und entliebt es sich, wie ihm gerade danach ist, und das stellt an potenzielle Partner hohe Anforderungen. Wer diesem sprunghaften Zeitgenossen aber das Halfter so anlegt, dass er es gar nicht bemerkt, oder einfach mittut, der hat an ihm einen fröhlichen, optimistischen Partner, mit dem ihm niemals langweilig werden wird. Und wenn er es schafft, ihn ab und zu zum Zuhören zu bringen, wird er selbst in der Beziehung zu einem Pferd auch nicht zu kurz kommen.

Kleinliche Ordnungskrämer und Treuefanatiker dürfen Sie nicht sein, wenn Sie mit einem Pferd glücklich sein wollen.

BERÜHMTE PFERDE

Die Reihe der Pferde reicht von Helmut Kohl bis zu Nikita Chruschtschow, von Muhammad Ali (alias Cassius Clay) über Clint Eastwood und Barbra Streisand bis zu Rembrandt, Robert Schuhmann und Leonhard Bernstein.

Helmut Kohl, ehemaliger Bundeskanzler der BRD, hatte das chinesische Sternzeichen Pferd.

DAS PFERD UND DIE WESTLICHEN TIERKREISZEICHEN

Widder-Pferde sind die unzähmbaren unter den Pferden. Mit trommelnden Hufen kommen sie dahergaloppiert, brechen nebenher ein paar Herzen und sind schon wieder davon, neuen Zielen entgegen. Ratschläge nehmen sie grundsätzlich nicht an. Doch da sie eigentlich lebensfrohe Gesellen sind, sind sie überall gern gesehen.

Stier-Pferde sind die Pragmatiker unter den Pferden. Sie haben eine gute Hand für praktische Dinge – und fürs Geld. Sie wissen, was arbeiten heißt, und sind meist hartnäckig genug, Projekte erfolgreich zu Ende zu bringen. Persönliche Beziehungen sind ihnen wichtig, sie tun alles für die Menschen, die sie lieben.

Zwillinge-Pferde haben einen unglaublichen Drang nach Unabhängigkeit und nach den spannenden Dingen des Lebens. Sie sind unersättlich neugierig und suchen ständig nach neuen Ideen oder Herausforderungen. Diplomatie ist nicht gerade ihre Stärke, aber verletzen wollen sie niemanden. Ruhigeren Gemütern kann im Umgang mit ihnen aber schon einmal schwindlig werden.

Krebs-Pferde werden leicht bockig, wenn sie unter Druck geraten. Lässt man sie die Dinge auf ihre Weise tun, hat man an ihnen einen freundlichen, für Pferdeverhältnisse sensiblen Partner, der seinen heimischen Stall schätzt, wenngleich er manchmal zu exotischen Abenteuern aufbricht.

Löwe-Pferde betrachten die ganze Welt als ihren Turnierplatz. Furchtlos drauflos, scheint ihre Devise zu sein. Sie glauben an ihr Schicksal, auch wenn dabei enge persönliche Beziehungen auf der Strecke bleiben. Kreative Arbeit, am besten freiberuflich, ist für sie ideal.

Jungfrau-Pferde haben viele Situationen bestens im Griff. Ihr scharfer Intellekt dosiert auch ihren Umgang mit anderen: Wen sie für unwert ihrer Aufmerksamkeit halten, der hat bei ihnen keine Chance; wen sie einmal lieben, dem halten sie die Treue. Allerdings kann es eine Weile dauern, ehe sie finden, dass eine Sache ihren Einsatz lohnt.

Waage-Pferde sind ganz untypische Pferde. Ihr hervorstechendstes Merkmal ist die Entscheidungslosigkeit – sie könnten zwischen zwei gleich großen Heuhaufen verhungern. Ihr Ziel ist die perfekte Ehe und sie gehen es akribisch an. Sie brauchen das Gefühl, dass das, was sie tun, „das Richtige" ist. Lebensfreude und Spontaneität bleiben dabei ein wenig auf der Strecke.

Skorpion-Pferde halten ihre Mitmenschen und sich selbst kräftig in Atem. Sie haben tausend Wünsche, denen sie nachjagen. Sex ist ihnen wahnsinnig wichtig und sie galoppieren von einer turbulenten Beziehung in das nächste unvorhersehbare Chaos. Rasche Stimmungsumschwünge sind dabei an der Tagesordnung. Im Berufsleben zeigt sich die Unfähigkeit der Skorpion-Pferde zu Kompromissen und Kooperation bisweilen als Opportunismus.

Schütze-Pferde sind nette, offene Gestalten, ständig in Bewegung (man beachte, dass der Schütze ein Kentaur ist, also selbst ein halbes Pferd) und kaum zu bändigen. Großzügig, freiheitsliebend, ungebunden, so galoppieren sie durch die ganze Welt. Angefangenes bleibt oft liegen und wenn sie nicht ihr Quantum Abenteuer haben, vegetieren sie dahin.

Steinbock-Pferde setzen einiges an Energie in die finanzielle Sicherheit ihrer Familie, sind dabei aber beweglich und rege und hassen zuviel Routine. Ein Job, der rasches Denken und schnell getroffene Entscheidungen erfordert, ist für sie ideal – sofern er anständig bezahlt wird. Neue Ziele gehen sie konzentriert und ernsthaft an und so ist es kein Wunder, wenn die meisten von ihnen Karriere machen. Unter solchen Voraussetzungen genießen sie auch die angenehmen Seiten des Lebens und sind liebevolle Partner.

Wassermann-Pferde sind so neugierig und wendig, dass man nie genau sagen kann, auf welcher Wiese oder in welcher Lage man sie als Nächstes finden wird. Sie lieben es, sich in einer Herde zu bewegen, die sie mit Begeisterung, Witz und Charme für sich gewinnen. Ihre vielseitigen Begabungen sorgen dafür, dass ihnen etliche Unternehmungen gelingen, und wenn sie es lernen, auch ab und zu einmal stillzusitzen und sich zu entspannen, dann werden sie sogar dazu kommen, Erreichtes zu genießen.

Fische-Pferde sind gespalten zwischen dem Bedürfnis, anderen zu gefallen und von ihnen gemocht zu werden, und der Angst, dass eben dies nicht der Fall sein könnte, aus der heraus sie unnahbar wirken. Wer die Unsicherheit dieses Pferdes als solche erkennt und ihm Vertrauen einflößen kann, der wird mit einem warmherzigen, wenn nicht leidenschaftlichen Partner belohnt, der kreativ und warmherzig seine Pläne verfolgt. Wo diesem Pferd die Vertrauensbasis fehlt, wird es launisch, verängstigt und opportunistisch. Doch es ist an ihm selbst, den ersten Schritt zu tun.

DER JAHRESREGENT ZIEGE – DIE ANLAGEN UND MÖGLICHKEITEN

Ein ängstliches, schüchternes Wesen, das sich vor vielen Dingen fürchtet – das ist die Ziege, die ihren inneren Weg noch nicht gefunden hat. Hat sie ihn gefunden, wird sie zu einem vielseitig talentierten Wesen, das eine gewisse Exzentrizität und erstaunliche Energie und Stärke mitbringt, wenn ihm etwas wirklich wichtig ist. Zufrieden, wenn man sie in Ruhe arbeiten lässt, geht die Ziege Konfrontationen aus dem Weg. Lieber ist ihr, brav und artig etwas auszuführen, was ein anderer ausgedacht hat (und was sie für gut befunden hat), als vorzupreschen und sich die Hörnlein anzustoßen. Sie braucht das Gefühl, geliebt zu werden, und lässt sich nicht gern herubschubsen. Sanftheit und Einfühlsamkeit gehören zu ihren Stärken, die Gefahr einer Übertreibung ist hier aber durchaus gegeben – auf Kosten der Gesundheit der Ziege, die eine Meisterin im Mit-Leiden mit anderen Menschen ist.

Zuviel Verständnis kann zu Selbstaufgabe führen, und das tut auch einer Ziege nicht gut.

PRINZIP	passiv, Yin
FARBE	Weiß
GLÜCKSZAHL	4
SYMBOL FÜR	Sanftmut
WESEN DES ZIEGE-JAHRES	Einsichten und Verständnis füreinander

Zum Glücklichsein braucht die Ziegen eine liebevolle Umgebung. Wird sie sorgsam gepflegt und gehätschelt, wächst sie zu Höchstleistungen auf. Fehlt ihr diese menschliche Wärme und Anerkennung, so wird sie zur Meckerziege ersten Ranges – voll der Unzufriedenheit und des Pessimismus. Das Urteil anderer ist für eine Ziege Maßstab ihres Wohlbefindens, weniger aufgrund von mangelndem Selbstbewusstsein als vielmehr aufgrund eines ausgeprägten

Einfühlungsvermögens in andere. Das Kind, für das der sanfte Tadel einer wohlmeinenden Lehrerin zur emotionellen Tragik heranwächst, ist eine typische Ziege. Sie darf daher andere nicht zu dicht an ihre eigene Haut heranlassen, damit diese nicht unnötig Schaden nimmt.

BERUF

Der ideale Beruf für Ziegen ist einer, in dem sie mit anderen Menschen zu tun haben, ihnen helfen können und bei der Linderung ihrer Leiden mitwirken können. Nicht wenige Ziegen sind unter den Ärzten und in Pflegeberufen zu finden. Auch in der Rolle der Chefsekretärin, die ganz in ihrer Arbeit für ihren Chef aufgeht (solange er sie gut behandelt und sie sich seiner ausschließlichen Zuneigung sicher weiß), fühlt sich die Ziege wohl. Zuverlässigkeit und Beharrlichkeit gehören zu ihren Tugenden, ihr Einfühlungsvermögen wird ebenso wie ihr logisches Denken in Ingenieur- und Planungsbüros geschätzt. In der Rolle der Vorreiter, Chefs und Neuerer wird man Ziegen dagegen seltener finden.

Ziegen, denen es gelungen ist, ihre Ängstlichkeit zu überwinden und ihren Weg zu gehen, finden sich oft in beratenden Berufen, vom Anwalt bis zum Psychologen und sogar als Verkäufer wieder, der erfolgreich zur Befriedigung der individuellen Bedürfnisse seiner Kunden beiträgt.

Die Besorgnis, einmal nicht genug Geld zu haben, ist für Ziegen ein Anlass, mit Geld sehr vorsichtig umzugehen. Im Zweifelsfall drehen sie jeden Groschen dreimal um, einfach aus Angst vor der Zukunft. Haushaltskasse und Familienkonto sind in der Hand einer Ziege bestens aufgehoben, zum Finanzjongleur fehlt ihr der Mut. Die Folge dieses eher zurückhaltenden Umgangs mit Geld ist, dass es ihrer Familie selten an Geld fehlt.

GESUNDHEIT

Wie nicht weiter verwunderlich, sind Ziegen besonders leicht von psychosomatischen Erkrankungen, Allergien und Schlafstörungen betroffen.

Das Mitleiden mit anderen bleibt nicht ohne Folgen und ihre Ängstlichkeit vor der Welt im Allgemeinen und ihrem Leben im Besonderen drückt sich in diesen Beschwerden bisweilen drastisch genug aus. Ziegen müssen daher Selbstbewusstsein entwickeln, um sich von anderen abzugrenzen und ihre eigene Haut (im wahrsten Sinne des Wortes) retten zu können.

ALLGEMEIN

Wenn es einer Ziege also gelingt, ihr eigenes Ziel im Leben zu erkennen, kommt sie gar nicht erst in die Rolle des ängstlichen, nörglerischen Pessimisten. Ziegen verfügen über gute, auch kreative Anlagen und sobald sie ihre Empfindsamkeit zur Stärke entwickelt haben, kann ihnen weder eine psychosomatische Erkrankung noch der Tadel eines anderen noch etwas anhaben.

Für die Ziege sind die Jahre des Büffels die schwierigsten. Die Ängste der Ziege treten in dieser Zeit unmittelbar hervor und sie hat noch mehr Schwierigkeiten als sonst, sich auf ihr Selbstbewusstsein zu besinnen. Ähnlich sieht es auch in Jahren der Ratte aus. In Liebesdingen tun den Ziegen die Jahre des Pferdes besonders gut, finanziell und beruflich Drache-, Hund- und Schwein-Jahre. Ihre persönliche Entwicklung macht besonders in Jahren des Tigers und des Hahnes große Fortschritte. In diesen Jahren gelingt es der Ziege besonders gut, ihr Selbstbewusstsein zu entwickeln und überflüssige Ängste abzulegen.

WER PASST ZUR ZIEGE?

Da die Ziege ein besonders verständnisvoller, einfühlsamer Charakter ist, erscheint sie vielen anderen Wesen als angenehmer Partner. Sie spürt sofort, wenn etwas zwischen ihrem Partner und ihr nicht in Ordnung ist. Dann versucht sie behutsam, das Problem aus der Welt zu räumen, um einen ernsthaften Konflikt gar nicht erst entstehen zu lassen. Dass ein anderer es manchmal gar nicht so genau wissen will, gar nicht auf so engem Raum liebevoll umhegt werden will, sondern einen gewissen Freiraum braucht, fällt der Ziege schwer zu verstehen, und solche Partner fühlen sich mit ihr auf die Dauer unwohl.

Bei der Ziege ist es sehr wichtig, dass sie sich von ihrem Partner ebenso liebevoll und warmherzig angenommen fühlt wie sie ihm begegnet, andernfalls droht sie seelisch zu verkümmern.

BERÜHMTE ZIEGEN

Erstaunlicherweise gibt es auch unter den zurückhaltenden Ziegen einige Prominente, die im Licht der Öffentlichkeit stehen. Manchen merkt man die Sanftheit und Zurückhaltung der Ziegen dabei aber durchaus noch an. Christoph Kolumbus, Michelangelo Buonarotti, Rosa Luxemburg, Michail Gorbatschow, Boris Becker, Andy Warhol, Walter Gropius und – wer hätte das gedacht – Mick Jagger sind in einem Jahr der Ziege geboren.

Mick Jagger ist ein britischer Musiker, Sänger und Songwriter. Er hat das chinesische Sternzeichen Ziege.

DIE ZIEGE UND DIE WESTLICHEN TIERKREISZEICHEN

Widder-Ziegen stehen immer ein wenig außerhalb der Herde – auch wenn sie sie dringend benötigen, um ihr Bedürfnis nach Wärme und Sicherheit zu stillen. Nachzugeben liegt nicht in ihrer Natur, aber sie überfahren andere Menschen auch nicht und setzen am liebsten ihren Charme ein, wenn sie ein Ziel erreichen wollen.

Stier-Ziegen sind anhänglich und treue Familienmenschen, die großen Wert auf finanziell und emotional stabile Beziehungen legen. Vorsichtig tasten sie sich an Aufgaben wie an Beziehungen heran. Voller Angst, in ihren tiefen Gefühlen verletzt zu werden, warten sie lange, ehe sie sich erklären. Doch wenn sie sich ihrer Sache sicher sind, stehen sie beharrlich und unverrückbar zu ihrer Entscheidung und zu ihrem Partner.

Zwillinge-Ziegen wirken stets ein wenig zerstreut. Sie wirken immer geistig beschäftigt, wenn nicht sogar nervös. Ihrer Umgebung begegnen sie mit wacher Neugier, sind aber nicht von ihr abhängig. Wo sie ihre Originalität einbringen können, machen sie Karriere und wachsen mit ihren Aufgaben. Sie lachen gern und pflegen ihren Freundeskreis, gehen aber nicht darin verloren.

Krebs-Ziegen sind unglaublich sensibel, empfindsam und feinfühlig. Ihre eigenen Gefühle sind gut versteckt. Wenn man sie liebevoll ummäntelt, aber zu nichts drängt, gehen sie erfolgreich ihren Weg. Doch Vorsicht: Auch diese Ziegen haben Hörner und die Scheren des Krebses sind nicht nur zur Zierde da. Wer sich die Mühe macht, gewinnt einen liebevollen, familiären Partner.

Löwe-Ziegen sind extrovertiert genug, sich mitten auf einer Bühne wohl zu fühlen, und ihre persönliche Ausstrahlung kann die Unsicherheit, die dahinter steht, überstrahlen. Mit ihrer Meinung über andere halten sie nicht hinter dem Berg, tun dies aber humor- und liebevoll. Wer sie zum Freund hat, hat einen starken und zugleich einfühlsamen Verbündeten. Sex ist ihnen sehr wichtig und sie lassen auf ihrem Weg so manches gebrochene Herz hinter sich.

Jungfrau-Ziegen sind die heimlichen Helden. Besonders hilfsbereit und altruistisch streben sie nach Perfektion und tun alles, damit es anderen besser geht – ohne viel Aufhebens und Getue um ihre eigene Person. Sie sind qualitätsbewusst und richten ihre Wohnung sorgfältig ein. Erfolgreich sind sie als liebevolle Partner und fürsorgliche Eltern und wo ihr klarer Verstand gefragt ist. Wo sie sich nicht anerkannt fühlen, werden sie zu brillanten Nörglern.

Waage-Ziegen wollen stets wie aus dem Ei gepellt erscheinen und daher sind sie für repräsentative Aufgaben wie geschaffen. Sie sind keine Einzelgänger, sondern wissen sehr wohl, wie viel Kraft ihnen eine Beziehung geben kann. Wenn es ihnen gelingt, ihre Entschlusslosigkeit zu überwinden, können sie in verschiedenen Berufen, die mit Öffentlichkeit zu tun haben, sehr erfolgreich sein.

Skorpion-Ziegen besitzen erstaunliche Willenskraft. Dass sie eigentlich verständnisvolle Wesen sind, ist kaum zu erkennen. Ihr Sexualleben ist abenteuerlich, ihr Eheleben desgleichen, Leidenschaft und Turbulenz sind angesagt. Wenn man sie reizt, werden sie eiskalte, gnadenlose Rachegeister – Hörner gepaart mit dem giftigen Stachel gemahnen zur Vorsicht.

Schütze-Ziegen halten es auch ganz gut einmal ohne ihre Herde aus, für eine Weile jedenfalls. Sie sind risikobereit, offen heraus und ehrlich in ihrer Ansicht über andere, erwarten aber von

anderen dieselbe Offenheit. Reisen und Bewusstseinserweiterungen sind für sie ganz wichtig, neue Sehweisen und die Bekanntschaft von interessanten Leuten desgleichen.

Steinbock-Ziegen haben ein ausgeprägtes Gespür für Tendenzen und Strömungen der Zeit und sie zögern nicht, sie aufzugreifen, besonders auf finanziellem Gebiet, und da ihnen weltliche Güter für ihr Wohlbefinden sehr wichtig sind, investieren sie hier auch einiges an Mühen. Nur wenn sie sich selbst bei anderen sehr sicher fühlen, wagen sie es, aufzumachen und ihre Gefühle zu zeigen.

Wassermann-Ziegen sind hilfsbereit, aber stets distanziert. Sie sind frei von Dünkel, fühlen sich auch wohl mit der Menschheit brüderlich verbunden, doch mit ihrer exzentrischen Art bleiben sie vielen verschlossen und wirken stets etwas geheimnisvoll. Für Ziegen brauchen sie ungewöhnlich viel Freiheit. Im Beruf ist ihnen die gegenseitige Befruchtung mit Kollegen sehr wichtig.

Fische-Ziegen sind sensibel für Dinge, die andere nicht einmal wahrnehmen, und leben daher stets wie auf einem anderen Planeten. Stimmungen erleben sie sehr bewusst, Streit ist ihnen verhasst. Geregelte Finanzen und stabile persönliche Beziehungen brauchen sie. Dann entpuppen sich diese Ziegen als kreative, geistvolle und vergnügliche Gegenüber.

DER JAHRESREGENT AFFE – DIE ANLAGEN UND MÖGLICHKEITEN

PRINZIP	aktiv, Yang
FARBE	Orange
GLÜCKSZAHL	3
SYMBOL FÜR	Neugier und Klugheit
WESEN DES AFFE-JAHRES	Höchstleistungen in den Wissenschaften und im Sport

Ein vielseitiger, neugieriger und ideenreicher Mensch, dem kaum etwas so schwer fällt wie stillzusitzen und der sich quirlig über bestehende Reglementierungen hinwegsetzt – das ist der typische Affe. Sprunghaft und gesellig, fröhlich und geschickt, hat er nur ein Problem: dass sein Leben viel zu kurz ist, um alles Interessante auszuprobieren. Nun, mit der Wahrheit nimmt er es nicht immer sehr genau, schmückt zudem Geschichten gern aus, um der besseren Pointe willen, erfindet zur Not eine Geschichte, damit er etwas Interessantes zu erzählen hat.

Böswillige Zungen sagen dem Affen Oberflächlichkeit und Selbstverliebtheit nach, behaupten gar, er sei eigentlich ein Menschenverachter.

Abgesehen von solchen Facetten ist der Affe geschickt, handwerklich wie beim Lösen von Problemen – vorausgesetzt, diese verlangen keine zu langfristige Beschäftigung mit ihnen. Belesen, intelligent und auch rhetorisch-argumentativ begabt, schafft es der Affe, sich mit Worten um viele Klippen herumzulavieren, besitzt aber tatsächlich eine ganz erstaunliche Allgemeinbildung. Auch fremde Sprachen lernt der typische Affe rasch – bis zu einem gewissen Grad. Für mehr fehlt ihm die Beständigkeit und der Ehrgeiz.

Auch sein Seelenleben ist von dieser wechselvollen, sprunghaften Art geprägt: Nacheinander sucht er sein Heil in der christlichen, indischen, chinesischen, indianischen oder sonstigen Mystik, in Philosophie und Psychologie, in

Meditation und Yoga oder Step-Aerobic, Bauchtanzkursen oder Bungee-Jumping. Und das alles nur, weil er Angst hat, das wirklich Wichtige im Leben zu versäumen.

Bei alledem fällt er immer auf die Füße. Seine Unbekümmertheit lässt ihn viele stressreiche Situationen mit einem fröhlichen „Guten Morgen" angehen. Er weiß genau: So schlimm, wie es werden könnte, wird es schon nicht werden, und wenn doch, dann sucht er einen neuen, ungewöhnlichen Ausweg. Unterkriegen lässt er sich jedenfalls nicht.

BERUF

Ein typischer Affe wird niemals über Zahlenkolonnen und langfristigen strategischen Planungen glücklich werden.

Sein handwerkliches Geschick macht ihn für praktische Berufe geeignet, zumal er die dort meist verlangte Art der Problemlösung meisterlich beherrscht: ständig wechselnde Situationen, kurze, durchaus unterschiedliche Einsätze, rasche Erfolge. Auch in stärker geistigen Berufen, die raschen Wechseln unterworfen sind, ist der Affe glücklich und erfolgreich. Das Gleiche gilt für räumliche Wechsel, wie sie etwa bei Leihpersonal an der Tagesordnung sind. Sein Idealberuf aber ist der des Verkäufers, von Bananen bis zu politischen Ideen, von Zeitungsabonnements bis zu schönen Geschichten.

Geld ist für den Affen etwas, mit dem man jonglieren kann – und wenn man Glück hat, geht's gut und vermehrt sich, wenn man Pech hat, fällt man halt auf die Nase und muss Rückschläge hinnehmen. Jedenfalls ist Geld nichts, das dem Affen wirklich graue Haare bereitet. Wenn er sich gerade dafür interessiert, unternimmt er wohl auch gezielte – und erfolgreiche – Transaktionen, doch meistens ist sein Interesse an der Vermehrung des Geldes eher gering. Daher laufen Affen durchaus Gefahr, wirtschaftliche Pleiten zu erleben.

GESUNDHEIT

Als ob die vielen sprudelnden Gedanken im Kopf des Affen tatsächlich herumpurzeln und dabei an die Schädelwände stoßen würden: Affen leiden oft unter Kopfschmerzen. Auch andere Schmerzen lassen sie wehleidig werden. Sie sollten vorsichtig mit ihrem Körper umgehen und sich wenigstens für diesen längerfristig interessieren.

ALLGEMEIN

Wenn es dem Affen gelingt, seinen Drang nach Neuem und Abwechslung in den Griff zu bekommen und auf etwas zu konzentrieren, das er als wesentlich erkannt hat, ist er wegen seiner vielseitigen Begabungen, seiner geistigen Offenheit und seiner Kreativität zu großartigen Leistungen fähig. Er darf nur nicht vergessen, dass der naiv-jugendliche Forscher dann albern wirkt, wenn er zum berufsjugendlichen Herumtreiber und Spieler wird. Daher ist es für den Affen besonders wichtig, ab und zu innezuhalten und Bilanz zu ziehen.

Für seine seelische Entwicklung sind Jahre des Hundes und des Hasen besonders günstig. Problematisch dagegen sind für den Affen Jahre des Tigers. Auch in Jahren des Büffels gelingen ihm nicht viele Unterfangen, fühlt er sich zu stark gebremst. Für Finanzielles sind Schlange-Jahre bei Affen ideal, während seine sprühenden Ideen und Pläne sich auch sehr gut in Jahren des Hahnes oder des Pferdes umsetzen lassen, also anderer extrovertierter Zeichen des chinesischen Horoskops.

WER PASST ZUM AFFEN?

Da der Affe sich nicht gern langfristig festlegen lässt, ist es kaum erstaunlich, dass Affen zu den Stammkunden bei Scheidungsrichtern gehören – sofern sie nicht von vornherein konsequent genug waren, sich gar nicht erst in eine Bindung drängen oder sich eine Verantwortung anhängen zu lassen, die sie innerlich weder annehmen wollten noch konnten.

Viele andere Tierkreiszeichen fühlen sich von der fröhlichen, geselligen Art des Affen zunächst angezogen, ehe sie sich in mancher Hinsicht enttäuscht sehen – und dem Affen geht es nicht anders: Immer wieder glaubt er, nun bereits alles herausgefunden zu haben, was es in der Beziehung mit einem Partner zu entdecken gibt, und wendet sich einem anderen zu.

Erst im Laufe der Jahre kommt er dahinter, dass es mit dem richtigen Partner auch nach Jahren noch spannend und abwechslungsreich sein kann.

BERÜHMTE AFFEN

Von Leonardo da Vinci, dem Universalgenie mit dem unersättlichen Forscherdrang, bis zu Reinhold Messner, dem Kletteraffen schlechthin, reicht die Palette der berühmten Affen. Auf ihr tummeln sich auch der James-Bond-Autor Ian Fleming, Diana Ross, der Schauspieler Michael Douglas und Liz Taylor.

DER AFFE UND DIE WESTLICHEN TIERKREISZEICHEN

Widder-Affen sind kämpferischer als andere Affen, doch dabei geht es vor allem darum, nur keinen Spaß auszulassen. Intrigen liegen ihnen nicht, sie ziehen einen direkten, wenn auch heftigen Wortwechsel vor. Ihre Energie und Neugier befähigen sie allerdings dazu, auf vielen Gebieten erfolgreich zu werden. Wer von ihnen friedliche Beständigkeit erwartet, wartet vergebens.

Stier-Affen verbinden in grandioser Weise Umsicht, Planung und Kreativität. Sie arbeiten sehr effizient und finden auch nichts dabei, ihr Sparbuch zu füllen. Wer im Inventar eines Stier-Affen unter den Posten, die das Leben attraktiv machen, geführt wird, erlebt mit ihm eine tiefsinnige, von Treue geprägte Beziehung.

Zwillinge-Affen sind die geistigen Spitzensportler schlechthin. Es fällt ihnen sehr schwer, bei einer Sache zu bleiben. Bisweilen verheddern sie sich selbst in den vielen Gedankenfäden, an denen sie gleichzeitig spinnen. Ihr Partner braucht einen langen Atem und viel Beständigkeit, dann wird er mit großzügiger Liebe (wenn auch nicht immer romantischer Treue) belohnt.

Krebs-Affen sind schillernde Charaktere, sensibel, unbeständig und launisch, sehnen sich aber nach Loyalität und Treue. Ihr gutes Gedächtnis und ihre sachbezogene Intelligenz befähigen sie zu Aufgaben, die geistige Beweglichkeit erfordern. Doch damit sie über sich selbst hinauswachsen, müssen sie das Gefühl haben, dass sie auf emotionaler Ebene vollständig aufgefangen werden.

Michael Douglas ist ein US-amerikanischer Schauspieler, und hat das chinesische Sternzeichen Affe.

Löwe-Affen stehen gern im Mittelpunkt. Ihr Humor ist ansteckend. Wenn man sie nicht beachtet, werden sie schlechtgelaunt. In Berufen, in denen man Bildung und Gewandtheit braucht, blühen sie auf. In einer Liebesbeziehung werden sie zum tiefgründigen Liebhaber, der nur gegen Dummheit allergisch ist.

Jungfrau-Affen haben eine rasche Auffassungsgabe und verzetteln sich nur manchmal in nebensächlichen Geheimnissen. Als Lehrer können sie ihre Fähigkeiten ausgezeichnet einsetzen, aber auch in anderen Berufen, in denen komplexes Denken gebraucht wird. Nach außen hin mögen sie kalt und berechnend erscheinen, doch dieser Eindruck täuscht – sie können liebevoll und charmant sein.

Waage-Affen sind Meister der sozialen Beziehungen. Vielleicht sind sie nicht sehr tiefgründig, doch kommen sie mit allen zurecht. In der Werbung und dem PR-Bereich sind sie in ihrem Element, denn dort können sie in Teams arbeiten. Wenn sie nicht erwarten, dass jeder sie lieben muss, können sie sehr liebenswert sein.

Skorpion-Affen gelten als die feurigen Liebhaber schlechthin – böse Zungen behaupten, die Betonung liege auf Feuer und nicht so sehr auf lieb. Vertrauen fällt ihnen schwer und auch im Geschäftsleben halten sie die Zügel lieber fest in der Hand. Das kostet sie viel unnötige Zeit und Energie, die sie besser mit angenehmen Dingen des Lebens verbringen könnten.

Schütze-Affen sprühen nur so vor Ideen und neuen philosophischen Gesichtspunkten, die sie je nach den Erfordernissen der Situation umformulieren und abwandeln. Die Welt ist für sie ein einziger Abenteuerpark, in dem sie alle Möglichkeiten der Erfahrungen mit anderen Menschen und Kulturen suchen. Am besten ist es, sie suchen sich einen extremen Beruf, dessen ständige Abwechslung viele andere überfordern würde.

Steinbock-Affen suchen den Erfolg. Wo er ausbleibt, leiden sie, ausführlich und ernsthaft. Sie sind mit Abstand die ernsthaftesten und verantwortungsbewusstesten aller Affen. Sie führen die Dinge mit Intelligenz und Beharrlichkeit zum Ende, ehe sie sich einer neuen Sache zuwenden. Flirten macht ihnen Spaß, doch wenn sie jemanden lieben, tun sie das sehr umfassend und ernsthaft.

Wassermann-Affen sind wie Quecksilberkugeln: Man weiß nie, wo sie gerade stecken. Sie lassen sich nicht in die Karten schauen, sind wendig und flink und ständig auf Neues aus. Wenn ihr sprühender Geist nichts zu tun bekommt, verkümmern sie. Sie sind am glücklichsten, wenn sie das Gefühl haben, dass sie geliebt und geschätzt werden, auch wenn sie das niemals zugeben würden.

Fische-Affen wirken nicht so clever wie ihre Brüder, sie scheinen auch nicht ständig etwas auszuhecken. Ihre Stärke ist die Wahrnehmung durch Intuition und ihre Denkvorgänge laufen etwas anders ab als die anderer Affen. Wenn man sie lässt, arbeiten sie effizient und kreativ. Bisweilen entwickeln sie Charme und Liebenswürdigkeit, um anderen zu gefallen, und dann können sie auch wunderbar romantisch sein.

DER JAHRESREGENT HAHN – DIE ANLAGEN UND MÖGLICHKEITEN

Stolz und bisweilen aufgeblasen, laut und eigensinnig, so präsentiert sich der typische Hahn auf den ersten Blick. Exzentrisch und zielgerichtet, hochintelligent und voll Selbstvertrauen (wenn auch nicht immer gesundem Selbstbewusstsein), geht er seinen Weg und zeigt allen: Hier komm' ich! Weibliche Hähne kommen mit ihren Zielen gut zurecht, wenn sie sie still als innere Folie leben, vor der sie sich zu verwirklichen trachten. Männliche Hähne dagegen sind exaltierter und oft realitätsfremd. Sie glauben, sie hätten etliches von dem bereits erreicht, was sie sich vorgenommen haben, und verhalten sich entsprechend; manche werden so zum sprichwörtlichen aufgeblasenen Gockel.

Dass Klappern zum Handwerk gehört, wissen Hähne beiderlei Geschlechts, und sie machen reichlich Gebrauch davon – so reichlich, dass sie mitunter auch dann als Prahlhälse gelten, wenn sie nur mit ihrem reichen Wissen um sich streuen, weil sie es nun einmal haben.

Hähne wissen viel und etliches besser, und das schafft ihnen nicht gerade viele Freunde.

PRINZIP	passiv, Yin
FARBE	Hellgrün
GLÜCKSZAHL	5
SYMBOL FÜR	Glück
WESEN DES HAHN-JAHRES	gute Ernten auf dem Feld und im Geschäft

Am problematischsten ist hierbei, dass Hähne es nur selten verstehen, mit einer Erkenntnis hinter dem Berg zu halten. Mit ihrem klaren analytischen Verstand erkennen sie den Kern einer verworrenen Geschichte, den wahren Grund eines Ausweichens, die Lüge in einer Entschuldigung, und dann müssen sie sie einfach loswerden, ihre Erkenntnis, die ach so viel Diplomatie zunichte macht, die anderen ach so viele unangenehme Seiten im Spiegelbild zeigt. Und das halten nur wenige Charaktere aus. Zum Glück sind Hähne dabei nicht ohne Humor. Ihre Freunde wissen, dass längst nicht jedes Wort von einem Hahn auf die Goldwaage zu legen ist, denn wo gehobelt wird, fallen halt Späne, und ein Körnchen Wahrheit ist ja auch dabei. Und einen Hahn dazu zu bekommen, dass er sich auf menschliche Wärme und sein eigentliches Maß besinnt, ist ganz leicht: Sie brauchen ihn nur zu loben. Die Reaktion ist wirklich sehenswert.

BERUF

Dass der Hahn als Diplomat eine klassische Fehlbesetzung ist, wird hiernach wohl niemanden mehr erstaunen. Auch als Lehrer oder Arzt sind Hähne wegen ihrer spitzen Zunge nicht unbedingt geeignet – nicht jeder Patient hört gern die Wahrheit, schon gar nicht in ironischer Überspitzung! Doch Hähne sind harte Arbeiter und besitzen genug Ehrgeiz, um sich in gehobene Positionen hinaufzuschuften. In der Werbung, bei der firmeninternen Fehlersuche oder in Beratungsunternehmen sind Hähne erfolgreich. Dem Kunden die Botschaft des Hahnes verkaufen sollte aber vielleicht ein anderer.

Ihre Stärke, das klare Analysieren von Tatsachen und das ebenso unerbittliche Formulieren von Konsequenzen daraus, können sie in journalistischen Berufen bestens einsetzen.

Geld ist für den typischen Hahn ein Mittel zur Selbstdarstellung und wird daher mit Wonne für Kleidung, repräsentative Autos oder Wohnungen und modische Frisuren ausgegeben. Was die Sache nicht gerade billiger macht, ist die Tatsache, dass viele Hähne modisch eher zu den Trendsettern gehören, also kaum zum Klassiker im Schlussverkauf greifen werden. Wenn es Hähnen gelingt, das Thema Finanzplanung einmal ernsthaft anzugehen, bekommen sie ihre Geldsorgen aber meist sehr rasch in den Griff. Nur noch in Zeiten akuter seelischer Tiefs brechen sie dann in Frustkäufe aus.

GESUNDHEIT

Von cholerischem Charakter, läuft der Hahn am ehesten Gefahr, ernsthaft von inneren Krankheiten befallen zu werden, die den Organstoffwechsel, vor allem aber das Herz betreffen. Hier ist Vorsicht angesagt, zumal der Hahn dazu neigt, sich zu überarbeiten. Für ihn wäre regelmäßiges mildes Kreislauftraining die richtige Vorsorgesportart.

ALLGEMEIN

Der Hahn sollte sich mehr auf seinen herzensguten und hilfsbereiten Kern zu besinnen. Dann kann er seine analytischen Fähigkeiten gut einsetzen, um anderen zu helfen, und schreckt sie weniger leicht mit seiner lauten Art ab. Wichtig ist für ihn aber vor allem, dass er lernt, offenen Herzens zuzuhören, dass er Gefühlsbotschaften seiner Gegenüber aufnimmt, ohne sie gleich kritisch zu hinterfragen.

In Jahren des Hasen werden sich für den Hahn eher Schwierigkeiten ergeben, die ihn zu einer inneren Entwicklung geradezu zwingen. In Jahren des Schweines, des Hundes und der Ziege gelingen ihm viele Pläne auf allen Ebenen und berufliche Erfolge bringen meist Pferd- und Drache-Jahre. Besonders in Pferd-Jahren muss der Hahn aber darauf achten, sich nicht so sehr an Äußerlichkeiten zu verlieren, dass hinterher die Kasse nicht mehr stimmt. In der Liebe sind für den Hahn vor allem Jahre des Büffels und der Schlange erfolgreich.

WER PASST ZUM HAHN?

Der Hahn und die Liebe – das ist ein Thema mit Variationen, das es in sich hat. Der Hahn verliebt sich rasch und häufig und meist auch nur kurzfristig. Dabei zeigt er sich flexibel und anpassungsfähig, solange ihn die Beziehung interessiert. Nicht einmal er selbst kann erklären, warum er bisweilen in einer ganz unvorhersehbaren Weise reagiert – und das ist für empfindsame Partner nicht leicht.

An seine Partner stellt der Hahn, der zu Gefühlsschwankungen neigt, hohe Anforderungen, was ihre Geduld und Phantasie betrifft.

Da Hähne die große Liebe und eine dauerhaften Beziehung suchen, dabei aber zu Besitzansprüchen bezüglich ihres Partners und zur Eifersucht neigen, dauert es manchmal länger, bis sie ihren idealen Partner gefunden haben. Und – so ungern sie das hören – es setzt einen langen Reifeprozess auch bei ihnen voraus, in dem sie lernen, auf den anderen zu hören. Dann aber sind Hähne eine Bereicherung jeder Beziehung!

BERÜHMTE HÄHNE

Die berühmten Hähne teilen sich in zwei sehr unterschiedliche Fraktionen, in starke Frauen und exzentrische, geniale Männer: von Katharina der Großen über Maria Theresia bis zu Steffi Graf reicht die Palette auf der einen Seite, von Giuseppe Verdi und Richard Wagner über Eric Clapton bis zu Konfuzius und Errol Flynn auf der anderen Seite.

DER HAHN UND DIE WESTLICHEN TIERKREISZEICHEN

Widder-Hähne sind als Herren im Hühnerhof prädestiniert. Wenn es ihnen gelingt, eine Angelegenheit bis zum Ende zu durchdenken, haben sie alle Aussichten auf Erfolg. Sie brauchen lange, bis sie sich für einen Partner entscheiden, und dann für ein besonders elegantes und attraktives Gegenüber.

Stier-Hähne sind toleranter und beständiger als andere Hähne. Als blendende Organisatoren haben sie ihr Leben im Griff. Für den Eindruck, den sie auf andere machen, für ihr perfektes Outfit sind sie bereit, schwer zu arbeiten, denn ihr Leben auf großem Fuß kostet Geld. Als Partner sind sie besitzergreifend, aber nicht stur.

Zwillinge-Hähne bringen viel Bewegung ins Leben der Menschen, mit denen sie zu tun haben. Sie verfügen über scharfen Intellekt und wollen sich bei den richtigen Gelegenheiten im richtigen Licht blicken lassen. Das hält sie in Bewegung; mit häuslichem Kleinkram werden sie sich nicht lange abgeben. Dennoch brauchen sie viel Bewunderung und Verständnis.

Die ehemalige deutsche Tennisspielerin Steffi Graf hat das chinesische Sternzeichen Hahn.

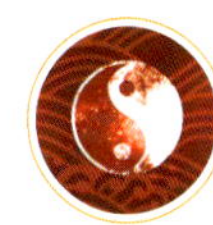

Krebs-Hähne sind – übertrieben formuliert – wie ein kopfloses Huhn, das sich von seinen verborgenen Gefühlen treiben lässt. Ihre Unsicherheit macht sie melancholisch, eitel oder egoistisch – je nachdem. Auf ihre eigene Art sind sie effizient, gut organisiert, haben ein gutes Gedächtnis. Sie sind anfällig für Schmeicheleien.

Löwe-Hähne wollen glänzen, brillieren und strahlen. Jede Frage, warum sie etwas gerade so machen, wie sie es tun, empfinden sie als Einmischung. Sie brauchen viel Anerkennung und Applaus. Diplomatie und Takt sind nicht ihre Stärke. Großangelegte Pläne und weitgespannte Vorhaben, mit denen sie andere beglücken wollen, sind das Gebiet, in dem sie sich zu Hause fühlen.

Jungfrau-Hähne sind effiziente Organisationstalente, auch kleinste Details finden ihre Aufmerksamkeit. Da sie dabei erfrischend direkte, wohlfundierte Ansichten einbringen, sind sie erfolgreich und anerkannt. Wo die Anerkennung ausbleibt, ziehen sie sich von der Welt zurück, was die Welt ärmer macht.

Waage-Hähne sind feinfühlige Menschen mit einem ausgeprägten Sinn für Ästhetik und Takt. Intelligent und diplomatisch, stets angemessen gekleidet, steht ihnen ein weites Betätigungsfeld offen. Zudem sind sie teamfähig, aufmerksame Partner und einfühlsame Liebhaber.

Skorpion-Hähne wollen auffallen und siegen, auch, indem sie Sex und Macht verbinden, doch ihren Hennen wird es sicher niemals langweilig mit ihnen. Mangelnde Ausdauer ersetzen sie durch viel Einsatz und was sie mit Witz und Schlagfertigkeit nicht erreichen können, gelingt ihnen mit Hilfe ihres Stachels und ihres Sporns.

Schütze-Hähne nennen die Dinge ungeschminkt beim Namen, haben aber auch einen Hang zum Philosophieren. Ihr Outfit ist praktisch und nie überkandidelt. Sie reisen gern und haben oft Partner aus einer fremden Kultur. Abwechslung und frische Luft sind ihnen ein Bedürfnis.

Steinbock-Hähne haben ein Gespür für gesellschaftliche Zusammenhänge und verschaffen sich leicht Respekt. Sie sind sachlich und seriös und dank harter Arbeit ist ihnen der Erfolg sicher. Als Angestellte zerbrechen sie sich ständig den Kopf ihres Chefs. Als Ehepartner sind sie treu und zuverlässig.

Wassermann-Hähne sprühen vor Exzentrizität. Mit anderen kommen sie prima zurecht und da sie auf ihre Leistungen stolz sein können, leiden sie meist auch nicht unter überflüssigen Minderwertigkeitskomplexen. Sie benötigen einen Job, in dem sie mit Menschen in ungewöhnlichen Situationen zu tun haben.

Fische-Hähne sind sensible Seelen und weniger selbstsicher als andere Hähne. Erst wenn sie sich eine stabile private Umgebung geschaffen haben, werden sie zu liebenswerten Geschöpfen, mit denen man viel Spaß haben kann. Als Heiratspartner sind sie daher sehr gefragt. In die Ecke getrieben, kämpfen sie zwar, gießen aber lieber Öl auf die Wogen und gehen die Dinge friedlich an.

DER JAHRESREGENT HUND – DIE ANLAGEN UND MÖGLICHKEITEN

Aufrichtig, loyal und treu, glaubt der typische Hund an Gerechtigkeit und kämpft für Prinzipien. Als unermüdlicher Gefolgsmann ist er keine eigentliche Führernatur, hat jedoch hohe Wertmaßstäbe, die er an sich selbst und ebenso an seine Umgebung anlegt. Organisationstalent und Geschicklichkeit zeichnen ihn ebenso aus wie seine bedächtige, wohlüberlegte Fürsorge für die, die er liebt.

Sensibel und gefühlvoll schafft der Hund es, sich in andere hineinzudenken, und strebt nach Harmonie. Wo er von seinen Überzeugungen zu sehr durchdrungen ist, teilt er jovial ungewünschte, aber wohlmeinende Ratschläge aus. Mitunter mögen das die anderen gar nicht, sondern fühlen sich bevormundet oder vermuten dahinter ein Machtspiel. Doch damit verstehen sie das Wesen des Hundes falsch, denn dieser akzeptiert die Führung des anderen sehr wohl.

Da er eine angenehme, ruhige Ausstrahlung besitzt, ist der Hund auch bei vielen Menschen beliebt.

PRINZIP	aktiv, Yang
FARBE	Meerblau
GLÜCKSZAHL	8
SYMBOL FÜR	Freundschaft
WESEN DES HUND-JAHRES	tiefe Freundschaft

Im Umgang mit anderen Menschen ist der Hund zunächst optimistisch. Vor allem erwartet er von anderen das gleiche Verhältnis zu Tugenden wie Vertrauen und Zuverlässigkeit, das er selbst besitzt. Erst eine Reihe von schlechten Erfahrungen bringt den Hund dazu, Misstrauen zu entwickeln oder gar Resignation aufkommen zu lassen. Je älter sie werden, desto stärker beharren Hunde aus diesem Grund auf bewährten Überzeugungen und sind nur noch selten bereit, ihre

Meinung zu einer Person oder einem Sachverhalt zu ändern. Positiv ausgedrückt: Wen sie einmal lieben, zu dem halten sie in unerschütterlicher Treue, selbst wenn er die sprichwörtlichen silbernen Löffel gestohlen hat. Sie suchen dann nach allen möglichen Gründen für mildernde Umstände und versuchen, ihn dennoch in Schutz zu nehmen.

BERUF

Ein Hund hat zu seinem Beruf ein entspanntes Verhältnis. Er muss ihm Spaß machen und es muss auf der menschlichen Ebene stimmen. Eine steile Karriere ist ihm nicht so wichtig wie Freude an der Arbeit und meist wählt er auch tatsächlich den richtigen Beruf. Aufgrund dieses gesunden Verhältnisses zum Beruf verströmen die meisten Hunde keinen Stress, sondern tragen zu einer entspannten, angenehmen Arbeitsatmosphäre bei – kein Wunder, dass sie bei ihren Mitmenschen und ihren Kollegen beliebt sind.

Berufe, in denen Zusammenarbeit und Umgang mit Menschen wichtig sind, machen den Hund glücklich. Das reicht vom Orchestermusiker bis zum Personalchef, vom Verkäufer bis zum Lehrer oder Kinderarzt. Dabei ist es ihnen nicht wichtig, eine bestimmte Position zu erreichen. Umso leichter erreichen sie sie dennoch. Nur: in größeren Firmen werden sie selten die Nummer Eins eines Bereichs werden, oft dagegen die ideale Nummer Zwei. Denn seine Verschwiegenheit, Loyalität und Zuverlässigkeit machen den Hund zum idealen Stellvertreter des Chefs.

Zu Geld haben Hunde kein Verhältnis, wenn es ihr eigenes ist. Sie benutzen es als Mittel, anderen selbstlos zu helfen; es bedeutet ihnen jedoch nur wenig und daher rinnt es ihnen regelmäßig durch die Finger. Mit fremdem Geld dagegen sind sie äußerst penibel und korrekt.

Würde der Hund es schaffen, auf den Umgang mit dem eigenen Geld die gleiche Sorgfalt zu verwenden wie auf fremdes, hätte er etliche Sorgen weniger.

GESUNDHEIT

Die Gesundheit der Hunde ist meist robust. Sie müssen darauf achten, vitaminreiche Nahrung zu sich zu nehmen und im Winter notfalls mit Nahrungsergänzungsmitteln dem drohenden Vitaminmangel entgegenwirken, dann kann ihnen in der Regel nicht viel passieren. Allerdings gibt es eine Gefahr bei Hunden, die eigentlich aus ihrer Beharrlichkeit und hingebungsvollen hündischen Treue hervorgeht: Wenn sie diese übertreiben, kann sie in Abhängigkeit umkippen, und hier ganz konkret in den Missbrauch von Drogen oder Alkohol.

ALLGEMEIN

Wenn der Hund gelegentlich daran denkt, sein eigenes Harmoniebedürfnis in Frage zu stellen, bewusst Dampf abzulassen und nicht um eines fragwürdigen Friedens willen zu kuschen, wird seine Flucht in Suchtmittel ganz von selbst unnötig.

In Jahren des Drachen begegnen dem Hund die meisten Probleme, zugleich macht er in diesen Jahren die meisten Entwicklungsschübe aus dem Stillstand heraus. In Jahren des extrovertierten Hahnes geht es ihm in der Liebe und bei der Partnerwahl besonders gut, in Jahren der sanften Ziege trifft er meist die richtigen Entscheidungen in beruflicher Hinsicht, und die Ratte- und Schlange-Jahre tun seiner Seele gut. Grundsätzlich lässt sich aber der Hund von allen Zeichen am wenigsten leicht aus der Bahn werfen und daher verläuft für ihn der Zyklus der Jahre eher ausgeglichen.

WER PASST ZUM HUND?

Wer sich auf eine Beziehung mit einem Hund einlässt, der braucht Geduld. Doch er wird dafür mit liebevoller Fürsorge, unverbrüchlicher Treue und schummerigen Kuschelstunden belohnt. Bereits früh sucht der Hund langfristige feste Beziehungen. Eine große Familie, die er liebevoll umhegen kann, ist sein Traum. Wenn der Hund dabei lernt, nicht nur großzügig und verständnisvoll zu sein, sondern die Zähne zu zeigen, wenn es ihm zu bunt wird, dann kann er auch für solche Charaktere der ideale Partner sein, die eher abwechslungsreiche Beziehungen suchen.

Der Hund bemüht sich, seinem Partner den sprichwörtlichen Himmel auf Erden zu bereiten.

BERÜHMTE HUNDE

Erstaunlicherweise sind einige schillernde Gestalten des Showbusiness unter den Hunden zu finden: Elvis Presley gehört ebenso dazu wie Liza Minelli, Sophia Loren, Madonna und Michael Jackson – und Uri Geller. Winston Churchill war Hund und auch Albert Schweitzer wurde unter diesem Zeichen geboren.

Elvis Presley war ein US-amerikanischer Sänger, Musiker und Schauspieler. Er hatte das chinesische Sternzeichen Hund.

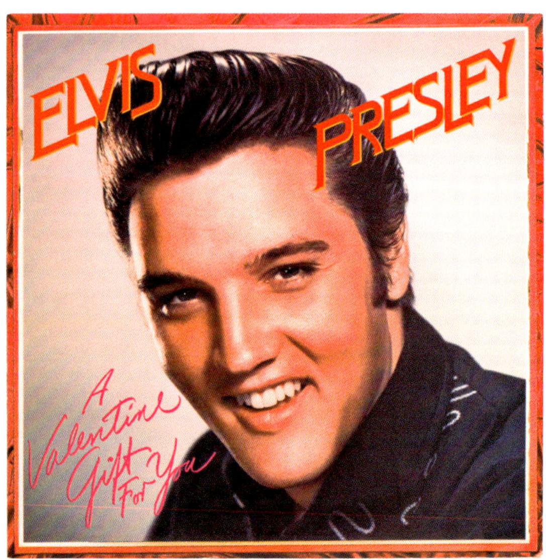

DER HUND UND DIE WESTLICHEN TIERKREISZEICHEN

Widder-Hunde sind die besten Wachhunde, die man sich denken kann. Sie gehen dabei zwar manchmal etwas zu weit, aber wenn sie jemanden lieben, stehen sie zu ihm, solange er auch zu ihnen steht. Ihre eigenen Überzeugungen verteidigen sie hartnäckig und ihr Bemühen um Gerechtigkeit und Fairness endet dort, wo sie bei anderen nicht auf die gleiche Gerechtigkeit und Fairness stoßen.

Stier-Hunde sind treu. Flexibilität ist nicht ihre Stärke, sich wandelnde Werte ebenfalls nicht, doch da diese Hunde durchaus tolerant sind, fällt ihr eigenes konservatives Beharren auf Althergebrachtem nicht störend auf. Solange sich alle nach ihren Regeln verhalten, sind sie hingebungsvolle Liebhaber und fürsorgende Partner. Untreue hingegen wittern sie sehr rasch.

Zwillinge-Hunde haben für alles auf der Welt eine Erklärung – die allerdings ständig wechselt. Sie bemühen sich um Gerechtigkeit und versuchen ständig, alles auf einen Nenner zu bringen. Wenn sie psychologisches Verständnis mit ethisch wertvollen Aufgaben verbinden können, sind sie glücklich. Aus dem Bauch handeln sie eher nicht und Dinge auf sich beruhen zu lassen, ist nicht ihre Art.

Krebs-Hunden geht ihre Familie, ihre Partnerschaft und ihr Zuhause über alles. Stabilität, Kontinuität und Wohlbefinden hängen für sie eng mit einem glücklichen und harmonischen Familienleben zusammen. Auch ihren Freunden gegenüber sind sie ungeheuer loyal. Klares, distanziertes Denken ist nicht ihre Stärke. Wenn sie guter Laune sind, sind sie ausgesprochen altruistisch.

Löwe-Hunde sind direkt und aufrecht, gerecht und lebensfroh. Jegliche Manipulation ist ihnen zutiefst zuwider. Lebenslustig gehen sie jede Situation schwungvoll an und fahren meist sehr gut dabei. Ihre gute wie ihre schlechte Laune

bekommt auch ihre Umgebung zu spüren. Wo sie geliebt und beachtet werden, sind sie großzügige und leidenschaftliche Partner und ernstzunehmende Geschäftsleute – diese Hunde bellen viel und gern.

Jungfrau-Hunde leben nach einem Sittenkodex, den nur sie genau verstehen, dessen Einhaltung ihnen aber sehr wichtig ist. Damit setzen sie ihre Umgebung manchmal ganz schön unter Stress. Doch die strengsten Maßstäbe legen sie an sich selbst an. Sie brauchen eine Arbeit, mit der sie sich identifizieren können und bei der persönliche Integrität gefragt ist. Es ist schwer, ihnen nahe zu kommen. Herzlichen Glückwunsch demjenigen, dem es gelingt!

Waage-Hunde möchten unbedingt gefallen und den Erwartungen anderer gerecht werden. Sie können nicht Nein sagen und das führt bisweilen zu Problemen, besonders dann, wenn sie hinterher merken, dass sie sich eigentlich auf etwas eingelassen haben, was ihnen zutiefst gegen den Strich geht. Als Rechtsanwälte, Richter und bei zähen Verkaufs- und sonstigen Verhandlungen können sie ihre Fähigkeiten ideal einbringen, zu denen auch ein ausgeprägtes Gefühl für soziale Gerechtigkeit gehört. In privaten Dingen werden sie zum ästhetisch empfindenden, idealisierenden Träumer.

Skorpion-Hunde sind zwischen ihrem Bemühen um Rationalität und starken emotionalen Bedürfnissen hin- und hergerissen. Oft spielt ihnen ihr „Bauch“ einen Streich. Seitensprünge sind bei ihnen an der Tagesordnung, aber nicht weiter ernstzunehmen. Im Beruf wirken sie bisweilen sogar bissig, sie können aber auch sehr empfindsam sein.

Schütze-Hunde sind am glücklichsten, wenn sie ferne Horizonte erforschen dürfen, sei es auf einem Ozeandampfer, sei es auf geistigen Reisen. Fairness ist ihnen ein Bedürfnis, ihr Gerechtigkeitssinn ist ausgeprägt. Wenn sie Toleranz lernen, können sie es als Juristen und Gelehrte weit bringen. Ihr Liebesleben ist ihnen nicht so wichtig wie eine neue Erfahrung.

Steinbock-Hunde sind nicht sehr flexibel oder tiefsinnig, doch da sie fest davon überzeugt sind, in der besten aller möglichen Welten zu leben, bauen sie auf dieser Basis ruhig und zuverlässig ihre Existenz auf. Erst wenn sie das Gefühl haben, dass sie sich um ihren Wohlstand keine Sorgen mehr zu machen brauchen, können sie sich zurücklehnen und zum Menschenfreund werden.

Wassermann-Hunde haben ihr eigenes Weltbild, kommen ohne viele Freunde aus, halten sich selbst für fair und gerecht und lassen anderen theoretisch gern die Freiheit, die sie für sich selbst benötigen. Es dauert sehr lange, ehe sie eine Beziehung eingehen. Doch können sie auch sehr liebevoll sein, wenn sie nirgends eine Leine oder Fessel sehen. Kommunikation ist ihre Stärke und geistige Anregungen sind ihnen wichtig.

Fische-Hunde sind sehr empfänglich für die leisen Zwischentöne und atmosphärischen Stimmungen. Sie leiden darunter, wenn das, was jemand sagt, nicht mit dem übereinstimmt, was sie wahrnehmen. Ihr eigener Wille ist nicht sehr ausgeprägt – stattdessen sind sie bemüht, immer alles richtig zu machen. Die Unvereinbarkeit aller Anforderungen, die sie mit ihrer Sensibilität wahrnehmen, macht sie leicht nervös. In helfenden und heilenden Berufen sind sie glücklich. Als Partner brauchen sie eine feinfühlige zarte Seele, sonst werden sie selbst zu häufig verletzt.

DER JAHRESREGENT SCHWEIN – DIE ANLAGEN UND MÖGLICHKEITEN

Ein Musterbeispiel für Ehrlichkeit und Gerechtigkeit, ist das typische Schwein jederzeit bereit, sich für andere zu opfern und alles für sie zu tun. Gelegentliche Zornesausbrüche verleihen diesem Muster menschlicher Tugenden allerdings ein gewisses Maß an Pfeffer.

Intrigen wird man bei einem Schwein nicht erleben. Geheimnisse sind bei Schweinen in schlechter Hand, wenn man sie nicht ausdrücklich darauf aufmerksam macht, dass sie sie hüten sollen: Sie kommen gar nicht darauf, dass es eventuell vertrauliche Informationen sein könnten, die sie gerade erhalten haben.

Das Schwein erwartet auch von anderen Offenheit und rückhaltlose Ehrlichkeit.

Ihre Ehrlichkeit erstreckt sich auch auf sich selbst, Schweine sind ständig auf Wahrheitssuche. Umberto Ecos „Der Name der Rose" ist ihnen wie auf den Leib geschrieben als Warnung, ja nie zu glauben, sie hätten die letztgültige Wahrheit bereits gefunden. Zum Glück betreiben Schweine die Wahrheitssuche nicht verbissen; sie ist ihnen gleichsam zur zweiten Natur geworden.

PRINZIP	passiv, Yin
FARBE	Hellrot
GLÜCKSZAHL	4
SYMBOL FÜR	Wahrheit und Wohlstand
WESEN DES SCHWEIN-JAHRES	Vergessene Erkenntnisse kommen wieder ans Licht

Als Folge der Geradlinigkeit, mit der das Schwein seine Sozialkontakte gestaltet, fühlen sich zwar komplizierte Charaktere wie die Schlange von ihm abgestoßen, andere aber genießen die freundliche, heitere Stimmung, die es verbreitet und die frei von Täuschung und Doppelbödigkeit ist.

Weniger frei von Doppelbödigkeit ist dafür meist der Zustand der Schreibtischoberfläche des Schweines. Hier stapeln sich Notizen, Teetassen, Bücher, Stifte, Unterlagen und Einladungen. Allerdings müssen Kritiker akzeptieren, dass das Schwein selbst sich in diesem Saustall nicht nur wohlfühlt, sondern auch bestens auskennt und in der Lage ist, auf Anhieb den Bierdeckel mit der Telefonnummer zu finden, die es sich vor drei Monaten notiert hatte. Zum Leidwesen vieler Mitbewohner ist der Schweinestall an der Schreibtischgrenze nicht zu Ende: Zwei verschiedene Socken, als Paar getragen, gehören für ein Schwein durchaus zum Bereich des Möglichen.

BERUF

Dass ein Schwein als Bibliothekar oder Archivar die klassische Fehlbesetzung wäre, ist danach wohl offenkundig. Auch in einem Team kann ein Schwein nur dann arbeiten, wenn die Protokollarbeit und die Transparenz der einzelnen Arbeitsschritte nicht in seiner Kompetenz liegen. Viel wichtiger als die steile Karriere sind ihm ein gutes Arbeitsklima und Einvernehmen mit den Kollegen. In Berufen, in denen es um Wahrheitssuche geht, kann es sich sehr wohl fühlen, bisweilen auch in sozialen und heilenden Berufen. Als Künstler können Schweine geradezu fanatisch und von ihrer Kunst besessen werden.

Das Schwein ist nicht ehrgeizig, das ist ihm viel zu mühsam, es macht aber sorgfältig und gewissenhaft seine Arbeit.

Wer sich den Schreibtisch des Schweines vorstellt, kann sich auch vorstellen, was Schweine mit Geld verbinden. Zwischen Chaos und Genialität – es bedeutet ihnen nicht viel, aber irgendwie behalten sie trotz allem die Übersicht. Mutwillige Spekulationen liegen ihnen nicht, mit fremden Geld sind sie sehr zuverlässig, wenn man ihnen sagt, was sie damit tun sollen. Hier schlagen sich nicht zuletzt ihre Ehrlichkeit und Wahrheitsliebe positiv nieder.

GESUNDHEIT

Ihre Gesundheit macht den Schweinen meist keine Sorgen. Als Allesfresser neigen sie dazu, sich unbekümmert zu ernähren – und dabei wahlweise zu viel, zu wenig oder zu ungesund zu essen. Wenn sie gesundheitliche Probleme bekommen, dann meist mit der Verdauung, und bösen Zungen zufolge ist das dann meist auch kein Wunder. Vorsicht ist allerdings angeraten, wenn es um Alkohol geht: Schweine mögen ihn gern, ihre Leber hingegen weniger.

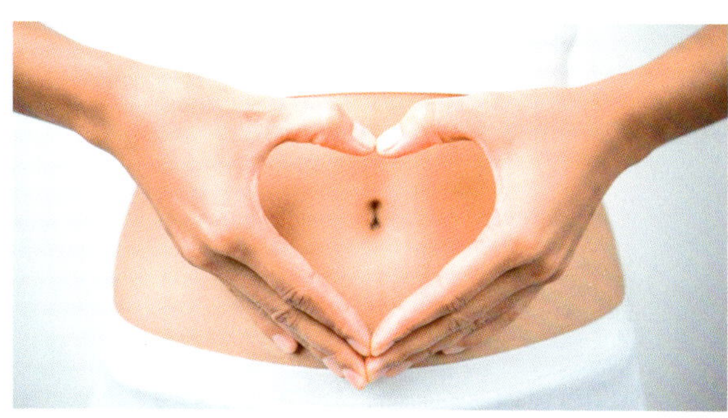

ALLGEMEIN

Wenn Schweine daran denken, dass es die Wahrheit an sich nicht gibt und dass man sich stets um sie bemühen muss, sind sie vor möglicher Selbstgerechtigkeit gefeit.

Ein Jahr der Schlange bedeutet für ein Schwein gehäufte Probleme auf vielen Ebenen, und wer Schlangen kennt, kann das nachfühlen. Interessanterweise sind aber auch die Jahre der Glückszeichen Drache, Tiger und Hase für das Schwein gar nicht so günstig. Positiv verlaufen dagegen Hahn- und Ratte-Jahre in beruflich-finanzieller wie auch in persönlicher Hinsicht. Auch die Liebe kommt in diesen Jahren nicht zu kurz. Jahre des Pferdes sind für die seelische Entwicklung eines Schweins besonders vorteilhaft, während es in Affe-Jahren Gefahr läuft, einem Windei nachzujagen.

Grundsätzlich sind Schweine heitere, angenehme Zeitgenossen, die durch ihr Wahrheitsstreben und ihre Unfähigkeit zu finsteren Intrigen positiv auffallen und mit ihrer direkten Art auch viele Probleme gar nicht erst bekommen, die bei anderen an der Tagesordnung sind.

WER PASST ZUM SCHWEIN?

Wer sein Gefühlsleben mit der Aura des Komplizierten, Rätselhaften umgibt, wer Nein sagt, während er Ja meint, wer umständliche Verführungsakrobatik schätzt, der ist mit einem Schwein als Partner nicht gut beraten. Das Schwein schleicht nicht lange um den heißen Brei herum, wenn es sich verliebt hat, sondern teilt dem anderen seine Gefühle offen mit. Platonisches fällt unter die Abteilung „überflüssige Komplikationen". Das heißt ja nicht, dass es dem Schwein nur um Sex geht – aber wenn die Partner sich einig sind, dann gibt es für das Schwein keinen Grund, körperliche Nähe und Sex auszuklammern.

Wen die Liebeserklärung eines Schweines überrumpelt, der tut gut daran, sich ehrlich zu prüfen, wie er dieser wirklich gegenübersteht – und falls positiv, sollte er einmal über seinen Schatten springen und offen zu seinen Gefühlen stehen.

Andere zu ihrem Glück zu zwingen, liegt dem Schwein nicht; wenn der andere nicht will, lässt es ihn in Ruhe. Nur dann ist gewährleistet, dass es zu dieser Verbindung auch tatsächlich kommt.

BERÜHMTE SCHWEINE

Schweine sind, sieht man die Liste der berühmten Schweine an, offenbar gehäuft musikalisch. Mozart, Maria Callas, Fred Astaire und Elton John sind in Schwein-Jahren geboren. Ferner Alfred Hitchcock, Thomas Mann und Vladimir Nabokov. Woody Allen und Konrad Adenauer ergänzen das Spektrum dieses eigenwilligen Zeichens.

DAS SCHWEIN UND DIE WESTLICHEN TIERKREISZEICHEN

Widder-Schweine sind die ewigen Kinder, unschuldig und mit offenen Augen und Ohren. Sie sind gutherzig und ein bisschen naiv, das Holz, aus dem reine Toren wie Parzival geschnitzt wurden. Ihre Freunde verzeihen ihnen Unfug oder Unüberlegtheit. Sex macht ihnen Spaß, Romantik ist ihnen kein Fremdwort, nur Verantwortungsbewusstsein wird nie ihre Stärke werden.

Stier-Schweine sind geduldig und fürsorglich, verantwortungsbewusst und häuslich. Bevor sie sich auf eine Sache oder Partnerschaft einlassen, prüfen sie sorfältig und warten ab. Wenn ihr Lebensunterhalt gesichert und ihre Wohnung fertig eingerichtet ist, laden sie gern Freunde zu sich nach Hause ein. Sie sind sehr genau, wenn es geht, und drängen lassen sie sich nicht.

Zwillinge-Schweine tragen ihr Herz auf der Zunge, ohne je boshaft zu werden. Sie sind schlagfertig, unterhaltsam, daher beliebt, und sind auch wendig genug, um mit vielen Situationen gut fertig zu werden. In einem Beruf, der geistige Energien und rasche, sicher gefällte Entscheidungen erfordert, sind sie in ihrem Element. Sie haben kein Problem damit, jemandem die Wahrheit zu sagen, wer immer es auch sei.

Krebs-Schweine gehen Problemen aus dem Wege, denn sie sind ungeheuer verletzlich. Familiäre Sicherheit und Stabilität sind ihnen sehr wichtig, aber auch zu Menschen, die sie kennen, sind sie nett und anhänglich. Manchmal schaffen sie durch ihre emotionelle Unstabilität Verwirrung bei anderen und ihre Stimmungsschwankungen sind für andere auf die Dauer anstrengend.

Konrad Adenauer war der erste Bundeskanzler der Bundesrepublik Deutschland und hatte das chinesische Sternzeichen Schwein.

Löwe-Schweine sind warme, offenherzige Wesen, die niemanden hängen lassen, der in Not ist, vor allem dann nicht, wenn sie sich geliebt und bewundert fühlen. Sie machen die Dinge gern mit Stil, sind vielseitig begabt und geben gute Vorreiter bei Neuerungen ab. Familie und Freunde können auf sie zählen, für Menschen, die sie lieben, gehen Löwe-Schweine durchs Feuer.

Jungfrau-Schweine sind eine verwirrende Mischung aus gnadenlosem Analytiker und charmantem Gegenüber. Sie fragen stets nach den Hintergedanken des anderen. Wichtig ist ihnen eine gute Erziehung: wegen des tadellosen Benehmens und wegen der Möglichkeit, aufgrund von Bildung und Sachwissen anderen helfen zu können, die daraus Hilfe zur Selbsthilfe machen. Wer sie gut kennt, findet in ihnen einen intelligenten und sinnlichen Partner.

Waage-Schweine hassen Streit, Probleme, unästhetische Umgebungen und wollen stets einen guten Eindruck machen. Ihr Harmoniebedürfnis gipfelt in ihrer Unfähigkeit, Nein zu sagen. An Zusammenarbeit mit anderen und der Anerkennung durch andere liegt ihnen sehr viel, und ehe sie ihre Sache allein machen, lassen sie sich lieber eine Weile auf Dinge ein, die ihnen im Kern widerstreben. Als Diplomaten sind sie in ihrem Element.

Skorpion-Schweine gehen wie ein Vulkan durchs Leben, der stets kurz vor dem Ausbruch ist. Sie wollen zwar aufrecht und geradeheraus handeln, doch ihre Gefühle gehen oft mit ihnen durch. Wer sich auf eine Beziehung mit ihnen einlässt, wird sich vermutlich bald nach einem neuen Partner umsehen müssen, doch diese Beziehung wird er so schnell nicht vergessen!

Schütze-Schweine sind nette, abenteuerlustige Zeitgenossen, die auch nicht den Funken von Argwohn in sich tragen und für Intrigen einfach nicht geeignet sind. Hochintelligent und wandelbar, sind sie für Teamwork ebenso geeignet wie zur Lösung von Aufgaben auf eigene Faust – nur abwechslungsreich muss es sein. Am glücklichsten sind sie, wenn sie ihre etwas unkonventionelle Art frei ausleben können – im Beruf und im Privatleben.

Steinbock-Schweine strahlen starke Autorität aus. Sie greifen Gelegenheiten auf, die andere übersehen haben, sie gehen Verhandlungen ohne überflüssige Schnörkel an, und Macht und Wohlstand ist ihnen selbstverständlich. Wen sie liebhaben, den beschützen sie vor der großen Welt, und er sollte sich bitte auch beschützen lassen.

Wassermann-Schweine sind ernsthaft, doch exzentrisch, dabei aber tolerant, ehrlich und offen. Sie sind beliebt, bleiben anderen jedoch immer etwas fremd. Sie sehen die Dinge manchmal aus einer ungewöhnlichen Perspektive, was zu kreativem Umgang mit sich rasch ändernden Anforderungen und Technologien führt. Wer sich in ein solches Schwein verliebt, der muss sich auf alles gefasst machen, aber es wird sicher eine fröhliche, charmante Partnerschaft.

Fische-Schweine sind ausgesprochen warmherzig und liebevoll. Sie können nicht Nein sagen und setzen sich für andere bis an den Rand ihrer Kraft ein. Sie sind auch offene, großzügige Gastgeber. Missbraucht wird ihre Güte höchst selten. Die Wahrscheinlichkeit, dass sie in einem Pflege- oder Heilberuf tätig sind, ist sehr groß. Sie sollten ab und zu daran denken, dass es im Leben nicht nur die anderen gibt.

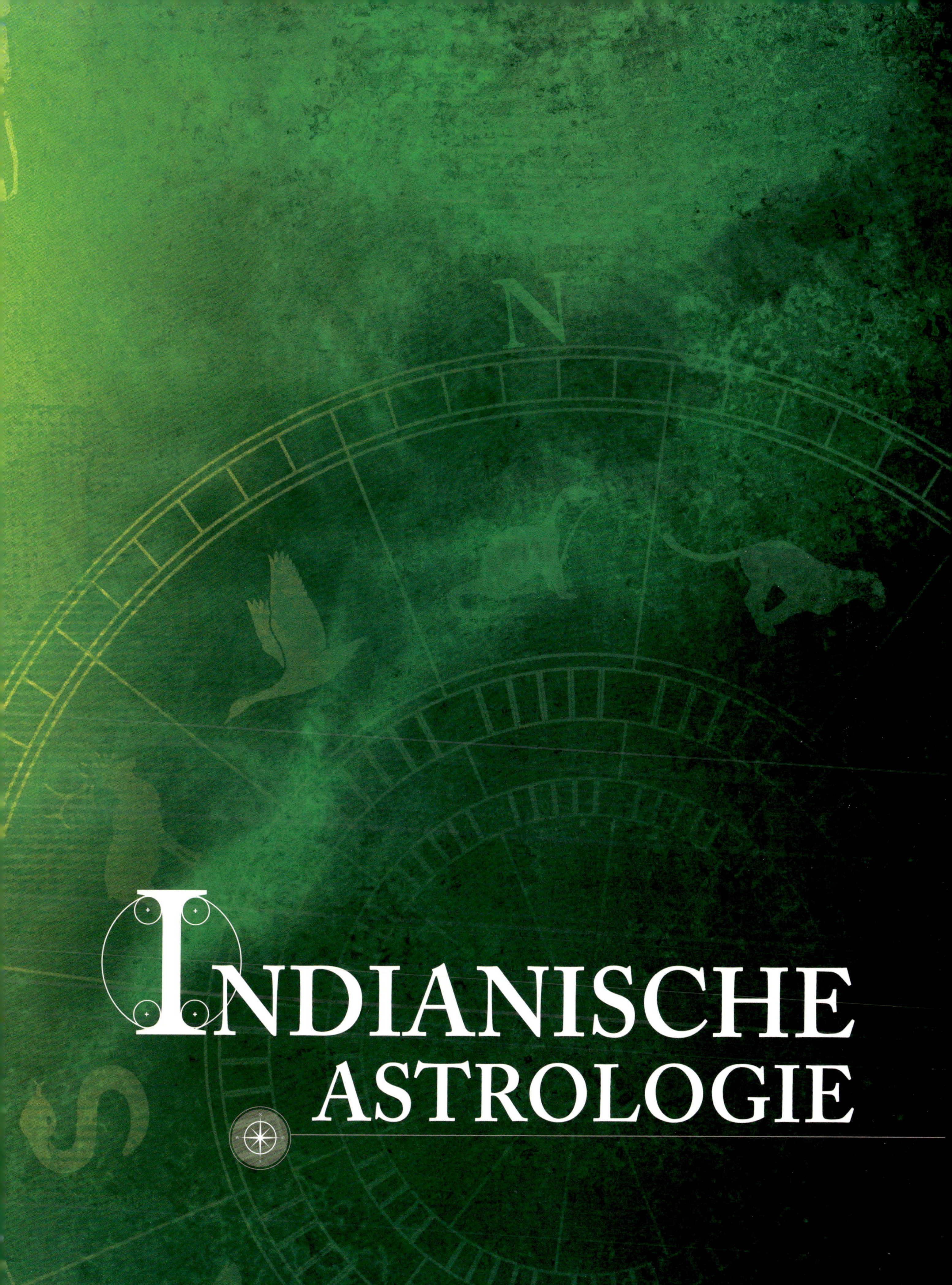

INDIANISCHE ASTROLOGIE

DIE INDIANISCHE ASTROLOGIE

Die indianische Astrologie der Erde, wie sie in den Publikationen von Sun Bear und Waben festgehalten ist, beruht auf einer Vision Sun Bears, eines Medizinmannes der Chippewa. Er gründete in der Nähe von Washington den Bärenstamm, dem Indianer wie Nicht-Indianer bei-treten können und der die Rückkehr zu einer tieferen Naturverbundenheit zum Ziel hat. Seine Astrologie der Erde ist eine naturbezogene Weltsicht, in der Jahreszeiten, Winde, Lebens- und Tagesphasen ebenso eine Rolle spielen wie Totemtiere, Totempflanzen und Totemsteine.

Zentrales Sinnbild ist das Medizinrad, ein Kreis, in den der Mensch zum Zeitpunkt seiner Geburt eintritt und den er im Laufe seines Lebens durchwandert. Die Situationen des Medizinrades werden als Schritte eines Lern- und Entwicklungsprozesses begriffen. Dieses Bild beruht auf der Vorstellung, das menschliche Leben sei ein Kreislauf aus Geburt, Sterben und Wiedergeburt. So wird es harmonisch eingebettet in den Zyklus der Natur.

Die Stelle, an der der Mensch in das Medizinrad eintritt, hängt vom Zeitpunkt seiner Geburt ab – man kann sich für diesen Zweck das Medizinrad wie eine Uhr vorstellen.

Auch diese Astrologie der Erde ist keine Astrologie im engeren Sinne des Wortes, da sie mit Sternenbeobachtung nur sehr wenig zu tun hat und auch den Planeten keinen sonderlichen Einfluss auf das Geschehen auf der Erde zuschreibt. Nachdem sie sich selbst aber als solche bezeichnet und durch ihren Aufbau etliche Parallelen zu unserer westlichen Astrologie aufweist, sei sie hier kurz vorgestellt.

Dieses Modell teilt das Jahr in 12 Monde ein. Durch die astrologisch leicht bestimmbaren Daten Winter- und Sommersonnenwende sowie Frühlings- bzw. Herbst-Tagundnachtgleiche werden sie in vier Gruppen von je drei Monden zusammengefasst. Diese Gliederung entspricht genau unserer Einteilung der Jahreszeiten Frühling, Sommer, Herbst und Winter. Die Menschen dieser Monde teilen jeweils die Eigenschaften, die ihnen die Himmelsrichtungen verleihen.

DIE ROLLE DER JAHRESZEITEN

Die drei Monate einer Jahreszeit stehen unter der Schutzherrschaft eines Hüters oder einer Hüterin des Geistes aus jeweils einer Himmelsrichtung. Dies sind spirituelle Wesen, die den Erdbewohnern die Kräfte der jeweiligen Himmelsrichtung nahebringen sollen. Jeder Hüter des Geistes hat die Aufgabe, einen Wind zur Erde zu bringen, der die Menschen auf das Wesen seiner Jahreszeit einstimmt.

Der Winter (22. Dezember bis 20. März) ist die Zeit von Waboose, der Hüterin des Geistes aus dem Norden; der Frühling (21. März bis 20. Juni) ist die Zeit von Wabun, der Hüterin des Geistes aus dem Osten; die Sommermonde (21. Juni bis 22. September) lenkt Shawnodese,

die Hüterin des Geistes aus dem heißen Süden, und die Herbstmonde stehen im Zeichen von Mudjekeewis, dem Hüter des Geistes aus dem Westen.

Die Bedeutung, die diese Tiere aufgrund ihrer hervorstechenden Eigenschaften haben, tragen jeweils zum Verständnis der Eigenschaften und der in ihnen geborenen Wesen bei.

Die Analogien Winter = Norden, Sommer = Süden etc. sind uns Bewohnern der Nordhalbkugel ja in vieler Hinsicht vertraut. Ähnlich vertraut sind die Zuordnungen der vier Himmelsrichtungen zu den vier Tageszeiten Morgen, Mittag, Abend und Nacht. Das Gleiche gilt für die Zuordnungen der Windrichtungen zu den Jahreszeiten (Nordwind = Winter, Ostwind = Frühling, Südwind = Sommer, Westwind = Herbst). Dahinter steht das Bild des Winters als Nacht des Jahres, des Frühlings als Morgen des neuen Jahres etc.

Eine Legende, die den Streit der Tiere darüber schildert, wer König unter ihnen sein sollte, verbindet die Hüter des Geistes und die Jahreszeiten mit bestimmten Tieren: Adler, Bär, Kojote und Büffel konnten sich nicht einig werden, woraufhin der Große Geist dafür sorgte, dass jedes Tier seine Kraft mit der Kraft einer der vier Himmelsrichtungen verband: der Adler mit Wabun, der Kojote mit Shawnodese, der Büffel mit Waboose und der Bär mit Mudjekeewis. Von diesen herrscht der Grizzlybär noch über die anderen Tiere, denn er denkt erst, ehe er handelt.

Daraus ergibt sich nun folgende Analogie:

NORD	OST	SÜD	WEST
Weißer Büffel	Adler	Kojote	Grizzlybär
Waboose	Wabun	Shawnodese	Mudjekeewis
Winter	Frühling	Sommer	Herbst
Nacht	Morgen	Mittag	Abend

DIE ROLLE DER ELEMENTE

Genau wie bei der europäischen Astrologie tritt zusätzlich der Einfluss der vier Elemente Feuer, Wasser, Erde, Luft auf den Plan. Nacheinander dienen die Elemente, verkörpert durch Donnervogel (Feuer), Schildkröte (Erde), Schmetterling (Luft) und Frosch (Wasser) den einzelnen Monden. Daher gehören Menschen aus jedem vierten Mond zu demselben Elemente-Klan.

DIE REISE DURCH DAS MEDIZINRAD

Die Reise durch das Medizinrad besteht darin, dass sich der Mensch zunächst der Fähigkeiten und Beigaben bewusst wird, die ihm mitgegeben sind. Wenn er nach einer Weile bemerkt, dass er sich eigentlich einem anderen Totemtier oder einer anderen Himmelsrichtung verbunden fühlt, ist seine Aufgabe, deren Totems, Fähigkeiten und Elemente meditierend zu reflektieren. Dabei wird ihm zum Beispiel auffallen, dass der Wapiti-Mensch, der gern andere belehrt und viel redet, wohl kaum zufällig die Schwarzfichte als Totem haben dürfte. Sie gibt ihm mit ihrem Harz ein wirksames antiseptisches Mittel für Hals und Brust an die Hand – also gegen Erkrankungen gerade seines Sprechapparates. Ähnlich verhält es sich mit allen Elementen des Medizinrades – die Totems sind aufeinander bezogen. Übergeordnete Instanz bleibt hier die Jahreszeit mit ihren Hütern des Geistes und den Winden. Im Vordergrund steht also der Kreislauf von Mutter Erde im Verlauf eines Jahres.

Diese Möglichkeit zur Bewegung innerhalb des Rades ist verbunden mit dem Auftrag, sich gezielt um ein Verstehen des jeweiligen Standortes und seiner Totems zu bemühen, und die schließlich, wenn man alle Stationen durchlebt hat, zu einem tiefen Gefühl der Verbundenheit mit der Natur führt. Die Geschwindigkeit, in der diese Reise durch das Medizinrad durchgeführt wird, ist von Mensch zu Mensch sehr unterschiedlich – bisweilen reicht ein Leben nicht aus.

MONDE IN DER INDIANISCHEN ASTROLOGIE

	DATUM	TIER	PFLANZE	MINERAL
MOND DER ERDERNEUERUNG	22.12.–19.01.	Schneegans	Birke	Quarz
MOND DER RAST UND REINIGUNG	20.01.–18.02.	Otter	Zitterpappel	Silber
MOND DER GROSSEN WINDE	19.02.–20.03.	Puma	Wegerich	Türkis
MOND DER KNOSPENDEN BÄUME	21. 03.–19. 04.	Roter Habicht	Löwenzahn	Feueropal
MOND DER WIEDERKEHRENDEN FRÖSCHE	20.04.–20.05.	Biber	Blaue Prärielilie	Chrysokoll
MOND DER MAISAUSSAAT	21.05.–20.06.	Hirsch	Schafgarbe	Moosachat
MOND DER KRAFTVOLLEN SONNE	21.06.–22.07.	Specht	Heckenrose	Karneol
MOND DER REIFENDEN BEEREN	23.07.–22.08.	Stör	Himbeere	Granat und Eise
MOND DER ERNTE	23.08.–22.09.	Braunbär	Veilchen	Amethyst
MOND DER FLIEGENDEN ENTEN	23.09.–23.10.	Rabe	Königskerze	Jaspis
MOND DER ERSTEN FRÖSTE	24.10.–21.11.	Schlange	Distel	Kupfer und Malachit
MOND DES LANGEN SCHNEES	22.11.–21.12.	Wapiti	Schwarzfichte	Obsidian

FARBE	HÜTER DES GEISTES	RICHTUNG	ELEMENTE-KLAN	ERGÄNZUNG	ENTSPRECHUNG IM EUROPÄISCHEN TIERKREIS
Weiß	Waboose	Nord	Schildkröte (Erde)	Specht	Steinbock
Silber	Waboose	Nord	Schmetterling (Luft)	Stör	Wassermann
Blaugrün	Waboose	Nord	Frosch (Wasser)	Braunbär	Fische
Gelb	Wabun	Ost	Donnervogel (Feuer)	Rabe	Widder
Blau	Wabun	Ost	Schildkröte (Erde)	Schlange	Stier
Weiß und Grün	Wabun	Ost	Schmetterling (Luft)	Wapiti	Zwillinge
Rosa	Shawnodese	Süd	Frosch (Wasser)	Schneegans	Krebs
Rot	Shawnodese	Süd	Donnervogel (Feuer)	Otter	Löwe
Purpur	Shawnodese	Süd	Schildkröte (Erde)	Puma	Jungfrau
Braun	Mudjekeewis	West	Schmetterling (Luft)	Roter Habicht	Waage
Orange	Mudjekeewis	West	Frosch (Wasser)	Biber	Skorpion
Schwarz	Mudjekeewis	West	Donnervogel (Feuer)	Hirsch	Schütze

ROTER HABICHT

Mond der Knospenden Bäume ⊙ 21. März – 19. April

SCHARFBLICK, VORAUSSICHT – FLEXIBILITÄT UND OFFENHEIT

Menschen, die unter dem Mond der Knospenden Bäume geboren sind, erleben das rasante Wachstum der Natur im Frühling und die damit verbundenen Veränderungen als prägend. Ihr Totemtier ist der Red Tailed Hawk (*Buteo jamaicensis*), der Rotschwanzbussard, der in der deutschen Fassung der Schriften von Sun Bear und Wabun Wind als Roter Habicht bezeichnet wird und auch hier diesen Namen behält. Er ist der verbreitetste Greifvogel Nordamerikas.

TOTEMPFLANZE	Löwenzahn
MINERAL	Feueropal
FARBE	Gelb
HÜTER DES GEISTES	Wabun
ELEMENTE-KLAN	Donnervogel

PERSÖNLICHKEIT

Menschen mit dem Roten Habicht als Totemtier gehören zum Elementeklan des Donnervogels. Wie alle Angehörigen dieses Klans haben auch diese Menschen schier endlose Energie und natürliches Durchsetzungsvermögen. Mehr als andere müssen Roter-Habicht-Menschen darauf achten, ihr inneres Feuer zu zügeln.
Wie Rote Habichte eine dunkle und eine helle Gefiederfärbung kennen, sind auch die ihnen zugeordneten Menschen wechselhaft – in ihrem Zugang zur Welt und zu anderen Menschen. Gewöhnlich sind sie furchtlos und stellen wie ihr Totem giftigen Klapperschlangen nach, greifen eher an als lange zu zögern und können dabei andere auch einmal verletzen. Andererseits sind sie unübertroffen darin, Dinge ins Rollen zu bringen und mit Schwung neue Projekte anzugehen. Ihr starker Wille ist dabei eine geschätzte Hilfe, ihre Aufrichtigkeit eine

andere, und meist überlegen sie sogar, ehe sie handeln. Als Familienwesen sind sie ebenso sprunghaft wie gegenüber ihren Freunden; Kinder von Roter-Habicht-Menschen werden mitunter – besonders emotional – sich selbst überlassen, während ihre Eltern schon wieder auf Jagd sind, und werden daher früh erwachsen.

Ihre Totempflanze ist der Löwenzahn, der im März zu blühen beginnt und Wege und Wiesen mit seinem leuchtenden Gelb besonnt. Seine Blätter sind reich an Minerstoffen und Vitaminen – sie enthalten mehr Vitamin A als Karotten – und gehören in reinigende, belebende Frühlingssalate und leicht bittere Sommergemüse. Wie dieses Totem sind auch Habicht-Menschen allgegenwärtig, kommen auch mit knappen Lebensbedingungen klar und können Menschen ihrer Umgebung den Anstoß dazu geben, sich zu öffnen und dadurch Probleme loszulassen wie der Löwenzahn seine Samen in einem Windstoß.

FREUNDSCHAFT UND LIEBE

Der Rote Habicht gehört zum Elementeklan des Donnervogels. Mit Menschen, die diesem Klan zugehören, also Stör- und Wapiti-Menschen, werden Roter-Habicht-Menschen am leichtesten Freundschaften schließen. Sie haben Kraft zur Erneuerung, bringen Dinge ins Rollen und können ihre Energie zum Wohle von Mutter Natur und ihren Mitmenschen einsetzen – oder tückische Egoisten sein.

Im Wesenskern sind die drei Feuerzeichen einander recht ähnlich. Sie leben schnell und intensiv und sind wandelbar – dies gilt für Roter-Habicht-Menschen ganz besonders.

Auf dem Lebensweg durch das Medizinrad ist in unklaren Situationen der Blick auf die gegenüberliegende Seite des Rades oft hilfreich. Dem Mond der Knospenden Bäume genau gegenüber liegt der Mond der Fliegenden Enten. Menschen, die in ihm geboren sind, haben den Raben als Totemtier. Beide sind wahre Akrobaten der Lüfte. Auch wenn sie einander in der Natur feind sind, ist der Rabe die ideale Ergänzung zum Roten Habicht. Er kann ihm mehr Familiensinn beibringen, während der Habicht dem Raben lehren kann, auch einmal für seine eigenen Belange einzutreten.

Der Rabe gehört zum Schmetterlingsklan, dem Klan des Elements Luft; und auch mit dessen anderen Angehörigen, nämlich Otter- und Hirsch-Menschen, vertragen sich Roter-Habicht-Menschen besonders gut. Der schnelle Wandel, der den Menschen des Schmetterlingsklans eigen ist, prägt auch sein eigenes Wesen. Da sie von Natur aus umgänglich und freundlich sind, kommen sie grundsätzlich aber mit jedem anderen Tierkreiszeichen gut zurecht.

ZIELE UND VERLANGEN

Die Totemfarbe der Menschen, die im Mond der Knospenden Bäume geboren sind, ist Sonnengelb, das Gelb des Löwenzahns und der Forsythie. Auch das den Roter-Habicht-Menschen zugeordnete Mineral ist gelb, es ist der Feueropal. Dieser steht einerseits für das Feuer der Erde, er gibt uns aber auch Mut, Willensstärke und Ausdauer – Eigenschaften, die die Roter-Habicht-Menschen in hohem Maß mit ihm teilen. Ihre Aufgabe ist es, das Feuer ihrer Lebenskraft zügeln und nutzen zu lernen. Dann können sie nicht nur neue Projekte beginnen, sondern auch mit ihrer Energie für deren Abschluss sorgen.

BIBER

Mond der Wiederkehrenden Frösche ⊙ 20. April – 20. Mai

SORGFALT UND STABILITÄT – KREATIVITÄT UND GEDULD

Menschen, die unter dem Mond der Wiederkehrenden Frösche geboren sind, dem zweiten Mond von Wabun, erleben das Frühlingserwachen mit voller Kraft und sind selbst angehalten, (nach dem Winter wieder) in Schwung zu kommen.

Sie müssen lernen, sich nicht nur ihrer Zufriedenheit auf der materiellen Ebene des Seins zu widmen, sondern auch nach geistiger Erleuchtung zu streben. Zu viel Sturheit würde den lebendigen Energiefluss, der sie durchströmt, blockieren.

TOTEMPFLANZE	Essbare Prärielilie
MINERAL	Chrysokoll
FARBE	Blau
HÜTER DES GEISTES	Wabun
ELEMENTE-KLAN	Schildkröte

ERSÖNLICHKEIT

Menschen, die den Biber als Totemtier haben, gehören zum Elementeklan der Schildkröte. Wie alle Angehörigen dieses Klans verfügen auch Biber-Menschen über Geduld und Beharrlichkeit und ein ausgeprägtes Sicherheitsbedürfnis. Es macht sie zwar etwas inflexibel, andererseits sind sie unbedingt zuverlässig.

Biber-Menschen haben die Fähigkeit, zur rechten Zeit am richtigen Ort zu sein und gelten daher als Glückskinder. Vieles von ihrem Glück ist aber das Ergebnis harter Arbeit. Dabei wird sich ein Biber-Mensch wie sein Totem nie weiter als nötig von den Gebieten entfernen, in denen er zuhause ist. Auch auf Reisen muss er morgens wissen, wo abends sein Bett steht, um sich wohl zu fühlen.

Das Zuhause eines Biber-Menschen ist ein Schmuckkästchen und ein wesentlicher Faktor für sein Wohlbefinden. Oft errichtet er es selbst, stets repariert er es hingebungsvoll und geschickt, um es zu erhalten. Veränderungen führt er behutsam ein, sie können aber wie ein Biberbau seine ganze Umwelt tiefgreifend verändern.

Ein gesicherter materieller Rahmen ist die Voraussetzung für das innere Wachstum und die Arbeit des Biber-Menschen. Mit seiner schöpferischen Kraft und Ruhe bereichert er jedes Projekt.

Lässt man dem Biber genug Zeit, gelingt es ihm, die meisten Arbeitsabläufe so umzugestalten, dass sie für alle Beteiligten reibungsloser, besser und harmonischer ablaufen.

Die Totempflanze der Biber-Menschen ist die blau blühende Essbare Prärielilie (*Camassia quamash*) oder Quamash, deren Zwiebeln von den Indianern im Westen Nordamerikas roh oder gedörrt, gedünstet oder geröstet gegessen wurden und getrocknet einen haltbaren Wintervorrat bildeten, mit dem sie von Alaska bis Kalifornien Handel trieben. Die Sicherheit und Stabilität, die die Blaue Prärielilie bietet, prägt auch das Leben der Biber-Menschen, deren Totem sie ist.

FREUNDSCHAFT UND LIEBE

Der Biber gehört zum Elementeklan der Schildkröte. Mit Menschen, die diesem Klan zugehören, also den Schneegans- und den Braunbär-Menschen, kommen Biber-Menschen besonders gut zurecht, gibt es doch genügend Gemeinsamkeiten, die eine tragfähige Grundlage für eine Beziehung bieten: Beständigkeit und Ausdauer, das ausgeprägte Bedürfnis nach materieller Sicherheit und ein hohes Maß an Geduld und Beharrlichkeit.

Auf dem Lebensweg durch das Medizinrad ist in unklaren Situationen der Blick auf die gegenüberliegende Seite des Rades oft hilfreich. Dem Mond der Wiederkehrenden Frösche genau gegenüber liegt der Mond der Ersten Fröste. Menschen, die in ihm geboren sind, haben die Schlange als Totemtier. Diese ist die ideale Ergänzung zum Biber. Von einem Schlange-Menschen kann ein Biber-Mensch Beweglichkeit lernen und er kann ihr beibringen, dem Fluss des Lebens zu vertrauen statt auf Geheimniskrämerei zu setzen. Wenn sie sich auf das Wagnis einer Beziehung mit diesem so ganz anderen Partner einlassen, werden beide davon profitieren.

Die Schlange gehört zum Froschklan, dem Klan des Elements Wasser; und mit dessen anderen Angehörigen, nämlich Puma- und Specht-Menschen, gehen die Biber-Menschen sehr tragfähige Beziehungen ein. Besonders mit dem Specht, der wie auch der Biber seine Umwelt selbst gestaltet, um seiner Familie Sicherheit und Geborgenheit zu geben, hat der Biber viel gemeinsam.

Wem sich der Biber-Mensch in Freundschaft öffnet, der findet in ihm einen unbedingt zuverlässigen Freund und treuen Partner.

ZIELE UND VERLANGEN

Die Totemfarbe der Menschen, die im Mond der Wiederkehrenden Frösche geboren werden, ist Blau, die Farbe des Himmels und des Wassers. Biber-Menschen lernen durch das Blau, den Blick von der Erde zum Himmel zu erheben und sich auch für dessen Inspiration zu öffnen.

Ihr Stein ist der türkis oder leuchtend blaue Chrysokoll, ein Symbol für Reinigung von Körper, Herz und Seele. Wie dieser Stein können Biber-Menschen Projekten oder anderen Menschen einen Hauch von Reinheit verleihen, indem sie sie an der in ihnen tief verankerten Treue, Stabilität und klaren Freundschaft teilhaben lassen.

HIRSCH

Mond der Maisaussaat ⊙ 21. Mai – 20. Juni

ANMUT UND BEWEGLICHKEIT – RASTLOSIGKEIT UND AUTONOMIE

Menschen, die unter dem Mond der Maisaussaat geboren sind, erleben den warmen Spätfrühling als prägend, in dem die meisten Pflanzen bereits keimen und nun auch empfindliche Pflanzen gesät werden können. Die Tage werden heller, es ist die Zeit bis zur Sommersonnenwende.

Ihr Totemtier ist der Hirsch. Amerikahirsche sind verwandt mit europäischen Rehen. Die verbreitetste Art, der Weißwedelhirsch, stand bei Walt Disneys „Bambi“ Pate.

TOTEMPFLANZE	Schafgarbe
MINERAL	Moosachat
FARBE	Weiß und Grün
HÜTER DES GEISTES	Wabun
ELEMENTE-KLAN	Schmetterling

ERSÖNLICHKEIT

Menschen mit dem Hirsch als Totemtier gehören zum Elementeklan des Schmetterlings. Wie alle Angehörigen dieses Klans haben auch Hirsch-Menschen ein ausgeprägtes Bedürfnis nach persönlicher Freiheit. Wo sie diese finden, blühen sie auf, sind amüsant, humorvoll und lebenslustig. Hirsch-Menschen sind wie ihre Totemtiere unglaublich beweglich, auch im Geiste. Wo ihnen ein Gespräch zu persönlich, zu „eng“ wird, ergreifen sie elegant die Flucht. Sie sind aber aufmerksam für alles, was um sie herum vorgeht, sind gute Unterhalter und können gut zuhören.

Wie ihr Totemtier sind sie alles andere als häuslich, ziehen gern umher und bauen auch für ihre Kinder nur halbherzig ein sicheres Heim. Kinder von Hirsch-Menschen verbringen viel Zeit bei Großeltern oder mit einer Kinderfrau. Kleine Hirsch-Menschen sind oft Vagabunden, die schon früh bei Großeltern oder Freundinnen übernachten. Dadurch sind Hirsch-Menschen sehr unabhängig, aber auch sehr anpassungsfähig, vielseitig und gute Beobachter.

Ihre Farben sind Grün und Weiß – das Grün der Natur im Mond der Maisaussaat, das Weiß der Unschuld jungen Lebens, das alle Farben des Regenbogens in sich birgt. Analog tragen diese Menschen oft eine Fülle von Anlagen in sich.

Erst wenn sie reifer sind, lassen sie sich tiefer auf eine Anlage ein, sehen sie verstärkt mit der Seele, gelangen sie zur Erleuchtung.

Ihre Totempflanze ist die Schafgarbe, ein ganzjährig und überall verfügbares Kraut, das unser Blut reinigen, nach einer Verletzung aber auch stillen, Krämpfe lösen und Venen stärken kann. Sie ist unglaublich vielseitig einsetzbar und für Wesen, die so viel und schnell unterwegs sind wie Hirsch-Menschen und ihre Totemtiere der ideale pflanzliche Begleiter. Sie kann ihre generelle Gesundheit ebenso erhalten wie Verletzungen verschließen, die sie sich bei ihrem sprunghaften Leben immer wieder zuziehen.

FREUNDSCHAFT UND LIEBE

Der Hirsch gehört zum Elementeklan des Schmetterlings. Mit Menschen, die diesem Klan zugehören, also Otter- und Rabe-Menschen, werden Hirsch-Menschen am leichtesten Freundschaften schließen. Im Wesenskern sind die drei Luftzeichen einander recht ähnlich. Wichtig ist ihnen der persönliche Freiraum, ein Bedürfnis, das sie beim Partner leicht respektieren können sollten. Damit sind wertvolle Voraussetzungen für eine harmonische Beziehung gegeben. Auf dem Lebensweg durch das Medizinrad ist in unklaren Situationen der Blick auf die gegenüberliegende Seite des Rades oft hilfreich. Dem Mond der Maisaussaat genau gegenüber liegt der Mond des Langen Schnees. Menschen, die in ihm geboren sind, haben den Wapiti als Totemtier. Dieser ist die ideale Ergänzung zum Hirsch. Beide suchen stets neues Wissen und geben dieses auch gern weiter. Vom Wapiti-Menschen kann der Hirsch-Mensch geistige Tiefe lernen, während er selbst dem Wapiti-Menschen etwas mehr Lockerheit vermitteln kann.

Sie sind beweglich, körperlich wie geistig, lieben die Abwechslung und sind offen für Neues.

Der Wapiti gehört zum Donnervogelklan, dem Klan des Elements Feuer; und auch mit dessen anderen Angehörigen, den Roter Habicht- und den Stör-Menschen, vertragen sich Hirsch-Menschen gut. Die Beziehung zum Stör wird nur halten, wenn beide bereit sind, von ihrem Weg ein wenig abzugehen. Roter Habicht und Hirsch verbindet ihre Ungeduld, sie können einander als Spiegel dienen und voneinander lernen. Alle Partner von Hirsch-Menschen müssen bereit sein, deren typische Rastlosigkeit auszuhalten.

ZIELE UND VERLANGEN

Die Totemfarbe der Menschen, die im Mond der Maisaussaat geboren sind, ist Grün und Weiß, das sich sowohl in der Schafgarbe als auch im Moosachat zeigt. Der Moosachat lehrt seinen Träger Achtung vor dem Leben. Er erinnert an die Bedürfnisse der Natur – und an unsere eigenen.

Den Wesen wie Hirsch-Menschen, die ständig auf dem Sprung sind, hilft er, ihre Gedanken zu sammeln, damit sie sich nicht verlieren, sondern sich auf das konzentrieren können, was sie sich vorgenommen haben. Für die vielen schreibenden Hirsch-Menschen ist er ein wunderbarer Helfer.

Specht

Mond der Kraftvollen Sonne ⊙ 21. Juni – 22. Juli

SICHERHEITSBEDÜRFNIS UND FÜRSORGE – GEFÜHLSREICHTUM UND HÄUSLICHKEIT

Menschen, die unter dem Mond der Kraftvollen Sonne geboren sind, erleben die Hitze des Sommers und das rasche Wachstum aller Früchte als prägend. Noch ist es mühsam, an Futter zu gelangen, aber die Zeit des Pflanzens und Säens ist fürs Erste vorüber.

Ihr Totem ist der Specht, genauer der Goldspecht (*Colaptes auratus*), der sich von bodenlebenden Insekten und Früchten ernährt, aber ebenso wie seine europäischen Verwandten Bruthöhlen baut.

TOTEMPFLANZE	Heckenrose
MINERAL	Karneol
FARBE	Rosa
HÜTER DES GEISTES	Shawnodese
ELEMENTE-KLAN	Frosch

ERSÖNLICHKEIT

Menschen mit dem Specht als Totemtier gehören zum Elementeklan des Frosches. Wie alle Angehörigen dieses Klans haben auch Specht-Menschen eine ausgeprägte Intuition und große Sensibilität. Gefühle sind für sie der Zugang zur Welt und bis sie ihre eigene Mitte gefunden haben, kann das zu ungewollten Wechselbädern der Gefühle, zu einem sehr sprunghaften Leben führen. Gerade Specht-Menschen müssen Vertrauen lernen, damit sie nicht verbittern.

Spechte bauen jedes Jahr eine neue Nisthöhle und liefern daher vielen anderen Tieren Wohnraum. Auch den Menschen, deren Totem sie sind, ist ihr Zuhause immens wichtig. Es ist ihre Burg und sie stecken viel Zeit und Liebe hinein. Ähnlich wie die Spechte fällen auch Specht-Menschen dabei viele Entscheidungen „aus dem Bauch“, ohne genau erklären zu

können, was sie anleitet, weshalb rationalere Menschen mit ihrer Denkweise oft Probleme haben („Weiberlogik“).

Sind die eigenen Kinder aus dem Haus, dehnen sie ihre liebevolle Fürsorge auf ihre erweiterte Familie, ihre Wahlfamilie und ihren Freundeskreis aus.

Als Eltern sind Specht-Menschen ebenso liebevoll und fürsorglich wie ihre Totems, deren Kinder zu den Nesthockern gehören.

Ihre Totempflanze ist die Heckenrose, die Wildrose, die im Sommer durch den Duft ihrer rosa Blüten und im Winter durch ihre Hagebutten begeistert und beides gut schützt: die Blüten durch Stacheln, das Fleisch der Hagebutten durch deren juckende Haare, die erst mühsam entfernt werden müssen. Auch besitzen die Menschen, deren Totem sie sind, einen unsichtbaren Schutzwall und öffnen sich nicht leicht anderen, was dazu führt, dass sie häufig unabsichtlich verletzt werden und dann erst einmal ihre Stacheln zeigen. Wie das Wasser aus ihren Blütenblättern können sie aber auch mild und besänftigend auf andere einwirken.

FREUNDSCHAFT UND LIEBE

Der Specht gehört zum Elementeklan des Frosches. Mit Menschen, die diesem Klan zugehören, also Puma- und Schlange-Menschen, werden Specht-Menschen am leichtesten Freundschaften schließen. Im Wesenskern sind die drei Wasserzeichen einander recht ähnlich. Sie reagieren empfindlich auf die Gefühlslage ihrer Mitmenschen und deren Schwankungen, sind aber auch durch ihre ausgeprägte Intuition mit den schöpferischen Kräften des Universums verbunden.

Auf dem Lebensweg durch das Medizinrad ist in unklaren Situationen der Blick auf die gegenüberliegende Seite des Rades oft hilfreich. Dem Mond der Großen Winde genau gegenüber liegt der Mond der Erderneuerung. Menschen, die in ihm geboren sind, haben die Schneegans als Totemtier. Dieser ist die ideale Ergänzung zum Specht. Wo er sich nach einer klaren Richtung in seinem Leben sehnt, gibt sie ihm diese vor, ohne ihn je zu enttäuschen. Da macht es gar nichts, dass sie kühl ist, wo er gefühlvoll ist, und auf Distanz geht, wo er häuslich ist. Voneinander können diese beiden ungleichen Partner viel lernen.

Die Schneegans gehört zum Schildkrötenklan, dem Klan des Elements Erde; und auch mit dessen anderen Angehörigen, nämlich Biber- und Braunbär-Menschen, vertragen sich Specht-Menschen besonders gut. Sie wissen an ihnen die Erdverbundenheit zu schätzen, die ihrem eigenen Bedürfnis nach Sicherheit und Stabilität entgegenkommt. Umgekehrt können sie jene lehren, sich mehr auf ihre Intuition zu verlassen.

ZIELE UND VERLANGEN

Die Totemfarbe der Menschen, die im Mond der Großen Winde geboren sind, ist Rosa, die Farbe der Heckenrosen und des Goldspechts. Diese sanfte Farbe steht für eine allumfassende Liebe, bei der Sexualität eine Rolle spielen kann, aber nicht muss. Das ihnen zugeordnete Mineral, der Karneol, ist orange wie die Flügelunterseite der Goldspechte. Sein Feuer kann die Lebenskräfte wecken und seinem Träger Entschlossenheit verleihen – ideal also für Specht-Menschen. Er wärmt und kann seinem Träger helfen, mehr Lust am Sex zu empfinden, zu experimentieren, ja, sich zu trauen, seine Lust zu leben und zu genießen.

Die Liebe zu finden und anderen zu geben, ist ein Lebensziel der Specht-Menschen.

STÖR

Mond der Reifenden Beeren ⊙ 23. Juli – 22. August

SELBSTBEWUSSTSEIN, BESTIMMTHEIT – ZIELSTREBIGKEIT UND CHARISMA

Menschen, die unter dem Mond der Reifenden Beeren geboren sind, erleben die Fülle des Sommers und seinen Reichtum an Früchten als prägend. Das Leben spielt sich im Freien ab, die Sonne wärmt die Haut, Regen ist warm und mild.

Ihr Totemtier ist der Stör, für die Indianer um die Großen Seen der König unter den Fischen. Wegen seiner Fülle an Eiern, dem Rogen, wurde er fast ausgerottet und ist heute weitgehend geschützt.

TOTEMPFLANZE	Himbeere
MINERAL	Granat und Eisen
FARBE	Rot
HÜTER DES GEISTES	Shawnodese
ELEMENTE-KLAN	Donnervogel

ERSÖNLICHKEIT

Menschen mit dem Stör als Totemtier gehören zum Elementeklan des Donnervogels. Wie alle Angehörigen dieses Klans haben auch diese Menschen schier endlose Energie und natürliches Durchsetzungsvermögen.

Der Stör ist ständig in Bewegung, wobei ihm allein schon seine Größe etwas wahrhaft Majestätisches verleiht. Ein Zurück gibt es für ihn nicht – weshalb er in Gefangenschaft große, tiefe Gewässer braucht, die frei von Fadenalgen sind. Doch auch die Menschen, dessen Totem er ist, kennen kein Zurück, wenn sie sich etwas in den Kopf gesetzt oder vorgenommen haben. Stör-Menschen werden wie ihr Totem von einer urtümlichen Kraft durchflossen, auf die sie sich verlassen können, und besitzen daher eine natürliche Autorität. Andere überlassen ihnen gern die Führungsrolle.

Mit dem Image des kraftvollen, unabhängigen und königlichen Wesens, dass sie sich gern zu-legen, lässt sich ihr hohes Einfühlungsvermögen auf den ersten Blick scheinbar gar nicht verbinden. Auch ihre Empfindlichkeit wird oft unterschätzt. Dabei können sie sich für einen erlittenen Schmerz manchmal sehr subtil rächen.

Unter ihrem mächtigen Schuppenpanzer sind Störe verletzlich und weich, ebenso wie Stör-Menschen, die ihr weiches Herz oft unter einer stacheligen Schale verbergen.

Meist aber sind sie gerecht und wohlwollend, solange ihre Energien ungestört fließen können, und wirken auf andere dann gerecht und wohlwollend.

Ihre Totempflanze ist die Himbeere, stachelig wie der Stör mit seinen Panzerschuppenreihen, sehr vermehrungsfreudig wie auch der Stör mit seinen Unmengen an Rogen, und adstringierend und antibiotisch, nämlich die Wurzel. Tee aus ihren Blättern hilft in der Schlussphase einer Schwangerschaft, den Muttermund zu öffnen und kann auch Stör-Menschen helfen, zu ihrer Kreativität und Liebe zu stehen. Die Früchte sind nicht nur lecker, sondern auch reinigend, regen angeblich die Harnwegsfunktion an und können Gallen- und Nierensteine auflösen helfen.

FREUNDSCHAFT UND LIEBE

Der Stör gehört zum Elementeklan des Donnervogels. Mit Menschen, die diesem Klan zugehören, also Roter-Habicht- und Wapiti-Menschen, werden Stör-Menschen am leichtesten Freundschaften schließen. Im Wesenskern sind die drei Feuerzeichen einander recht ähnlich. Sie leben sehr intensiv und sind wandelbar. Sie bringen gleichzeitig eine ganze Fülle von Dingen ins Rollen, sollten dabei allerdings darauf achten, sich nicht zu verausgaben. Gerade junge Stör-Menschen neigen dazu, ihre sexuellen Energien unkontrolliert einzusetzen, was zu destruktiver Unberechenbarkeit führen kann.

Der Otter gehört zum Schmetterlingsklan, dem Klan des Elements Luft; und auch mit dessen anderen Angehörigen, nämlich Hirsch- und Rabe-Menschen, vertragen sich Stör-Menschen besonders gut.

Auf dem Lebensweg durch das Medizinrad ist in unklaren Situationen der Blick auf die gegenüberliegende Seite des Rades oft hilfreich. Dem Mond der Reifenden Beeren genau gegenüber liegt der Mond der Rast und Reinigung. Menschen, die in ihm geboren sind, haben den Otter als Totemtier. Dieser ist die ideale Ergänzung zum Stör. Mit seiner Wendigkeit hindert er den Stör daran, in seinem Schutzpanzer zu verknöchern, während die natürliche Führungsqualität des Stör-Menschen dem Otter-Menschen Beständigkeit und Tiefe nahelegen kann – am meisten profitieren beide von dieser Beziehung, wenn sie bereits reiferen Alters sind.

ZIELE UND VERLANGEN

Die Totemfarbe der Menschen, die im Mond der Reifenden Beeren geboren sind, ist Rot, das Rot des Feuers und des Blutes. Auch das den Stör-Menschen zugeordnete Mineral, der Granat, verbindet uns direkt mit unserer Lebensenergie, schenkt uns Antriebs-, Willenskraft und Ausdauer – im Leben und in der Liebe. Er unterstützt die Menschen, deren Totem er ist, die Liebe im Alltag zu leben und die Empfindungen ihres Herzens in gelebte, tätige Liebe umzusetzen – zum Wohle ihrer Partner wie der Menschheit.

BRAUNBÄR

Mond der Ernte ⊙ 23. August – 22. September

FAIRNESS UND STRENGE – GEISTIGE WACHHEIT UND STÄRKE

Menschen, die unter dem Mond der Ernte geboren sind, dem dritten Mond von Shawnodese, dem Hüter des Geistes des Südens, erleben das Reifen aller Früchte und das Ende des Sommers als besonders prägend. Am Ende dieses Mondes steht die Herbst-Tagundnachtgleiche. Es ist dies eine Zeit extremer Veränderungen, und mit diesen werden Braunbär-Menschen fertig, intellektuell, spirituell und körperlich, indem sie strikt für die Einhaltung gewisser Regeln sorgen.

TOTEMPFLANZE	Veilchen
MINERAL	Amethyst
FARBE	Purpur
HÜTER DES GEISTES	Shawnodese
ELEMENTE-KLAN	Schildkröte

PERSÖNLICHKEIT

Menschen, die den Braunbär als Totemtier haben, gehören zum Elementeklan der Schildkröte. Wie alle Angehörigen dieses Klans verfügen auch Braunbär-Menschen über Geduld und Beharrlichkeit und ein ausgeprägtes Sicherheitsbedürfnis. Diese gute Erdung sorgt dafür, dass sie sich auch dann nicht verzetteln, wenn sie gerade wieder in eine Vielzahl von Projekten verwickelt sind, sondern diese sicher zum Abschluss bringen. Braunbären sind neugierig, nehmen sich dabei aber die Zeit, ihre Umgebung genau zu betrachten und von dieser zu lernen. Sie essen gern und haben einen vielfältigen Speiseplan. Im Herbst, wenn es um die Vorbereitung der Winterruhe geht, werden sie geschäftig und sorgen für große Nahrungsvorräte. Braunbär-Menschen genießen ihre Nahrung genauso wie ihr Totemtier und sind ebenso wissbegierig. Ihr wacher Geist befähigt sie, stets mehrere Eisen gleichzeitig im Feuer zu haben, die sie verfolgen. Dabei sind sie kein Hans-Dampf-in-allen-Gassen, sondern bedächtig und brauchen lange, bis sie sich auf etwas einlassen, das nicht nur neu ist, sondern von ihnen auch geprüft und für gut befunden wurde. Wie auch die Bären sind sie bei der Auswahl ihrer Wohnung nicht wählerisch; sie muss nur funktional und gut strukturiert sein.

Die Totempflanze der Braunbär-Menschen ist das Veilchen, eine oft unterschätzte Heilpflanze mit antiseptischer, reinigender, klärender Wirkung. Braunbär-Menschen haben keine Scheu davor, gegen Störungen vorzugehen wie ihr Totem gegen Krankheitskeime – konkret: Menschen aus dem Team zu entfernen, die gegen den Fortschritt des Ganzen arbeiten. Sie wissen: Eine Sache muss von allen ehrlich betrieben werden, damit sie gut wird. Und dafür zu sorgen, ist ihnen ein Anliegen.

FREUNDSCHAFT UND LIEBE

Der Braunbär gehört zum Elementeklan der Schildkröte. Mit Menschen, die diesem Klan zugehören, also den Schneegans- und den Biber-Menschen, kommen Braunbär-Menschen besonders gut zurecht, gibt es doch genügend Gemeinsamkeiten, die eine tragfähige Grundlage für eine Beziehung bieten: Beständigkeit und Ausdauer, ein ausgeprägtes Bedürfnis nach materieller Sicherheit, das klar strukturierte Leben und hohes Verantwortungsbewusstsein.

Auf dem Lebensweg durch das Medizinrad kann in unklaren Situationen der Blick auf die gegenüberliegende Seite des Rades helfen. Dem Mond der Ernte genau gegenüber liegt der Mond der Großen Winde. Der Puma ist die ideale Ergänzung zum Braunbären. Dieser kann dem Puma Erdverbundenheit lehren, der Puma kann dem Bären helfen, Gefühle auch auszusprechen. Wenn sie sich auf das Wagnis einer Beziehung mit diesem so ganz anderen Partner einlassen, werden beide davon profitieren.

Menschen, die in ihm geboren sind, haben den Puma als Totemtier.

Der Puma gehört zum Froschklan, dem Klan des Elements Wasser; und mit dessen anderen Angehörigen, nämlich Schlange- und Specht-Menschen, gehen die Braunbär-Menschen sehr tragfähige Beziehungen ein, mit der Schlange erst, wenn eine gewisse Reife da ist. Die Sensibilität und Fürsorge des Spechts dagegen wird durch die Ruhe und Bodenständigkeit des Braunbären optimal ergänzt.

Der Braunbär-Mensch zeigt seine Zuneigung weniger in vielen Worten als im Handeln, indem er nämlich versucht, Menschen, die er liebt, das Leben angenehmer zu gestalten.

ZIELE UND VERLANGEN

Die Totemfarbe der Menschen, die im Mond der Ernte geboren werden, ist Purpur, die Farbe der Inspiration und spirituellen Einsicht. Purpur ist jedoch eine sehr erdverbundene Farbe. Entsprechend verbinden Braunbär-Menschen spirituelle Einsichten mit Ritualen, wollen sie stets in praktisches Handeln umsetzen.

Dabei hilft ihnen ihre hohe Intelligenz und Urteilsfähigkeit. Klarheit im Denken und Entscheiden schenkt ihnen auch ihr Totemmineral, der Amethyst. Ach ja: Ihm verdanken sie auch tiefen, guten Schlaf – auch wenn er nicht so lange anhält wie der Winterschlaf der Braunbären.

Sie sind bestrebt, das Leben zu genießen und es sich darin gemütlich einzurichten.

RABE

Mond der Fliegenden Enten ⊙ 23. September – 23. Oktober

INTELLIGENZ, ANPASSUNGSFÄHIGKEIT – KOMMUNIKATION UND FAMILIENSINN

Menschen, die unter dem Mond der Fliegenden Enten geboren sind, erleben, wie die Nächte täglich länger werden. Es ist die Zeit des Herbstes, in dem die Blätter braun werden und herabfallen. Es ist die Zeit der Herbststürme, auf denen es sich herrlich reiten lässt – wenn man ein Rabe ist.

Mit dem Mond der Fliegenden Enten beginnt aber auch die Zeit der Rast und Erneuerung, die Zeit der Rückbesinnung auf Spiritualität und menschliches Miteinander.

TOTEMPFLANZE	Königskerze
MINERAL	Jaspis
FARBE	Braun
HÜTER DES GEISTES	Mudjekeewis
ELEMENTE-KLAN	Schmetterling

PERSÖNLICHKEIT

Menschen, die den Raben als Totemtier haben, gehören zum Elementeklan des Schmetterlings. Wie alle Angehörigen dieses Klans haben auch Rabe-Menschen ein ausgeprägtes Bedürfnis nach Freiheit. Wo sie diese finden, blühen sie auf, sind quirlig, humorvoll und lebenslustig. Doch anders als ihre Klanbrüder haben Raben einen ausgeprägten Gruppen- und Familiensinn, helfen ihren Eltern zum Beispiel beim Füttern der jüngeren Geschwister und pflegen ein sehr differenziertes Sozialleben.

Analoges gilt auch für Menschen, deren Totem der Rabe ist. Haben diese Menschen sich einmal für einen Partner entschieden, sind sie ihm meist ebenso treu wie ihr Totem dem seinen. Und sie schaffen es, diesen Partner spüren zu lassen, wie einzigartig und liebenswert er ist.

Raben sind hochintelligent, können Gesichter von Menschen unterscheiden und sich auf das Leben in Großstädten einstellen, wo sie mit dem Einsatz von Drahtkleiderbügeln für den Nestbau, dem Plündern von Müllsäcken und dem Beachten von roten Ampeln ihre Anpassungsfähigkeit unter Beweis stellen. Veränderungen bringen sie kaum aus der Ruhe, bei Gefahr ergreifen sie zwar die Flucht, beobachten aber genau, lernen daraus und geben das Gelernte an ihre Artgenossen weiter.

Rabe-Menschen sind intelligent und sozial und streben danach, einen Zustand der Harmonie zwischen sich und der Natur herzustellen.

Ihre Totempflanze ist die Königskerze, die in Nordamerika erst sekundär angesiedelt wurde. Die Wirkung eines Tees aus ihren Blüten gegen Husten ist seit der Antike bekannt. Auch Indianer rauchten ihre getrockneten Blätter bei Asthma, Bronchitis und anderen Lungenproblemen – Beschwerden, unter denen Angehörige des Schmetterlingsklans häufiger zu leiden haben.

FREUNDSCHAFT UND LIEBE

Der Rabe gehört zum Elementeklan des Schmetterlings. Mit Menschen, die diesem Klan zugehören, also Hirsch- und Otter-Menschen, werden Rabe-Menschen leicht Freundschaften schließen. Im Wesenskern sind die drei Luftzeichen einander recht ähnlich. Sie sind beweglich, körperlich wie geistig, lieben die Abwechslung und sind offen für Neues – Rabe-Menschen etwa sind besonders anpassungsfähig und sehen Veränderungen daher gelassen auf sich zukommen. Wichtig ist allen Angehörigen des Schmetterlingsclans der persönliche Freiraum, ein Bedürfnis, das sie beim Partner leicht respektieren können sollten. Auf dem Lebensweg durch das Medizinrad ist in unklaren Situationen der Blick auf die gegenüberliegende Seite des Rades oft hilfreich. Dem Mond der Fliegenden Enten genau gegenüber liegt der Mond der Knospenden Bäume. Menschen, die in ihm geboren sind, haben den Roten Habicht als Totemtier. Dieser ist zwar in der Natur ein tödlicher Feind der Raben, doch beide sind wahre Flugakrobaten. Der Rabe-Mensch kann dem einzelgängerischen Habicht-Menschen ein Gefühl für Gemeinschaft vermitteln, der Habicht seinerseits kann den Raben lehren, sich auch einmal für seine eigenen Belange einzusetzen.

Rabe-Menschen mit ihrem ausgeprägten Familiensinn sind die häuslichsten dieser Wesen und kommen daher ihren Partnern einen guten Schritt entgegen.

Der Rote Habicht gehört zum Donnervogelklan, dem Klan des Elements Feuer; und auch mit dessen anderen Angehörigen, nämlich Stör- und Wapiti-Menschen, vertragen sich Rabe-Menschen besonders gut, sofern sie deren Anderssein respektieren.

ZIELE UND VERLANGEN

Die Totemfarbe der Menschen, die im Mond der Fliegenden Enten geboren sind, ist Braun, das Braun der Erde und des fallenden Herbstlaubs. Sie steht für Verwurzelung und Erdung, ein wunderbares Geschenk für ein Luftwesen wie den Raben. Diese Verbindung hilft Rabe-Menschen, die Standfestigkeit zu behalten, wenn sie bereit sind, geistig in höhere Ebenen vorzudringen. Braun ist auch das den Rabe-Menschen zugeordnete Mineral, der Jaspis. Er ist ein Stein, der Kraft gibt und Geschwächte stärkt. Auch ein Rabe-Mensch, der in seiner Mitte ist, strebt stets danach, anderen Menschen zu helfen und sie zu unterstützen. Die Kraft des Jaspis kann ihm dabei helfen.

SCHLANGE

Mond der Ersten Fröste ⊙ 24. Oktober – 21. November

ANPASSUNGSFÄHIGKEIT UND GEDULD – EHRGEIZ UND AUSDAUER

Menschen, die unter dem Mond der Ersten Fröste geboren sind, erleben das Absterben der Natur im Spätherbst, das rapide Sinken der Temperaturen und das vorübergehende Einfrieren des Wassers als prägend. Auch im Leben ihres Totemtiers, der Schlange, gibt es immer wieder solche Phasen, in denen es reglos verharrt – nach einer Mahlzeit und vor einer Häutung. Bei dieser Starre geht es also eher um eine vorübergehende Zeit der Klärung als um den Tod.

TOTEMPFLANZE	Distel
MINERAL	Malachit
FARBE	Orange
HÜTER DES GEISTES	Mudjekeewis
ELEMENTE-KLAN	Frosch

PERSÖNLICHKEIT

Menschen mit der Schlange als Totemtier gehören zum Elementeklan des Frosches. Wie alle Angehörigen dieses Klans haben auch Schlange-Menschen eine ausgeprägte Intuition und einen gefühlsgesteuerten Zugang zur Welt.

Als Kinder sind Schlangen-Menschen oft bereits Geheimniskrämer und hauptsächlich cool – ihre Totems sind wechselwarme Tiere und brauchen Wärme, um sich wohl zu fühlen! – und würden sich eher die Zunge abbeißen, als ihren Eltern Zuneigung zu zeigen. Doch in einem Umfeld menschlicher Wärme können sie sich entspannen und anderen öffnen. Schlange-Menschen sind wie ihre Totems meist Einzelgänger, die sich vielfach nur zur Paarung zusammentun. Diese allerdings verläuft nach einer vorsichtigen Annäherung der männlichen Schlange an das paarungsbereite Weibchen so intensiv, dass es bald nicht mehr möglich ist, die

beiden ineinander verschlungenen Individuen zu unterscheiden. Auch Schlange-Menschen sind leidenschaftliche Liebhaber und wer sie mit der passenden Reaktion (und viel Freiraum) zu fesseln vermag, dem sind sie sogar treu.

Ihre Totempflanze ist die Distel. Wie auch die Specht-Menschen haben Schlangen-Menschen also die Möglichkeit, sich hinter dem Schutz der Stacheln ihres Pflanzentotems gut zu verstecken, sodass sie anderen Menschen das Gefühl vermitteln, es sei besser, diesem Wesen nicht ungefragt zu nahe zu kommen und es seinen eigenbrötlerischen Weg gehen zu lassen. Disteln sind aber wertvolle Nahrungs- und Heilpflanzen, werden bei vielen inneren Erkrankungen eingesetzt, allgemein zur Kräftigung der Organe und gegen Erkrankungen des Gehirns.

Wenn ein Mensch mit diesem Totem erkrankt, ist es wichtig, ihn zunächst in Ruhe seine eigenen Selbstheilungskräfte einsetzen zu lassen, ehe man ihn mit zusätzlicher Medizin von außen belastet.

FREUNDSCHAFT UND LIEBE

Die Schlange gehört zum Elementeklan des Frosches. Mit Menschen, die diesem Klan zugehören, also Specht- und Puma-Menschen, werden Schlange-Menschen am leichtesten Freundschaften schließen. Im Wesenskern sind die drei Wasserzeichen einander recht ähnlich. Sie reagieren empfindlich auf die Gefühlslage ihrer Mitmenschen und deren Schwankungen, sind aber auch mit den schöpferischen Kräften des Universums verbunden.

Die Schlange-Menschen sind von ihnen die beständigsten. Wie ihr Totem wissen sie Ruhepausen zu schätzen, die sie zur Häutung nutzen. Und wie ihr Totem sind sie in dieser Phase besonders aggressiv. Man lässt sie dann am besten in Ruhe.

Auf dem Lebensweg durch das Medizinrad ist in unklaren Situationen der Blick auf die gegenüberliegende Seite des Rades oft hilfreich. Dem Mond der Ersten Fröste genau gegenüber liegt der Mond der Wiederkehrenden Frösche. Das Totemtier der Menschen, die in ihm geboren sind, ist der Biber. Er ist die ideale Ergänzung zur Schlange. Er kann sie dabei unterstützen, dem Fluss des Lebens zu vertrauen statt auf Geheimniskrämerei zu setzen, und sie kann ihn Beweglichkeit lehren.

Wenn sie sich auf das Wagnis einer Beziehung mit diesem so ganz anderen Partner einlassen, werden beide davon profitieren.

Der Biber gehört zum Schildkrötenklan, dem Klan des Elements Erde; und auch mit dessen anderen Angehörigen, nämlich Braunbär- und Schneegans-Menschen, vertragen sich Schlange-Menschen besonders gut. Deren gute Erdung hilft ihnen, auf ihrem eigenen Weg zu bleiben.

ZIELE UND VERLANGEN

Die Totemfarbe der Menschen, die im Mond der Ersten Fröste geboren sind, ist Orange, die Farbe des Kupfers und des Sonnenuntergangs, der Zeit des Übergangs vom Licht des Tages zum Dunkel der Nacht. Das Mineral-Totem dieser Menschen ist der Malachit (ein Kupferkarbonat), der weiche dunkelgrüne Heiler, der uns der Sage nach mit der Sprache der Tiere verbindet, aber darüber hinaus mit dem tieferen Wesen der Natur. Wie die Häutung der Schlange, lautet auch die Botschaft des Malachits Loslassen, Wandlung und Neubeginn, also Vertrauen ins Leben, und der Malachit zeigt uns, dass uns gegeben wird, was für uns wichtig ist – und vieles mehr.

STÄRKE UND KLARHEIT – WEISHEIT UND IDEALISMUS

Menschen, die unter dem Mond des Langen Schnees geboren sind, erleben den Rückzug der Natur und die Vorbereitung auf die Zeit der Erneuerung als prägend. Es ist die Zeit vor der Wintersonnenwende, in der die Nächte immer länger werden und dazu einladen, uns mit der Innenschau und Selbstprüfung zu befassen. Ihr Totemtier ist der Wapiti (*Cervus canadensis*), der größte Vertreter der Gattung Edelhirsche, zu der auch unsere Rothirsche gehören.

TOTEMPFLANZE	Schwarzfichte
MINERAL	Obsidian
FARBE	Schwarz
HÜTER DES GEISTES	Mudjeweewis
ELEMENTE-KLAN	Donnervogel

PERSÖNLICHKEIT

Menschen mit dem Wapiti als Totemtier gehören zum Elementeklan des Donnervogels. Wie alle Angehörigen dieses Klans haben auch diese Menschen schier endlose Energie und natürliches Durchsetzungsvermögen.

Wapiti-Menschen sind wie ihre Totemtiere majestätisch, klug und innerlich stark. Nach außen hin sind sie eher zurückhaltend, sieht man einmal von der Paarungszeit ab, wo sie versuchen, so viele Kühe wie möglich für ihren Harem zu gewinnen und sich erbitterte Machtkämpfe liefern. Meist leben sie in gleichgeschlechtlichen Rudeln. Wenn sie etwas interessiert, gehen Wapiti-Menschen der Sache auf den Grund – Wapitis auf Nahrungssuche durchwühlen Heuhaufen von unten nach oben – und finden sich daher immer wieder in der Rolle des Lehrmeisters, der alles, was er aufgenommen hat oder auch auf seinem Weg durch das

Medizinrad gelernt hat, weitergibt. Überraschend ist ihre scheinbare Sprunghaftigkeit. Während sie lange freundlich wirken, kann in ihnen Unzufriedenheit keimen, die sie aber nicht gleich äußern können, sodass sie in ihnen gärt, bis sie sich ausbruchsartig sehr heftig und für viele durchaus überraschend äußern kann.

Wapiti-Menschen sind wie ihre Totems aufmerksame Beobachter und besorgt um das Wohlergehen ihrer Umwelt.

Ihre Totempflanze ist die Schwarzfichte, ein schlanker, hochwachsender Nadelbaum mit wunderschönen schwarzen oder violetten Zapfen, der in Kanada und den nördlichen USA heimisch ist und den Indianern mit ihrem Harz ein Heilmittel für Hals- und Brustkrankheiten gibt, ein Erkältungsbad aus ihren Zweigen und einen Vitamin-E-reichen Tee aus den jungen Triebspitzen. Für Menschen, die gern lehren und reden und zu Beginn des Winters geboren sind, eine ideale gesundheitliche Unterstützung.

FREUNDSCHAFT UND LIEBE

Der Wapiti gehört zum Elementeklan des Donnervogels. Mit Menschen, die diesem Klan zugehören, also Stör- und Roter-Habicht-Menschen, werden Wapiti-Menschen am leichtesten Freundschaften schließen. Im Wesenskern sind die drei Feuerzeichen einander recht ähnlich. Sie leben sehr intensiv, sind jederzeit bereit, etwas Neues zu lernen und ihre Erkenntnisse anderen Menschen weiterzugeben. Dabei dämpft die Kälte des Winters bei den Wapiti-Menschen die Energie des Feuers so weit, dass sie in Ruhe ihre Gedanken erforschen. Das kann dazu führen, dass sie sich phasenweise wie ihr Totem von seinen Artgenossen zurückziehen, in geistige Höhen, obgleich sie sich andererseits nach Gesellschaft sehnen. Eine tiefe Beziehung suchen viele Wapiti-Menschen zu vermeiden, da sie von ihnen verlangen könnte, sich einem anderen wirklich zu öffnen. Weit eher sind sie sprunghaft, heute liebevoll und warmherzig, am nächsten Tag in derselben Sache gleichgültig.

Auf dem Lebensweg durch das Medizinrad ist in unklaren Situationen der Blick auf die gegenüberliegende Seite des Rades oft hilfreich. Dem Mond des Langen Schnees genau gegenüber liegt der Mond der Maisaussaat. Menschen, die in ihm geboren sind, haben den Hirsch als Totemtier. Dieser ist die ideale Ergänzung zum Wapiti. Vom Wapiti-Menschen kann der Hirsch-Mensch geistige Tiefe lernen, während er seinerseits dem Wapiti-Menschen etwas mehr Lockerheit und Offenheit anderen gegenüber vermitteln kann.

Der Hirsch gehört zum Schmetterlingsklan, dem Klan des Elements Luft; und auch mit dessen anderen Angehörigen, nämlich Otter- und Rabe-Menschen, vertragen sich Wapiti-Menschen besonders gut.

ZIELE UND VERLANGEN

Die Totemfarbe der Menschen, die im Mond des Langen Schnees geboren sind, ist Schwarz, das Schwarz der Winternacht und der Selbstprüfung, das ihnen die Kraft der Hingabe verleiht, die ihrer Intuition erlaubt, die Führung über ihr Leben zu übernehmen. Auch das ihnen zugeordnete Mineral ist schwarz, es ist der Obsidian, das Vulkanglas aus der Mitte der Erde. Er ist nicht nur scharf wie ihre Gedanken und ihre Zunge – die Indianer verwendeten Obsidian für Pfeilspitzen –, sondern verleiht ihnen auch die Fähigkeit, zum wahren Kern einer Sache vorzudringen wie diese Pfeile.

SCHNEEGANS

Mond der Erderneuerung ⊙ 22. Dezember – 19. Januar

AUSDAUER UND ZIELSTREBIGKEIT – WIRTSCHAFTLICHKEIT UND DISZIPLIN

Menschen, die unter dem Mond der Erderneuerung geboren sind, erleben die Wiederkehr des Lichts nach der Wintersonnenwende als besonders prägend.

Das Licht und seine Klarheit ist es auch, das sich durch alle Ebenen ihres Zugangs zur Welt zieht. Grautöne und Handeln im Verborgenen wird man bei diesen Menschen vergeblich suchen. Wie nicht anders zu erwarten, haben auch ihre Totems viel mit Licht und Klarheit zu tun.

TOTEMPFLANZE	Birke
MINERAL	Quarz
FARBE	Weiß
HÜTER DES GEISTES	Waboose
ELEMENTE-KLAN	Schildkröte

PERSÖNLICHKEIT

Menschen, die die Schneegans als Totemtier haben, gehören zum Elementeklan der Schildkröte. Wie alle Angehörigen des Schildkrötenklans haben auch Schneegans-Menschen ein ausgeprägtes Sicherheitsbedürfnis. Es kann sich darin äußern, dass sie mehrere Berufsausbildungen absolvieren – man kann ja nie wissen! – oder im Staatsdienst arbeiten, fast immer in bewahrender Funktion.

Die Schneegans verbringt das halbe Jahr auf den Flügen zwischen ihren Brutplätzen nördlich der Baumgrenze in Alaska, Nordkanada, Sibirien und Grönland und ihren Überwinterungsplätzen im Süden der USA und in Texas. Diese zielgerichtete Ausdauer, aber auch die mit den langen Flügen verbundene Distanz zu anderen ist auch charakteristisch für Menschen mit der Schneegans als Totemtier. Karg ist die Welt, in der sie ihre Jungen großzieht und mausert – kein Wunder, wenn Schneegans-Menschen oft Meister im Sparen und Ausnutzen der natürlichen Ressourcen sind.

Schneegänse sind ihrem Partner ein Leben lang treu, sie benutzen auch immer wieder denselben Brutplatz.

Treue und Beständigkeit kennzeichnet in der Regel auch Menschen, die die Schneegans als Totemtier haben. Was sie in die Hand nehmen, hat Bestand, und sie erwarten die gleiche Stabilität von den Dingen, die sie erwerben, und die gleiche Treue und Zuverlässigkeit von Menschen, mit denen sie zu tun haben. In der Regel haben sie hohen Respekt vor Traditionen und lassen sich selbst nur zögerlich auf Veränderungen ein.

Auch das Verantwortungsbewusstsein verbindet Schneegans-Menschen mit ihrem Totemtier: Schneegänse behalten ihre Jungen bei sich, bis diese gepaart und brutfähig sind.

Ihre Totempflanze ist die Birke, die ihnen unter anderem Heiltees schenkt, die gegen Steinleiden, Gicht, Rheuma und ähnliche Gesundheitsprobleme eingesetzt werden, von denen Schneegans-Menschen auffällig häufig betroffen sind.

FREUNDSCHAFT UND LIEBE

Die Schneegans gehört zum Elementeklan der Schildkröte. Mit Menschen, die diesem Klan zugehören, also den Biber- und den Braunbär-Menschen, kommen Schneegans-Menschen besonders gut zurecht, gibt es doch genügend Gemeinsamkeiten, die eine tragfähige Grundlage für eine Beziehung bieten: der bedachtsame Umgang mit Ressourcen, das ausgeprägte Bedürfnis nach materieller Sicherheit, das klar strukturierte Leben und das hohe Verantwortungsbewusstsein.

Auf dem Lebensweg durch das Medizinrad ist in unklaren Situationen der Blick auf die gegenüberliegende Seite des Rades oft hilfreich. Dem Mond der Erderneuerung genau gegenüber liegt der Mond der Kraftvollen Sonne. Menschen, die in ihm geboren sind, haben den Specht als Totemtier.

Dieser ist die ideale Ergänzung zur Schneegans. Wo diese kühl ist, ist er gefühlvoll, wo sie distanziert ist, ist er häuslich. Von einem Specht-Menschen kann ein Schneegans-Mensch besonders viel lernen, und wenn sich beide auf das Wagnis einer Beziehung mit diesem so ganz anderen Partner einlassen, wird sie von hohem Respekt getragen sein.

Der Specht gehört zum Froschklan, dem Klan des Elements Wasser; und mit dessen anderen Angehörigen, nämlich Puma- und Schlange-Menschen, gehen die Schneegans-Menschen sehr tragfähige Beziehungen ein, immer vorausgesetzt, es ist beiderseits genug Aufmerksamkeit und Respekt für den anderen im Spiel.

Eine in sich ruhende Person, deren Totemtier die Schneegans ist, kommt allerdings mit allen Menschen gut zurecht.

ZIELE UND VERLANGEN

Die Totemfarbe der Menschen, die im Mond der Erderneuerung geboren sind, ist das Weiß des Schnees. Weiß als Summe aller Farben ist auch das Symbol der Reinheit und Klarheit schlechthin und schützt auch vor unsauberen Schwingungen.

Schneegans-Menschen streben nach Erleuchtung und Vollkommenheit. Dabei unterstützt sie ihr Totemmineral Quarz, dessen klare Transparenz ihnen hilft, die Dinge klar zu erkennen. Wie der Quarz das Licht ungehindert duchlässt, können auch sie die Energien des Universums ungehindert durch sich selbst hindurchfließen lassen, klar werden und in hohe geistige Sphären aufsteigen.

OTTER

Mond der Rast und Reinigung ⊙ 20. Januar – 18. Februar

LEBENSFREUDE, HILFSBEREITSCHAFT – SPIELERISCHER EINFALLSREICHTUM

Menschen, die unter dem Mond der Rast und Reinigung geboren sind, erleben, wie die Sonne nordwärts wandert und es deutlich länger hell ist. Von neuem Wachstum ist noch nichts zu sehen. Es ist die Zeit der Frühjahrskuren, in der man sich vom Alten befreit und den Körper reinigt, öffnet für die neuen Erfahrungen des Jahres.

Offenheit für Neues prägt auch die Menschen, die in diesem Monat geboren sind. Und oft genug stecken sie selbst hinter vielem Neuen.

TOTEMPFLANZE	Zitterpappel
MINERAL	Silber
FARBE	Silber
HÜTER DES GEISTES	Waboose
ELEMENTE-KLAN	Schmetterling

ERSÖNLICHKEIT

Menschen, die den Otter als Totemtier haben, gehören zum Elementeklan des Schmetterlings. Wie alle Angehörigen dieses Klans haben auch Otter-Menschen ein ausgeprägtes Bedürfnis nach persönlicher Freiheit. Wo sie diese finden, blühen sie auf, sind quirlig, humorvoll und lebenslustig. Otter-Menschen sind wie ihre Totemtiere wendig, beweglich und vielseitig interessiert. Sie können sich rasch für eine Sache begeistern, sind oft schöpferisch tätig und offen für Veränderungen, zu denen sie nicht selten aktiv beitragen.

Otter sind liebevolle Familienwesen, die Jungen bleiben länger als bei anderen wild lebenden Tieren bei den Eltern und auch um ihren Partner sind die Otter stets bemüht. Stirbt einer, so wird er monatelang betrauert. Analoges gilt auch für Menschen mit dem Totemtier Otter.

Wenn Otter nicht gerade essen – und sie müssen viel Nahrung zu sich nehmen –, spielen sie miteinander.

Auch diese Verspieltheit finden wir häufig bei Otter-Menschen, die gern etwas ausprobieren, aber auch mit Worten oder Gedanken jonglieren.

Das silberne Mondlicht begleitet nachtaktive Otter und verleiht „ihren" Menschen eine ausgeprägte Intuition, die ihre Entscheidungen prägt. Sie kann sich in intensiven Träumen oder gar Hellsichtigkeit zeigen und hilft ihnen, sich in andere hineinzuversetzen.

Ihre Totempflanze ist die Zitterpappel, ein schnell wachsender, nicht besonders alt werdender Baum, dessen Holz zu Zellstoff oder Spanplatten verarbeitet wird. Stabilität und Ausdauer darf man von ihr ebenso wenig erwarten wie von den Otter-Menschen, denen sie puncto Wandelbarkeit und Reaktionsgeschwindigkeit ein Vorbild ist. Tee aus Blättern und Rinde, im Rahmen der traditionellen Frühjahrs-Fastenkur getrunken, gilt als beruhigend und hält die inneren Organe der Ottermenschen frei von Giften, deren Störungen sich als Ablagerungen in den Füßen und Knöcheln zeigen.

FREUNDSCHAFT UND LIEBE

Der Otter gehört zum Elementeklan des Schmetterlings. Mit Menschen, die diesem Klan zugehören, also Hirsch- und Rabe-Menschen, werden Otter-Menschen am leichtesten Freundschaften schließen. Im Wesenskern sind die drei Luftzeichen einander recht ähnlich. Sie sind beweglich, körperlich wie geistig, lieben die Abwechslung und sind offen für Neues. Wichtig ist ihnen der persönliche Freiraum, ein Bedürfnis, das sie beim Partner leicht respektieren können sollten. Damit sind wertvolle Voraussetzungen für eine harmonische Beziehung gegeben.

Auf dem Lebensweg durch das Medizinrad ist in unklaren Situationen der Blick auf die gegenüberliegende Seite des Rades oft hilfreich. Dem Mond der Rast und Reinigung genau gegenüber liegt der Mond der Reifenden Beeren. Menschen, die in ihm geboren sind, haben den Stör als Totemtier. Dieser ist die ideale Ergänzung zum Otter. Mit seiner ausgeprägten Führungsqualität lehrt er dem Otter-Menschen Beständigkeit und Tiefe, dieser hindert mit seiner Wendigkeit den Stör daran, zu verknöchern – Gegensätze, die reife Partner erfordern, um zu einer fruchtbaren Beziehung zu führen. Der Stör gehört zum Donnervogelklan, dem Klan des Elements Feuer; und auch mit dessen anderen Angehörigen, nämlich Roter-Habicht- und Wapiti-Menschen, vertragen sich Otter-Menschen besonders gut.

Gerade von Otter-Menschen gilt aber, dass sie mit nahezu jedermann harmonieren können. Sie sind beliebt und anpassungsfähig.

Wenn Otter-Menschen ihren Charme spielen lassen, der auf gut versteckter, tiefer Emotionalität fußt, kann ihnen auf romantischer Ebene so leicht niemand widerstehen.

ZIELE UND VERLANGEN

Die Totemfarbe der Menschen, die im Mond der Erderneuerung geboren sind, ist Silber, das Silber des Mondlichts, das silbrige Schimmern des Otterfells im Wasser. Auch das den Otter-Menschen zugeordnete Metall ist Silber. Und dieses ist seit jeher ein Maßstab für materiellen Reichtum und ist leicht formbar – zu Münzen und Schmuck, zu Tafelgeschirr und Spiegeln. Otter-Menschen stecken voller Ideen und schmieden ständig neue Pläne. Sie wollen die Welt ein wenig lebenswerter machen. Da sie oft ihrer Zeit voraus sind, gelten sie vielfach als exzentrisch.

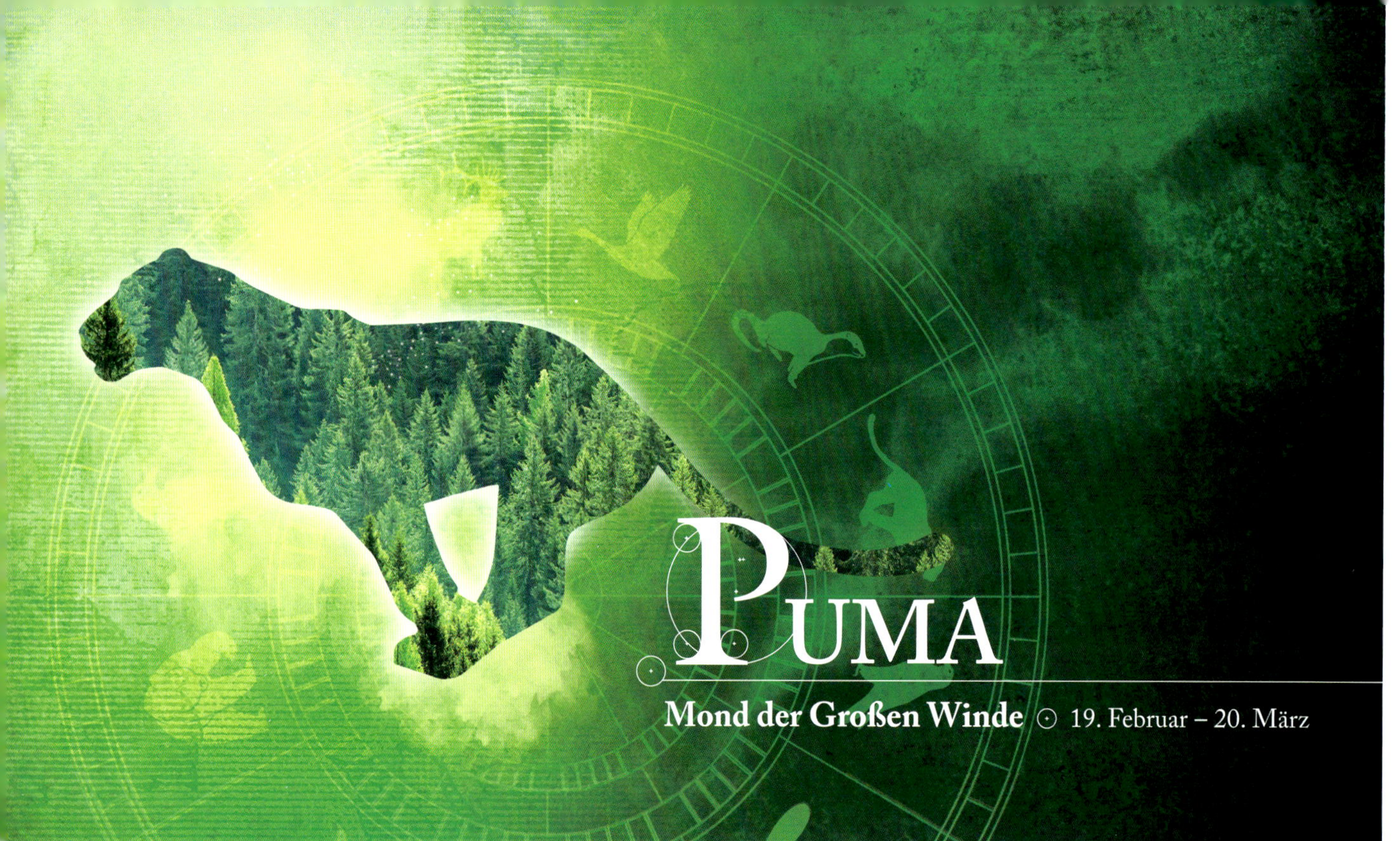

INTUITION UND MITGEFÜHL – SENSIBILITÄT UND ZURÜCKHALTUNG

Menschen, die unter dem Mond der Großen Winde geboren sind, erleben die Zeit der Frühjahrsstürme, eine Zeit der wechselnden Energien, als prägend. Waboose schenkt ihnen Reinheit und die Kraft zur Erneuerung.

Ihr Totemtier ist der Puma, die größte Katze Amerikas, ein anmutiger und geschmeidiger Jäger, der auch vor der Jagd auf Maultierhirsche nicht zurückschreckt. Er ist ein großartiger Kletterer und lebt noch in felsigen Canyons.

TOTEMPFLANZE	Wegerich
MINERAL	Türkis
FARBE	Blaugrün
HÜTER DES GEISTES	Waboose
ELEMENTE KLAN	Frosch

PERSÖNLICHKEIT

Menschen mit dem Puma als Totemtier gehören zum Elementeklan des Frosches. Wie alle Angehörigen dieses Klans haben auch Puma-Menschen eine ausgeprägte Intuition, Feingefühl und Kreativität. Wo sie sich sicher fühlen, sind sie eine Bereicherung für ihre Mitmenschen. Das Vertrauen eines Puma-Menschen zu gewinnen, ist für jeden anderen ein besonderes Geschenk.

Puma-Menschen sind wie ihre Totems vorsichtig, im Gespräch zurückhaltend und eher schweigsam und brauchen die Möglichkeit des Rückzugs in ihr eigenes Revier, wo sie sich sicher fühlen.

Puma-Menschen sind in der spirituellen Welt mehr zu Hause als auf Erden. Sie haben ein Gespür für drohendes Chaos, welches sie aus dem inneren Gleichgewicht wirft. Darüber zu sprechen, ist fast unmöglich, sodass sie sich oft unverstanden fühlen. Daher halten sie ihre Gefühle zurück, bis sie Menschen gefunden haben, denen sie vertrauen können.

Bei der Paarung ergreift das Puma-Weibchen die Initiative, was bei Puma-Menschen ähnlich ist – sofern der Partner zum gleichen Klan gehört.

Anderen gegenüber sind Puma-Menschen zurückhaltend. Sie müssen erst von der Ernsthaftigkeit der Werbung des anderen überzeugt werden – am besten täglich.

Ihre Totempflanze ist der Wegerich, eine verbreitete Pflanze, die während des Mondes der Großen Winde bereits verfügbar ist. Ihre Blätter, gekaut und mit Speichel vermischt auf eine Blase aufgelegt, kühlen, nehmen den Schmerz und lindern auch den Juckreiz nach Kontakt mit Brennnesseln und Bienenstacheln. Wegerich lindert also Probleme, die beim Kontakt von Puma-Menschen mit der Wirklichkeit auftreten können. Tee aus ihren Blättern ist nicht nur ein beliebtes Mittel gegen Halsentzündungen, sondern auch bei Magen- und Darmproblemen, unter denen Puma-Menschen häufiger leiden, wenn sie sich um zu viele Dinge zu viele Sorgen machen.

FREUNDSCHAFT UND LIEBE

Der Puma gehört zum Elementeklan des Frosches. Mit Menschen, die diesem Klan zugehören, also Specht- und Schlange-Menschen, werden Puma-Menschen am leichtesten Freundschaften schließen. Im Wesenskern sind die drei Wasserzeichen einander recht ähnlich. Sie reagieren empfindlich auf die Gefühlslage ihrer Mitmenschen und deren Schwankungen, sind aber auch mit den schöpferischen Kräften des Universums verbunden und im Fluss.

Auf dem Lebensweg durch das Medizinrad ist in unklaren Situationen der Blick auf die gegenüberliegende Seite des Rades oft hilfreich. Dem Mond der Großen Winde genau gegenüber liegt der Mond der Ernte. Menschen, die in ihm geboren sind, haben den Braunbären als Totemtier. Dieser ist die ideale Ergänzung zum Puma. Er kann dem Puma eine gehörige Portion Erdverbundenheit lehren. Umgekehrt können sie miteinander lernen, ihre Gefühle häufiger einmal auszusprechen.

Wenn sie sich auf das Wagnis einer Beziehung mit diesem so ganz anderen Partner einlassen, werden beide davon profitieren.

Der Braunbär gehört zum Schildkrötenklan, dem Klan des Elements Erde; und auch mit dessen anderen Angehörigen, nämlich Biber- und Schneegans-Menschen, vertragen sich Puma-Menschen besonders gut.

Puma-Menschen, die ihr inneres Gleichgewicht gefunden haben, kommen eigentlich mit allen anderen Menschen gut zurecht. Lediglich Hirsch-Menschen können sie unbewusst bisweilen sehr bösartig begegnen – wie ihr Totem deren Totem auch in der Natur.

ZIELE UND VERLANGEN

Die Totemfarbe der Menschen, die im Mond der Großen Winde geboren sind, ist Blaugrün, die Farbe reiner Bergseen und des Himmels. Das ihnen zugeordnete Mineral ist der Türkis. Und dieser ist nicht nur einer der ältesten Edelsteine der Menschheit, sondern gilt den Indianern als Himmelsstern. Er vermittelt den Menschen, deren Totem er ist, einen guten Zugang zur Welt des Himmels, stärkt ihre Intuition und ihre Fähigkeit, sich in andere hineinzufühlen. Da er zugleich vor Strahlung und Gefahren schützt, können sie diese Fähigkeit mit seiner Unterstützung auch beruflich ausüben, ohne sich zu verlieren.

Genehmigte Lizenzausgabe
tosa GmbH
Industriestraße 19
64407 Fränkisch-Crumbach 2018
www.tosa-verlag.de

Idee und Projektleitung: Sonja Sammüller
Layout, Satz und Umschlaggestaltung:
design cat GmbH

ISBN: 978-3-86313-109-8

Bildnachweis:
Shutterstock: 360b 140; 4 PM production 129; A.andI.Kruk 135; Adul10 62; Africa Studio 104; Allexxandar 4, 6, 10, 15, 20, 25, 28, 33, 36, 43, 44, 51, 52, 60, 65, 68, 76, 78, 84, 89, 92, 97, 100; ANPhotographer2463 31; ArisSuwanmalee 7; Bahruz Rzayev 168; Baloncici Cover front, 1, 2; bibiphoto 116; Bobex-73 173; BoConcept 111; Cennet Karaca 120; Chubarov Mikhail 64; Chuleeporn 23; Color4260 5, 6, 108-161; Cookie Studio 157; Curioso 10; Dan Hanscom 110; Dan Kosmayer 156; Dasha Petrenko 94; DENISESAULOV1987 191; DeanDrobot 40; diignat 49; Digoarpi 175; dokurose 151; DoraZett 171; Emily frost 54; Eroshka 184; ESB Professional 127, 161; Eugene Dzyaniy 174; Everett Historical 124; Feyyaz Alacam 22; fizkes 13, 21, 37, 147; FOTOSALE 29; Foxys Forest Manufacture 102; FSStock 43; g-stockstudio 53, 117; George Rudy 66; Georgios Kollidas 136; GoldenCreative 176; Goran Bogicevic 18; gpointstudio 106, 149; gresei 179; hikrcn 101; IhorHvozdetskyi 169; Irma eyewink 141; IvanDbajo 186; Ivanko80 187; JStone 144; Kamil Macniak 133; KieferPix 14; Kiselev Andrey Valerevich 115; Kitja Kitja 58; Koldunov 139; lana_elanor 8, 10-11, 13-19, 21-27, 29-35, 37-43, 45-51, 53-59, 61-67, 69-75, 77-83, 85-91, 93-99, 101-107; Lefteris Papaulakis 160; lev radin 152; lOvElOvE 189; Lucky Business 69; LunovMykola 183; M.Leheda 182; Marcos Mesa Sam Wordley 143; MariannaKalashnyk 190; Marjan Apostolovic 56; Masson 121; Mesiats 114, 118, 122, 126, 130, 134, 138, 142, 146, 150, 154, 158; metamorworks 38; Miceking 188; MNStudio 47; nd3000 55; Nicku 132; Nitr 177; Nong Mars 131; NYPARK 153; olmarmar 185; oneinchpunch 71; Paisit Teeraphatsakool 159; Pavel Vakhrushev Cover, 2–3; Petrovic Igor 170, 178; pilipphoto 123; pinkpanda 39, 96; pixelheadphotodigitalskillet 45; popcorner 85; PORTRAIT IMAGES ASIA BY NONWARIT 78; PowerART 16–19, 23–27, 31–35, 39–42, 47–51, 55–59, 63–67, 71–75, 79–83, 87-91, 96–99, 103–107; Pressmastershutterstock 63; puhhha 30; Pushish Images 145; Rawpixel.com 61, 93; Rido 98; Rock and Wasp 95; Roman Samborskyi 50, 90; ronstik 155; Ruslan Guzov 80; s_bukley 148; sivilla 72; solominviktor 82; sondem 103; spatuletail 128; Standret 77; stockcreations 86; Studio_3321 11; Sunflowerr Cover, 2, 3; SusaZoom 164; Syda Productions 15; Szasz-Fabian Jozsef 70; TBstudio 46; Teddy-Graphics 180; vchal 6; VictoriaTucholka 181; View Apart 74; vgstudio 137; warawiri 125; whiteMocca 8; WladD 163-167, 169, 171, 173, 175, 177, 179, 181, 183, 185, 187, 189, 191; wutzkohphoto 119; Wstockstudio 88;